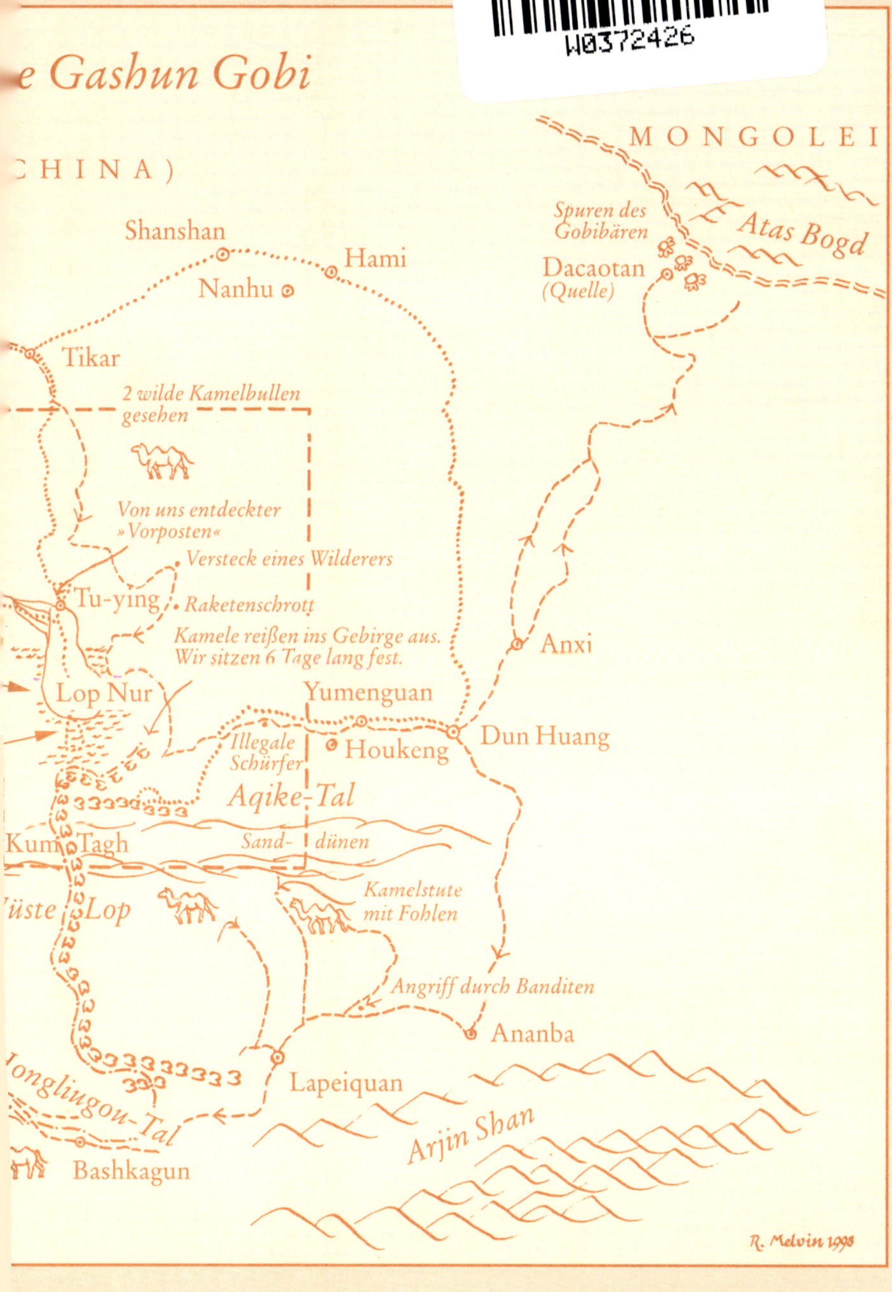
e Gashun Gobi
CHINA)
MONGOLEI
Spuren des Gobibären
Atas Bogd
Dacaotan
(Quelle)
Shanshan
Hami
Nanhu
Tikar
2 wilde Kamelbullen gesehen
Von uns entdeckter »Vorposten«
Versteck eines Wilderers
Tu-ying
Raketenschrott
Kamele reißen ins Gebirge aus.
Wir sitzen 6 Tage lang fest.
Anxi
Lop Nur
Yumenguan
Dun Huang
Illegale Schürfer
Houkeng
Aqike-Tal
Kum Tagh
Sand- dünen
Kamelstute mit Fohlen
Wüste Lop
Angriff durch Banditen
Ananba
Lapeiquan
Jongliugou-Tal
Arjin Shan
Bashkagun
R. Melvin 1998

Auf den Spuren der letzten wilden Kamele

John Hare

Auf den Spuren der letzten wilden Kamele

Eine Expedition ins verbotene China

Mit einem Vorwort von Jane Goodall

Übersetzt aus dem Englischen von Hans Link

Scherz

Für Pippa, Charlotte, Hetta, Suso und Emily

Die Originalausgabe erschien unter dem Titel «The Lost Camels of Tartary»
bei Little, Brown & Company, London

1. Auflage 1999

Inhalt

Vorwort

Als Kind las ich gern Bücher über die Forschungsreisenden des 18. Jahrhunderts. Wie mutig sie waren! Sie wagten sich ins vollkommen Unbekannte vor und wurden dort unausweichlich von Gefahren aller Art heimgesucht – feindlich gesinnten Stämmen, untreuen Reisebegleitern, wilden Tieren und Krankheiten. Aber welch erstaunliche Geschichten hatten sie nach ihrer glücklichen Rückkehr zu erzählen. Diese Zeiten, dachte ich, waren unwiederbringlich dahin – aber jetzt, fünfzig Jahre später, lernte ich eine moderne Version dieser alten Abenteurer kennen: John Hare. In Begleitung einer kleinen Mannschaft chinesischer Kollegen brach John auf, um eine der feindseligsten und ödesten Regionen der Erde zu erforschen, die Wüste Gashun Gobi in der chinesischen Provinz Xinjiang, wo es auf einem Gebiet von Dreiviertel der Größe Deutschlands keine einzige Trinkwasserquelle gibt. Es ist die Heimat des geheimnisumwobenen, scheuen und vom Untergang bedrohten wilden Zweihöckrigen Kamels.

Johns Buch ist reich an Abenteuern, voller faszinierender, historischer Fakten und Legenden, treffender Beobachtungen der Menschen und lebhafter Beschreibungen einer Landschaft, die den meisten von uns so fremd sein dürfte wie die Mondoberfläche. Jede einzelne seiner Expeditionen war von eigenem Reiz mit ihren eigenen Härten und Gefahren; jawohl, die Abenteuer Johns und seiner Gefährten waren eins ums andere Mal ebenso erstaunlich wie jene, von denen ich als Kind mit Ehrfurcht las.

Johns Expeditionen wurden nicht durch eine wohlhabende Gesellschaft finanziert; er kämpfte selbst um die Mittel und um die Genehmigung seiner Projekte durch die chinesischen Behörden. Einen Teil seines Erfolgs verdankt er seiner Fähigkeit, ein ausgezeichnetes Verhältnis zu den Chinesen aufzubauen. Er verdiente sich schließlich Unterstützung auf höchster Ebene und war der erste Ausländer, dem es gestattet wurde, denjenigen Teil der Gashun Gobi zu betreten, der seit den frühen 50er Jahren wegen der dort durchgeführten Nukleartests streng abgeschlossen war. John hatte sich überhaupt erst für das Schicksal des Zweihöckrigen Kamels interessiert, weil er das Abenteuer liebte, und nicht, weil er ein leidenschaftlicher Freund der Kamele gewesen wäre. Aber als die Expeditionstruppe diese großartigen Geschöpfe mit ihren hochmütigen Gesichtern und ihrem doppelten Höcker immer besser kennenlernte, wurde ihm ihr Überleben immer mehr zur Herzensangelegenheit. Das Zweihöckrige Kamel ist eine der gefährdetsten Spezies der Welt – mehr noch als der Große Pandabär. Es gibt natürlich viele zweihöckrige Hauskamele, aber neuere Forschungen deuten darauf hin, daß sie sich von ihren wildlebenden Vorfahren genetisch unterscheiden. Heute gibt es weltweit nicht mehr als eintausendzweihundert wilde Zweihöckrige Kamele, vielleicht aber auch kaum noch achthundert. Sechshundertfünfzig davon bilden in China drei isolierte Vorkommen, von denen jedes einzelne ernsthaft durch die Jagd, die Suche und den Abbau von Bodenschätzen und die Zerstörung ihres Lebensraums gefährdet ist. Die Rettung dieser Kamele ist ein Wettlauf mit der Zeit.

John Hares Expeditionen haben überzeugende Beweise für die Notwendigkeit raschen Handelns gebracht, wenn die Kamele erfolgreich geschützt werden sollen. So überzeugend wurden diese Beweise dargeboten und so wenig waren seine Argumente zurückzuweisen, daß die chinesische Regierung schriftlich zustimmte, das Naturschutzgebiet Lop Nur einzurichten. Dieses gewaltige Reservat für das wilde Zweihöckrige Kamel wird 107 768 Quadratkilometer in den entlegenen Gebieten Nordwestchinas umfassen. Es wird ein einzigartiges und noch gänzlich unzerstörtes Ökosystem der Wüste konservieren mit seiner ganzen Vielfalt von Lebensformen, zu denen auch das Zweihöckrige Kamel gehört. Die Entscheidung für das Schutzgebiet fiel gerade noch rechtzeitig, da mit der Aussetzung der Nukleartests die ganze Region einer zunehmenden Bedrohung durch Jäger und Schürfer ausgesetzt ist. Die Regierung wird das Schutzgebiet für mindestens zehn Jahre unterhalten; John selbst muß das Geld für die Infrastruktur auftreiben.

Das Reservat verdankt seine Existenz also allein einem einzigen begeisterten und zum Äußersten entschlossenen Individuum. Es ist wunderbar zu wissen, daß es in der materialistischen, schnellebigen Welt des Westens immer noch Menschen wie John Hare gibt. Die Zweihöckrigen Kamele und ihre Wüstenumwelt können sich glücklich schätzen, ihn zum Verbündeten zu haben. Und ich empfinde es als

Ehre, John zu kennen und die Einleitung zu seinem Buch schreiben zu dürfen. Wenn Sie es gelesen haben, werden Sie verstehen, warum. Ich hoffe, Sie werden das Buch ebenfalls weiterempfehlen, nicht nur, weil eine Schärfung des Problembewußtseins John helfen wird, den Kamelen zur Seite zu stehen, sondern weil es unseren Glauben an die Natur des Menschen festigt und an die Tatsache, daß es mit Phantasie, Mut, Diplomatie, sturer Hartnäckigkeit, Selbstvertrauen – und einem wunderbaren Sinn für Humor – immer noch möglich ist, das Unmögliche zu erreichen.

Jane Goodall
März 1998

Prolog

Wie die Suche nach den Kamelen begann

Eine Reise von tausend Meilen
fängt mit einem Schritt an.

Chinesisches Sprichwort

«Laufen?» rief Prof. Yuan. «Wohin?»

Ich stieg aus dem Jeep und zeigte zu einem Riegel von Sanddünen, der sich endlos vor uns ausstreckte.

«Dorthin», sagte ich. «Dort will ich hingehen.»

«Unmöglich», lautete die Antwort. «Wir können nicht über diese Dünen gehen.»

Ich konnte sein Widerstreben verstehen. Wir waren müde, schmutzig und durstig. Stundenlang waren wir durch die Wüste Lop im Westen Chinas gefahren, die Marco Polo als «schrecklich» und der gelehrte Forschungsreisende Xuan Zang als «von verderblichen Dämonen und Teufeln heimgesucht» beschrieben hatte. Schließlich hatten wir die wahrhaft beeindruckende Kette von Sanddünen des Kum Tagh erreicht, die sich von Ost nach West über vierhundert Kilometer erstreckt und im Süden des ausgetrockneten Lop Nur eine unwegsame Barriere bildet. Die Dünen wirkten tatsächlich nicht gerade einladend, aber ich ließ mich davon nicht abschrecken.

Der Professor folgte mit seiner Mannschaft widerstrebend, brummte und knurrte angesichts meiner vollkommenen Dummheit. Ich verschloß meine Ohren vor diesen halblauten Protesten und marschierte wie von einem Dämon getrieben stur voran. Ungefähr fünf Kilometer lang quälten wir uns durch heulenden Staubsturm, und dann wurde ich, als ich eine große Düne umrundete, mit einem ganz außerordentlichen Bild belohnt. Direkt vor mir stand ein Wildkamel. Es bewegte sich nicht, und mein erster Gedanke war, es sei ein krankes Tier, das sich im Sterben befinde. Einige Augenblicke später sah ich, daß ihm zu Füßen etwas lag, das wie ein alter Sack aussah. Es war ein Kamelfohlen, höchstens einige Stunden alt. Eine Kamelstute hatte soeben gefohlt.

Das Kamelfohlen stand unbeholfen auf und begann zu saugen. Alle Enttäuschungen und Mühen der letzten Wochen waren vergessen, während wir – ganz gefangengenommen von diesem Wunder neuen Lebens an einem der verlassensten Orte der Erde – Stute und Fohlen zusahen. Wir wußten, daß es keine Augenzeugenberichte einer solchen Szene gab.

«Sie müssen einen sechsten Sinn haben», flüsterte der Professor.

Ich hatte nichts dergleichen. Es handelte sich einfach um ein weiteres unerklärbares Glied in einer Kette von Ereignissen, die mich in die Wüste getrieben hatten, um dort nach den letzten Vorkommen des Zweihöckrigen Kamels zu suchen. Es mag merkwürdig erscheinen, aber ich bin kein Kamelnarr. Ich empfinde beispielsweise nicht die allumfassende Leidenschaft, von der viele Pferdenarren befallen sind. Es kann manchmal ziemlich schwierig sein, die Kamele zu mögen. Sie können so halsstarrig sein wie ein Maultier und so stur wie ein noch unfügsames Fohlen. Sie nehmen es im Beißen und Ausschlagen mit jedem Pferd auf. Ich habe einen mongolischen Viehhirten kennengelernt, den ein Kamelbulle buchstäblich skalpiert hatte, und ein kenianisches Mädchen, das grün und blau war von den Schlägen, die ihm ein Kamel mit seinem langen Hals versetzt hatte. Außerdem haben die Kamele anders als die Pferde die unangenehme Gewohnheit, ihre Nahrung wieder auszuwürgen und einen damit von oben bis unten zu besudeln. Aber trotz all dieser unerfreulichen Charakterschwächen bin ich ein großer Bewunderer der Kamele. Diese Bewunderung nahm ihren Anfang, als ich zum ersten Mal mit Kamelen als Lasttieren arbeitete – südlich des Tschad-Sees an der Grenze zwischen Nigeria und Kamerun. Im Gegensatz zu den afrikanischen Trägern, die meine Ausrüstung vorher auf dem Kopf von einem Ort zum anderen getragen hatten, beschwerten sich die Kamele weder über die Entfernungen noch über ihre Entlohnung. Sie betranken sich an den Zahltagen auch nicht sinnlos, verführten nicht die Tochter meines Chefs und hatten es auch nicht nötig, ihre Füße jeden Tag mit DDT einzustäuben, um zu verhindern, daß die Sandflöhe ihre Eier unter ihren Fußnägeln ablegen.

Ich fand auch bald heraus, daß Kamele Wege gehen konnten, die die Träger nicht gehen konnten. Tagelang kämpften sie sich mit einem Minimum an Nahrung und Wasser durch Wildnis und Ödland. Anders als die Träger waren sie auch zufrieden, wenn sie vor Einbruch der Nacht kein Dorf mehr erreichten. Ein dorniger Busch reichte ihnen als Nahrung, ganz gleich, wie lang und scharf dessen Dornen auch sein mochten. Die Träger waren oft sehr gute Gefährten, aber ein Kamel konnte mich in einer frostkalten Wüstennacht auch warmhalten, wenn ich mich mit genügend Kerosin eingeschmiert hatte, um seine gierigen Parasiten – vor allem Zecken – fernzuhalten. Die Zeit meiner Reise durch den westafrikanischen Busch ging zu Ende mit großem Respekt für die Munterkeit und die stoischen Qualitäten der Träger, aber mit einer vorbehaltlosen Bewunderung für die Kamele.

Jahre später entdeckte ich im Norden Kenias, daß die Kamele mich an Plätze bringen konnten, die für die bestausgerüsteten und geländegängigsten allradgetriebenen Fahrzeuge unerreichbar waren. Sie sind imstande, die scharfen, spröden Lavaströme im Süden des Turkana-Sees zu überqueren, ein Gelände, in dem ein Pferd sofort lahmte und die Reifen eines Fahrzeugs in Sekundenschnelle zerrissen wären. Als ich mit meinen Kräften fast am Ende war, widerstanden sie noch wohlgelaunt der großen Hitze im Suguta-Tal, und im weichen Sand der «Luggas», ausgetrockneter Flußbetten, glitten sie mit fünf Kilometern pro Stunde voran, während ich meine liebe Not hatte, mit ihnen Schritt zu halten. Wenn man über steinige Felsmassen hinter ihnen hertrottet und darauf achtet, wie sich der untere Teil ihrer Hinterbeine zusammenzieht und ausdehnt, gewinnt man den Eindruck, daß sie mit natürlichen Stoßdämpfern gesegnet sind. Von Zeit zu Zeit tröpfelt ihnen Urin an den Hinterbeinen herab – eine Art körpereigenes Kühlsystem.

Die Tage und Nächte dieser Reisen und Unternehmungen in Afrika brachte ich in Gesellschaft des Dromedars zu, des einhöckrigen Kamels, dessen Wildform seit über zweitausend Jahren ausgerottet ist. In der zur Mongolei und zu China gehörenden Wüste Gobi dagegen hat sich der zweihöckrige Vetter des einhöckrigen Kamels, auch Trampeltier *(Camelus bactrianus)* genannt, in Restbeständen als echte Wildform erhalten – in einem der unwirtlichsten Gebiete der Erde. Wir glauben, daß es möglicherweise keine tausend Exemplare mehr gibt und daß sie stärker gefährdet sind als selbst der Große Panda. Ihr Hauptfeind ist der Mensch, der sie jagt, in den Wüstengebieten, wo sie ums Überleben kämpfen, nach Ölvorkommen sucht, im Herzen ihres Verbreitungsgebietes Nukleartests durchführt und ihre begrenzten Nahrungsquellen vergiftet, indem er bei der Goldsuche Zyankali verwendet.

Meine Suche nach dieser scheuen und flüchtigen Kreatur hat mich in Landschaften von kaum zu übertreffender, atemberaubender Schönheit geführt, die doch gleichzeitig fast unvorstellbar feindselig sind. Ich bin durch Gebiete gereist, die seit fast vierzig Jahren unzugänglich sind, habe als erster die Gashun Gobi von Norden nach Süden durchquert und dabei das Glück gehabt, auf verschollene Vorposten der alten Stadt Lou Lan zu stoßen. Ich habe Kamele über die furchteinflößenden Sanddünen des Kum Tagh geführt und das zweihundert Kilometer lange, ausgetrocknete Bett des Sees Lop Nur durchquert. Ganz gleich, ob ich nun hinter einhöckrigen oder zweihöckrigen Hauskamelen herlief oder aber den Horizont nach ihren wilden Verwandten absuchte – das Kamel hat mir ermöglicht, das zu tun, wozu ich am besten in der Lage bin: zu forschen und zu entdecken.

Ich bin kein ausgebildeter Natur- oder Geowissenschaftler, aber ich habe immer den Instinkt eines Entdeckers besessen. Und ich staune über die Glieder in der Kette der Ereignisse, die mich in nur drei Jahren in die vier Enklaven in der Gobi Chinas und der Mongolei gebracht haben, in denen das Zweihöckrige Kamel noch wild vorkommt.

Mein Weg begann aber in keinem dieser beiden Länder, sondern in Moskau, wohin ich 1992 gereist war, um eine Fotoausstellung zum Thema Umwelt im Polytechnischen Museum einzurichten. 1992 hatte Moskau einem Abenteurer verschiedene Attraktionen zu bieten. Nachts war die Stadt ein gefährlicher Ort. Der Kommunismus war zusammengebrochen und mit ihm Gesetz und Ordnung. Ich wurde Zeuge, wie die Holzbuden aufstrebender Kleinkapitalisten abgebrannt wurden, und hörte das dumpfe Knallen von Schießereien auf offener Straße. Die KGB-Leute standen genau wie früher im Hotel und in den Wandelhallen öffentlicher Einrichtungen und lasen ihre Zeitungen verkehrt herum; das Telefon in meinem Zimmer war angezapft, und ich konnte einen hartnäckigen Anrufer nicht überzeugen, daß mein Name nicht Roger lautete. Es war ebenso wahrscheinlich, von einem Taxifahrer ausgeraubt wie dorthin gebracht zu werden, wo man hinwollte, und die Metro hatte sich, obgleich immer noch ein Vorbild an Funktionalität, in einen einzigen Marktplatz verwandelt. Ich sah, wie am oberen Ende der Rolltreppe in der wichtigsten Metrostation Hühner geschlachtet, gerupft, ausgenommen und verkauft wurden, und betrachtete mir die traurigen Gesichter der jungen und alten Frauen, die in langen Reihen in der unmittelbaren Umgebung der Station Waren zum Verkauf anboten – angefangen vom Babyschuh bis hin zur Gurke. Ich überlebte auch eine ziemlich beängstigende Begegnung mit einem gewalttätigen Moskowiter, der dankenswerterweise im Wodkarausch vor meinen Füßen in sich zusammensackte, bevor er mich von meiner Brieftasche befreien konnte.

Auf einer Party nach der Fotoausstellung fragte ich einen stämmigen Russen in schlechtsitzendem braunem Sergeanzug mit einem an Stalin erinnernden Schnurrbart, wie er es schaffte, im gesetzlosen Moskau zu überleben. In dem Augenblick hätte nichts meinen Gedanken ferner gelegen als Kamele, die Wüste und die Gobi, obwohl die weichen blauen Augen und der abwesende Blick des Mannes mir eine Warnung hätten sein können.

«Ich arbeite für die Russische Akademie der Wissenschaften», erwiderte Peter Gunin in stockendem Englisch. «Ich leite die russisch-mongolische Expedition in die Wüste Gobi. Das führt mich jedes Jahr von Moskau fort, und so kann ich überleben.»

Er sagte das, als habe es nicht die geringste Bedeutung. Er hätte mir ebensogut erzählen können, er verkaufe Lotterielose in der Moskauer Metro und könne sich ab und zu einen Tag freinehmen.

Jetzt war eindeutig das Ende jeder höflich-belanglosen Konversation erreicht. «Nehmen Sie auch Ausländer mit auf ihre Expedition?» fragte ich. «Ich würde meinen rechten Arm geben, um mit Ihnen zu gehen.»

Peter Gunin strich sich über seinen buschigen Schnurrbart. «Für die rechten Arme von Ausländern gibt es in Moskau keine Nachfrage», sagte er mit einem Lächeln, «selbst die Mafia hat dafür keine Verwendung. Wenn Sie allerdings etwas ausländische Währung auftreiben könnten...» Seit dem Zusammenbruch des Kommunismus waren die Finanzen der Russischen Akademie der Wissenschaften in eine Dauerkrise geraten. «Was können Sie?» fuhr er fort. «Sind Sie Wissenschaftler?»

«Leider nicht», erwiderte ich und überlegte krampfhaft, was ich nun in die Waagschale werfen konnte. «Ich könnte Fotos machen. Ich könnte als Ihr Kameramann mitkommen.» Meine Fähigkeiten als Fotograf sind sehr bescheiden, aber Canon, der Sponsor der Fotoausstellung, hatte mir kurz zuvor zu einer neuen Kamera verholfen. Ich hatte mich aber noch nicht mit ihrem Gebrauch vertraut gemacht.

«Mein Kollege Anatoly wird uns auf die nächste Expedition als offizieller Fotograf begleiten», erwiderte Peter.

«Ich könnte die Arbeit, die Sie in der Mongolei tun, einem größeren Publikum vorstellen. Ich könnte ein Video aufnehmen?»

«Das wäre hilfreich, aber es ist eigentlich nicht genug. Gibt es nichts, was Sie tun könnten, was einen wissenschaftlichen Hintergrund hat? Ich muß Ihre Teilnahme vor der Akademie vertreten.»

Ich begriff, daß ich eine Art Rettungsleine darstellte und daß Prof. Peter Gunin sehr knapp an Mitteln sein mußte.

«Nehmen Sie Kamele mit auf Ihre Expedition?» fragte ich. «Ich habe aus Afrika Erfahrung in der Arbeit mit Kamelen.»

Gunins Miene hellte sich schlagartig auf. «Das ist es», rief er.

«Ich verstehe nicht ganz.»

«Kamele! Wir brauchen einen Kamelexperten. Wir brauchen jemanden, der die Population von Wildkamelen in der mongolischen Gobi untersucht.»

«Ich weiß nichts über das Wildkamel», sagte ich. «Überhaupt nichts. Ich wußte nicht einmal, daß es dieses Tier gibt.»

«Sie werden alles über das Zweihöckrige Kamel erfahren, wenn Sie mit uns kommen», sagte Peter. Er machte eine einladende Geste. «Vorausgesetzt, Sie können die Devisen beschaffen.»

«Wieviel wollen Sie?»

«Fünfzehnhundert Dollar und Ihre Flugkosten.»

«Ich werde versuchen, das aufzutreiben», sagte ich ohne das geringste Zögern. Ich hatte keine Vorstellung, wie oder ob ich überhaupt von meiner Stelle beim Informationsdienst des Umweltprogramms der Vereinten Nationen (UNEP) beurlaubt werden würde. Ich wußte lediglich, daß diese Gelegenheit zu gut war, um sie zu verpassen.

Plötzlich wurde Peter ernst. «Ich kann Ihnen keine verbindliche Einladung zur Teilnahme zusagen, bevor ich nicht Ihre Angaben, was die Arbeit mit Kamelen betrifft, überprüft habe», sagte er mit erschreckender Strenge. Mir sank der Mut. Ich wußte eine ganze Menge über die Verhaltensweisen von Kamelen, aber wenn ich zu wissenschaftlichen Einzelheiten befragt würde, war ich verloren.

«Bitte erklären Sie mir doch, warum das Geschlechtsorgan des Kamelhengstes nach hinten weist, während es bei allen anderen Tieren nach vorne zeigt.»

Mir fiel eine alte arabische Geschichte ein, und ich erzählte Peter, daß sich Gott, als er die ersten Tiere schuf, überlegte, daß er unendliche Mühe würde auf sich nehmen müssen, sie neu zu schaffen, wenn sie einst starben. Also formte er ein ganzes Sortiment von Reproduktionsorganen und ließ die neugeschaffenen Tiere zu einer Anprobe kommen.

«Sie müssen *doch* ein Wissenschaftler sein», sagte Peter lächelnd. «Ich bekomme offenbar eine sehr wissenschaftliche Antwort.»

«Als erstes kam ein Esel», fuhr ich fort. «Er wählte sich das größte Organ, das Gott geschaffen hatte, obwohl er ganz eindeutig nicht das größte Tier war. Dann trafen alle anderen Tiere ihre Wahl, bis nur noch ein einziges Organ übrig war. Es war lang und dünn und war schlecht und hastig geformt worden. ‹Warum haben wir noch ein Organ übrig?› fragte Gott. ‹Es muß noch ein Tier da sein, das noch nicht zum Anprobieren gekommen ist.› – ‹Das Kamel›, erwiderte der Esel selbstgefällig. ‹Wir haben ihm gesagt, daß es kommen solle, aber es hat nur den Kopf auf seinem langen Hals gehoben und uns hochnäsig angesehen. Dann sagte es, es könne sich nicht damit belästigen lassen, zu einer Anprobe zu gehen, es habe Besseres zu tun.› – ‹Es muß kommen›, befahl Gott. Schließlich kam das Kamel, war sehr unleidlich und gab eine Reihe brummender Kamellaute von sich. Hoch erhobenen Hauptes sagte es: ‹Das will ich nicht.› Dann drehte es Gott sein Hinterteil zu und schwankte davon. Wie man sich leicht vorstellen kann, war Gott sehr zornig. ‹Du bekommst es, ob du willst oder nicht›, rief Gott und warf das letzte Organ dem davontrottenden Kamel nach. Es traf das Kamel falschherum, und das ist die Antwort auf Ihre Frage, Prof. Gunin. Darf ich mich Ihrer Expedition als Kamelexperte anschließen?»

Peter brach in Gelächter aus. «Auf zur Gobi!» rief er und erhob sein Wodkaglas.

«Auf zur Gobi», wiederholte ich, während wir den Wodka kippten.

«Auf die Wildkamele.»

«Auf die Mongolei.»

«Auf die Russische Akademie der Wissenschaften.»

«Auf die russisch-britische Expedition in die Gobi.»

«Wo sind die Mongolen geblieben?»

«Die Mongolen», sagten wir inbrünstig und hoben die Gläser.

«Auf...» Auf einem Meer von Wodka erblühte unsere Freundschaft.

Peter benötigte Devisen. Zwei Wochen später erhielt ich in Kenia die Einladung, unterschrieben von dem berühmten Sokolow, Mitglied der Russischen Akademie der Wissenschaften. Ich nahm an, obwohl ich erst noch das Geld auftreiben, und, was noch wichtiger war, mir die Zeit freimachen mußte. Peter bat mich, am 3. August 1993, also in weniger als sechs Monaten, in Ulan Bator zu sein.

Ich schaffte es mit einem Flug der Aeroflot erst einen Tag später. Ich hatte das Geld aufgetrieben, indem ich noch nicht zugewiesene Mittel im Budget eines freundlichen UNEP-Bürokraten angezapft hatte, und das Zeitproblem gelöst, indem ich für die Expedition mir zustehende, noch nicht verbrauchte Zeit für Heimaturlaube in England verwendete. Die Stewardessen der Aeroflot sind bekannt dafür, daß sie nie lächeln, und auf diesem Flug schenkten sie mit grimmigen Mienen gewaltige Mengen von Wodka aus, der schließlich dazu führte, daß auch die ängstlicheren Passagiere ihre Aufmerksamkeit nicht länger dem armseligen Zustand des Flugzeugs widmeten. Mir gegenüber auf der anderen Seite des Ganges saßen drei lebhafte Spanier, die dabei waren, sich schnell und gründlich bis zur Bewußtlosigkeit zu betrinken und die Tatsache zu feiern, daß sie es geschafft hatten, von den Mongolen käuflich die Erlaubnis zum Abschuß des seltenen und hochgradig gefährdeten Schneeleoparden zu erwerben. Ich fragte meinen Reisegefährten, einen außerordentlich tüchtigen amerikanischen Anwalt, der von der mongolischen Regierung engagiert worden war, das im Lande geltende chaotische Grund- und Bodenrecht zu ordnen, wieviel sie wohl dafür gezahlt haben mochten.

«Fünfundzwanzigtausend Dollar ist der gängige Preis», erwiderte er. «In der Mongolei kann man sich eine Lizenz für alles kaufen, außer dafür, die Russen wieder ins Land zu bringen.»

Ich sah aus dem Fenster. Der Baikalsee mit seiner umweltverpestenden Zellulosefabrik und den riesigen Wäldern ringsum hatte inzwischen baumloser Steppe Platz gemacht. Die grüne hügelige Landschaft war von Fahrzeugspuren durchzogen.

«Ein Nomade kann sich nicht an eine gerade Straße halten», sagte der Anwalt, der meine Gedanken las. «Die Mongolen fahren ihre Wagen und Motorräder genau so, wie sie ihre Pferde reiten – in jede Richtung, an jedes Ziel, wohin sie gerade wollen. Das ist nicht weiter überraschend, wenn Sie sich einmal klarmachen, daß es gerade zwei Millionen Mongolen und mehr als sieben Millionen Pferde in der Mongolei gibt. Sie sind es gewohnt, immer ein Pferde bereit zu haben, das sie überall hinbringt.»

Die Spanier stimmten ein Lied an. Die Wodkaflaschen waren leer. Keine Stewardeß in Sicht.

«Das da unten ist das älteste Wildreservat der Welt», sagte mein Reisegefährte und deutete auf einen Wald karger Bäume auf einem Hügel. «Die Mongolen tun etwas für ihre Tiere.»

«Wenn nicht gerade jemand mit Dollars kommt», war mein trockener Kommentar.

Der Himmel war strahlend blau, und ein starker Duft nach Wildblumen lag in der klaren, kühlen Luft, als wir auf dem Flughafen von Ulan Bator landeten. Draußen vor dem Eingang des Flughafens saßen drei mongolische Alte in dunkelblauen Umhängen und knielangen Stiefeln mit aufgebogenen Fußspitzen. Ihre Blicke verfolgten uns, als mein Russischdolmetscher, Mike Samsonow, mit ausgestreckter Hand auf mich zukam.

«Herzlich willkommen, John. Willkommen in der Mongolei. Peter wartet im Wagen.»

Mike umarmte mich. Er war in Moskau während der Fotoausstellung mein Dolmetscher gewesen. Der ehemalige Offizier und rangniedere KGB-Mann stand mit Ende Fünfzig ohne feste Anstellung da und war ebenso dankbar wie ich, in der Mongolei zu sein. Vielleicht hatte man ihn mitgeschickt, um ein Auge auf mich zu halten, aber was spielte das in der nicht mehr sowjetischen Mongolei noch für eine Rolle. Seine gefühlvollen, sentimentalen russischen Volkslieder würden uns viele Nächte unter dem Sternenhimmel der Gobi verkürzen, so wie sie es bereits in seiner Mietwohnung in einem Moskauer Vorort getan hatten. Peter begrüßte mich ebenfalls mit einer freundschaftlichen Umarmung, und dann fuhren wir los in die Stadt.

«Ich habe Ihnen eine Bleibe in einer Wohnung besorgt», sagte Peter. «Aber erst will ich Sie mit zu unserer Expeditionsbasis nehmen. Dort können Sie sich alles an Kleidern und Ausrüstung aussuchen, was Sie benötigen.»

Wir fuhren vorbei an endlosen Reihen von eingezäunten Zelten, den traditionellen runden Filzzelten der Mongolen, *ger* genannt. Diese städtischen *gers* – fest verankert, mit Nummern versehen und unbeweglich – waren ein Teil der Lösung für die Wohnungsprobleme der Hauptstadt und einer Wohnung in einer der seelenlosen Betonbauten auf jeden Fall vorzuziehen.

«Ich würde gern in so etwas wohnen», sagte ich und wies auf ein Zelt etwas abseits der anderen, das von einem großen schwarzen Hund mit steil aufgerichtetem buschigem Schwanz bewacht wurde.

«Der Hund würde Sie noch nicht einmal auf Spuckweite an die Tür lassen», sagte Peter lachend. «Die mongolischen Hunde sind für ihre Wildheit bekannt.»

Ulan Bator ist keine schöne Stadt mit seinen zwei beherrschenden, heruntergekommenen Kraftwerken und umgeben von zerbröselnden Betonwohnblocks, dieser düsteren Hinterlassenschaft marxistischer Architektur, die man überall finden kann, wo einst Sozialismus sowjetischer Prägung herrschte. Als wir an einem halbfertigen Betonbau vorbeikamen, sagte Peter: «Das sollte unsere wissenschaftliche Basisstation und unser Expeditionszentrum werden. Leider haben die Mongolen es nach Einführung der Marktwirtschaft und dem Bruch ihrer Bindung an Rußland beschlagnahmt und auf dem freien Markt zum Verkauf angeboten.»

Ich begriff, daß die Mongolen mit der freien Marktwirtschaft ebenso rasch zurechtkamen wie die Russen. Unser Fahrer bog scharf nach links ab, wir fuhren durch eine gewaltige Pfütze, die die Wasserdichtigkeit unseres Jeeps aus russischer Herstellung auf eine ernste Probe stellte, und befanden uns inmitten einer Ansammlung windschiefer hölzerner Hütten.

«Sie sehen also, warum wir ein neues Zentrum brauchten», sagte Peter bekümmert. Das konnte ich in der Tat. Hier fiel alles auseinander.

Eine kleine dunkelhaarige Frau in militärischer Arbeitskleidung kam uns schnellen Schritts entgegen.

«Hallo, ich bin Anna.» Sie hielt einen Augenblick inne und fügte dann hinzu: «Und ich bin der Chef.» Über meine Schulter hinweg warf sie Peter einen vielsagenden Blick zu.

Ich blickte Anna in die traurigen Augen und das sorgengeplagte Gesicht. Peter hatte mir erzählt, daß sie die führende Kraft für Springmäuse und Gerbille sei. Sie wirkte auf mich, als gehöre sie zu einer verwandten Spezies, nämlich zu den Hamstern.

«Ich bin auch der Chef von Peter», fuhr Anna fort, die eifrig bedacht war, ihre Position in der Expeditionshierarchie klarzustellen.

«Für Anna ist jeder die Nummer zwei», sagte Peter mit einem Lächeln.

Anna lächelte kaum. Sie warf mir einen wehmütigen Blick zu und zeigte auf eine baufällige Hütte. «Unser Lager», sagte sie seufzend. «Gehen Sie hinein und nehmen Sie sich, was Sie benötigen. Alles ehemalige Armeeausrüstung.»

Die Russen erforschen die Gobi seit über dreißig Jahren und wußten genau, was sie mitnehmen mußten. Ich erhielt einen dicken und gut gepolsterten Schlafsack und ein metallenes Klappbett. Zehn Minuten später stand ich vor einem gesprungenen, schmutzigen Spiegel und lachte über das Bild des russischen Rekruten mittleren Alters, das mir da entgegenblickte.

Ich ging wieder hinaus, um die anderen Expeditionsteilnehmer kennenzulernen, mit denen ich nacheinander bekanntgemacht wurde. Da war der drahtige, gutwillige, mit Kameras behangene Dr. Anatoly Prischeper, Peters Vertreter, ein auf aride Gebiete spezialisierter Geograf und gleichzeitig der Fotograf der Expedition. Prof. Nikolai Nikolajewitsch, ein gutmütiger Bär von Mann, war der führende Botaniker der Universität Leningrad und fungierte als Quartiermeister der Expedition. Er bestand darauf, daß Kohl, Zwiebeln und Tomaten nach seinem eigenen, peniblen Standard geschnitten wurden, und kein Wagen wurde geladen, keine Kiste ausgepackt, ohne daß er alles mit wachem Blick verfolgt hätte.

Peters Bruder, der ebenfalls Anatoly hieß, ein ehemaliger Armeeoberst, hatte nach Peters Angaben ebenfalls keine Stelle gehabt. Ich habe nie ganz begriffen, was seine Aufgabe bei der Expedition eigentlich war; er schien allerdings mit einigem Geschick unsere nicht mehr benötigten Vorräte und Ausrüstungsgegenstände zu verkaufen, nachdem wir nach Ulan Bator zurückgekehrt waren.

Die Fahrer Wassily, Eugenie und Wanja vervollständigten den männlichen Teil der Expeditionsmannschaft. Dieses Trio bestand aus drei scharf miteinander kontrastierenden Persönlichkeiten. Der düster-geheimnisvolle Wassily dachte nur in Kategorien von Tagen, Arbeitsstunden und Geld; Eugenie war sich der Existenz einer Welt außerhalb seiner Fahrerkabine völlig unbewußt, es sei denn, diese Welt nehme die Form einer Flasche Wodka an; der stets fröhliche, singende, pfeifende Wanja pflückte wilde Zwiebeln, polierte mit Hingabe unsere fahrbaren Untersätze und genoß das Abenteuer in der Gobi.

Außerdem gehörten noch zwei Mongolinnen zur Expedition: Sarantuya, eine von Peters Studentinnen, deren Namen in der Übersetzung Mondlichttraum bedeutet, und Daschzeveg (Dascha), die nach einem tibetischen Gott benannt ist. Sarantuya wurde niemals anders als lächelnd gesehen und schien sich in einem Zustand permanenten Glückstaumels zu befinden. Sie gestand mit einem Kichern, daß ihr Gatte außerordentlich sauer sei, weil sie ihn habe sitzenlassen, um sich der Expedition anzuschließen. In völligem Gegensatz dazu lächelte die ausdruckslose Dascha selten und schien sich, obwohl sie gelegentlich als «Wissenschaftlerin» bezeichnet wurde, mehr mit dem Zustand ihrer Fingernägel als mit wissenschaftlichen Fragen zu beschäftigen. Weder Sarantuya noch Dascha entsprachen dem traditionellen mongolischen Frauenideal, demzufolge eine Frau «wunderbar fett» sein und «die mit der kleinsten Nase als schönste gelten solle».

Im Verlauf der Expedition drängte sich mir unbehaglicherweise der Eindruck auf, daß Mondlichttraum und Dascha mehr ihrer Fähigkeiten zum Kartoffelschälen und Aufwaschen wegen als aufgrund wissenschaftlicher Qualifikationen mitgenommen worden waren. Die zweistaatliche Zusammensetzung der Expedition hatte einen irgendwie hohlen Beigeschmack. Die Zeiten hatten sich jedenfalls geändert. Jetzt waren die Mongolen die Herren, und nachdem man sie jahrelang in ihrer russischen Kolonie – nichts anderes war die Mongolei damals – als Bürger zweiter Klasse behandelt hatte, war jetzt der Zorn über die fortgesetzte und offene russische Präsenz überreif. Die russischen Soldaten hatte man vor kurzem aufgefordert, das Land zu verlassen, und ihre Basen geplündert. Aus Peters Expeditionsbasis in Eikhyn Gol war die gesamte wissenschaftliche Ausrüstung gestohlen worden. Unser Team wurde in der Mongolei nur noch geduldet. Die ausländische Präsenz in Ulan Bator hatte ein völlig anderes Gesicht gewonnen. Die Hauptstadt war überfüllt mit dem Personal der UN und anderer internationaler Organisationen. Viele davon waren Amerikaner, die in der Mongolei und deren weiten Steppen etwas ähnliches sahen wie das heimische Montana in den achtziger Jahren des vorigen Jahrhunderts.

Ich verbrachte die Nacht in einer geräumigen Wohnung, die Peter gemietet hatte. Im Wohnzimmer hingen Kalender mit Bildern leichtbekleideter Mädchen; auf mein Bett dagegen blickten von drei der vier Wände chinesische Fabrikarbeiter herab. Von den Fenstern aus hatte man einen Blick auf ganze Zeilen gleichartiger zerbröselnder Betonblocks. Die doppelten Türen zur Wohnung mußten stets mit drei Schlüsseln aufgeschlossen werden. «Es sind alles Trunkenbolde und Diebe», hatte Mike mir zugeflüstert, bevor er gute Nacht sagte. «Passen Sie gut auf.» Von den Dieben merkte ich nichts, aber die Trunkenbolde konnte man hören. Die Nacht wurde öfter unterbrochen vom

Klirren zerbrechender Flaschen. Man hatte mir bereits von den mongolischen Trinksitten erzählt, davon, wie der Trinker dazu gebracht wird, mehr und mehr zu trinken, bis er schließlich bewußtlos zu Boden sinkt. Dies hält man für die beste Methode, um ihn vor irgendwelchen Missetaten zurückzuhalten. Kein ganz narrensicheres System, vermutete ich, während ich dem Lärm der Betrunkenen zuhörte. Die meisten der frühen Reisenden an den Hof des Großkhans seit den Zeiten von Dschingis hatten registriert, daß selbst hohe mongolische Beamte, ja sogar der Großkhan selbst, oft in einem Stadium vollkommener Betrunkenheit vorgefunden wurden.

Der Vizeminister für Natur, Dr. Tserendulayim Shiirevdamba, war allerdings vollkommen nüchtern, als wir ihn am nächsten Vormittag aufsuchten. Wir wurden mit Tee bewirtet und saßen ihm an einem Schreibtisch gegenüber, auf dem eine große und sehr staubige Schale mit verblichenen, pinkfarbenen Plastiktulpen stand. Peter erklärte ihm, was wir vorhatten und wo wir genau hinzugehen beabsichtigten. Der Vizeminister nickte, lächelte und wünschte uns Glück.

Etwas später am Vormittag nahmen wir einen sehr berühmten Anhalter mit, George Schaller, den berühmten amerikanischen Naturforscher, der wegen des akuten Benzinmangels – Treibstoff war streng rationiert – keine andere Möglichkeit hatte, in die Gobi zu kommen. Gegen Mittag verließen wir mit unserem Fahrer Wanja am Steuer des russischen Armeejeeps Ulan Bator in südlicher Richtung. Uns folgten zwei Lastwagen, Gaz 66, russischer Bauart, der eine beladen mit Treibstoff und Wasser, der andere mit Nahrungsmitteln und allem, was für den Aufbau des Lagers nötig war. Die hohen Schornsteine der beiden betagten Kraftwerke Ulan Bators stießen wie zum Abschied dicken, schwarzen ätzenden Rauch aus.

«Auf in die Gobi!» rief Wanja mit blitzenden Augen. «Perezd.»

«Gobi, Gobi. Perezd. Perezd», antworteten wir. Ich klappte die Ohrlaschen meiner russischen Armeemütze nach oben und kniff mich einmal, um glauben zu können, daß nicht doch alles nur ein Traum war.

Zwischen Drachen und Bär

Die breite Straße ist leicht zu gehen,
aber alle Welt liebt die Nebenwege.

Chinesisches Sprichwort

«Dies sind die Berge des Bogd Ula, des ältesten Wildreservats der Welt», erklärte George Schaller und deutete auf die grünen, dichtbewaldeten Gipfel, die ich aus der Luft gesehen hatte. «Im späten siebzehnten Jahrhundert hat ein erleuchteter Nachfolger Dschingis Khans sie zum Schutzgebiet erklärt. Es gibt dort viele Antilopenarten und ...»

Meine Gedanken schweiften ab. Mit dem Bogd Ula verbanden sich durchaus aufregendere Assoziationen als diese. Diese Berge waren die Zuflucht des lebenden Buddhas der Mongolei, des Bogd Khan, gewesen, einer Reinkarnation des Geistes Dschingis Khans, dessen letzte verworfene Inkarnation in den zwanziger Jahren dieses Jahrhunderts nach dem kurzen und blutigen Regiment des Generalmajors Baron Roman Feodorowitsch von Ungern-Sternberg, der Nachwelt als der verrückte Baron bekannt, von ihrem Schicksal ereilt wurde.

Ich traf in Kenia einmal eine Frau, die einen jungen Ungern-Sternberg kannte. «Ich glaube, er ist im Export-Import-Geschäft», erklärte sie mir. «Er ist ein netter Kerl, sehr ruhig, still und effizient. Am besten sind mir seine Augen in Erinnerung geblieben, hellblaue, sehr beeindruckende Augen.» Nach einer zeitgenössischen Quelle «leuchteten» die Augen des verrückten Barons «von innen heraus, wie die eines Tieres aus einer Höhle.»

Der psychopathische Vorfahr oder Verwandte des «stillen, ruhigen und effizienten» Ungern-Sternbergs der Gegenwart schlug sich im Ersten Weltkrieg mit einem Heldenmut, der schon an Wahnsinn grenzte, und kämpfte danach im russischen Bürgerkrieg im Lager der späteren Verlierer. Danach sammelte er eine bunt zusammengewürfelte Armee verzweifelter Männer verschiedener Nationalitäten mit dem Ziel um sich, ein gewaltiges asiatisches Reich zu schaffen, so wie Dschingis Khan es getan hatte, dem der Baron sich ähnlich fühlte. Er wollte mit seiner Horde von Eroberern in Europa einfallen, um die Bolschewiken zu besiegen. Seine Rekrutierungsmethoden waren neuartig. Er schritt eine Reihe möglicher Rekruten ab, verharrte kurz vor jedem Mann, blickte ihm ins Gesicht, fixierte ihn einige Minuten und rief dann: «Zur Armee!», «Zurück zum Vieh!» oder einfach: «Liquidieren!»

Zwischen dem 31. Januar und dem 3. Februar 1921 besiegte der verrückte Baron mit seinem abgerissenen Haufen von eintausendsiebenhundert Mann die zwölftausend Soldaten des Generals Yu Schuzeng, eines chinesischen Warlords, unter dessen repressivem Regime der Bogd Khan wegen Nichtentrichtens von Steuern in den Bergen des Bogd Ula gefangengehalten worden war.

Ansonsten nicht mehr verwendbare Schafknochen werden in der Mongolei für einen ganz bestimmten Zweck doch noch gebraucht. Wenn man sie in die Glut eines Feuers legt, kann man aus den Rissen, die sich dabei bilden, die Zukunft vorhersagen. Es handelt sich um eine jahrtausendealte Methode der Wahrsagung. Ein Reisender aus dem dreizehnten Jahrhundert schrieb: «Er [ein mongolischer Diener] tut niemals etwas, ohne vorher die Knochen konsultiert zu haben.» Der verrückte Baron benutzte die gleiche Methode für die Planung seines Vormarsches und die Aufstellung seiner Einheiten, als er die Chinesen im Bogd Ula angriff. Entsprechend der Schafknochenanweisung für die beste Angriffsstunde kletterte eine kleine Streitmacht von dreihundert Mann die dichtbewaldeten Hänge hinauf, drang im Handumdrehen in den Palast ein, ergriff den alten, blinden Bogd Khan, hievte ihn auf ein Pferd und galoppierte mit ihm davon, was das Zeug hielt. Kurz darauf lieferten die Männer des Barons den Chinesen an drei Fronten Gefechte. Es dauerte nicht lange, da wurde aus der Schlacht ein Massaker. Ungern-Sternbergs Schafsknochenplan für die Aktion führte zu einem überwältigenden Sieg, welcher die Mongolen überzeugte, daß der verrückte Baron die Reinkarnation des Kriegsgottes sei, die der Himmel gesandt habe, um sie zu führen. Einer seiner Gefolgsleute, Alioshin, beschrieb die Szenen nach dieser Niederlage:

> Trunken von Rache und Haß, begannen die Eroberer die Stadt zu plündern. Betrunkene Reiter galoppierten durch die Straßen, schossen und töteten nach Herzenslust, brachen in Häuser ein, zogen die Besitztümer heraus auf die schmutzige Straße, kleideten sich in die reichen Seiden, die sie in den Läden fanden. Vor den chinesischen Bankhäusern bildeten sich Warteschlangen; drinnen durfte ein jeder seine Hand in den Tresor stecken und herausziehen, was das Glück ihm schenkte. Manche wurden vom Schicksal begünstigt und zogen Goldmünzen und Barren heraus. Andere hatten weniger Glück und griffen nur Silber, wieder andere nur Papiergeld und Banknoten, die sie als wertlos sofort in den Schmutz warfen.
>
> [Drei furchtbare Tage lang] wurden unzählige Männer, Frauen und Kinder jeden Alters, jeder Rasse und jeden Glaubens in Stücke gehackt, auf Bajonette gespießt, erschossen, stranguliert, aufgehängt, gekreuzigt oder lebendig verbrannt. Bemerkenswert war, daß niemand seinen eigenen Verwundungen die geringste Aufmerksamkeit schenkte; ob die Erregung einfach zu groß war oder diese Männer Schnitte und Prellungen gewohnt waren, weiß ich nicht... Der Pöbel griff die Juden an, die allesamt in Schmerzen endeten. Die Erniedrigung, die die Frauen zu ertragen hatten, war so furchtbar, daß ich einmal einen der Offiziere mit einem Rasiermesser in ein Haus laufen sah, der einem Mädchen nahelegte, Selbstmord zu begehen, bevor sie vergewaltigt würde. Mit Tränen der Dankbarkeit dankte sie ihm in wenigen, einfachen Worten und schnitt sich dann die Kehle durch... Der betrunkene Pöbel machte sich einen Spaß daraus, Männer auf offener Straße umzubringen, indem sie ihnen mit dicken Holzklötzen direkt ins Gesicht schlugen. Ein Kosak brachte seine eigenen Männer um, bis ihn jemand erschoß... Viele Frauen boten sich selbst zum Verkauf an, um das Leben ihrer Männer und Brüder zu retten. Aber oft genug wurden sie am Ende betrogen...

Der erfreute Bogd Khan, der lebende Buddha, «ein stämmiger alter Mann mit schwerem, rasiertem Gesicht und weit geöffneten blinden Augen, der eine gewisse Ähnlichkeit mit den Kardinälen Roms hatte», wurde zum Kaiser der gesamten Mongolei erklärt, während der Baron sowohl die Position eines Militärberaters als auch weiterhin die des Kriegsgottes einnahm.

Der Baron richtete einen Linienverkehr mit Bussen ein, führte die Elektrizität ein, ließ Brücken bauen, richtete ein tierärztliches Labor ein und sorgte im großen und ganzen dafür, daß die Hauptstadt wieder ein ordentliches Gesicht erhielt. Diese Maßnahmen wurden erreicht durch ein von japanischem Geld und japanischen Intrigen gestütztes Regime des Terrors und Massenmords, für das sich wohl schwerlich eine Parallele finden läßt. Zeitgenössische Berichte strotzen vor Erzählungen wie der von dem Bäckerlehrling, der in seinem eigenen Ofen bei lebendigem Leib gebacken wird, von Gefangenen, die an die privat gehaltene Wolfsmeute des Barons verfüttert wurden, von unzähligen Männern, Frauen und Kindern jeden Alters, jeder Rasse und jeden Bekenntnisses, die auf jede erdenkliche Weise umgebracht wurden, und zwar nach Möglichkeit in persönlicher Gegenwart des verrückten Barons selbst.

Als aber der Baron seinen Kreuzzug nach Rußland begann, um das Volk dort von den kommunistischen Revolutionären zu befreien, lieferte er der Roten Armee damit den nötigen Vorwand für ihre Invasion der Mongolei. Am 6. Juli 1921 marschierten zehntausend Mann sowjetischer Truppen in die mongolische Hauptstadt ein, die damals Urga hieß, und setzten eine neue mongolische Nationalregierung unter einem Lama namens Bogdo ein, der zum Premierminister gemacht wurde. Ein einheimischer Revolutionär, Sukhe Bator, der nach Moskau gegangen war und um die Intervention der Sowjets nachgesucht hatte, wurde zum Kriegsminister bestellt. Zwei Monate später war der verrückte Baron gefangengenommen und nach Nowosibirsk in Rußland verbracht worden. Dort stellte man ihn vor Gericht, unter anderem wegen des Versuchs der Wiederherstellung der Monarchie, und ließ ihn schließlich durch ein Exekutionskommando erschießen. Angeblich erklärte er seinen Anklägern, daß «die Ungerns seit tausend Jahren Befehle geben. Wir haben niemals Befehle von irgend jemandem entgegengenommen. Ich weigere mich, die Autorität der arbeitenden Klasse anzuerkennen.»

Nach dem Tod des vierundfünfzig Jahre alten Bogd Khan im Jahre 1924 wurde die Äußere Mongolei ein für allemal zur Volksrepublik erklärt und wurde zum ersten und für viele Jahre zum einzigen Satelliten der Sowjetunion. Die blutige Intervention des verrückten Barons hatte die Mongolei indirekt vor dem Schicksal Tibets bewahrt, welches katastrophalerweise den Chinesen in die Hände fiel.

Später, unter sowjetischem Regime, befand sich im Bogd Ula ein geheimes Versteck für die Führer der kommunistischen Partei. 1993 hatte das Gebiet aber seinen ehemaligen Status als geschütztes Tierreservat wiedererlangt – unter Hinzufügung touristischer «Einrichtungen» in der Form von Requisiten eines Films über das Leben Dschingis Khans.

Wir fuhren jetzt durch die sanft gewellte Steppe. Die frischgrüne Landschaft breitete sich in alle Richtungen bis in die Weite des Horizonts aus. Der Himmel über uns war hell, wolkenlos, tiefblau. Kleine Pferdeherden streiften überall umher, und einen Hengst sah ich, dessen lange Mähne zu meiner Verwunderung noch hinter ihm auf dem Boden schleifte.

«Es ist noch nicht lange her, da waren Gazellen hier weit verbreitet», erklärte George Schaller. «Inzwischen gibt es sie nur noch im Osten der Mongolei. Ihr Bestand beträgt ungefähr dreihunderttausend Tiere, und im Frühjahr wandern sie in großer Zahl in frische Weidegebiete, ähnlich wie es die Tiere in Kenia tun.»

«Haben Sie von der letzten Gazellenjagd gehört?» fragte Peter.

George schüttelte den Kopf.

«Während der jährlichen Wanderung veranstalten die Mongolen eine Regulierungsjagd auf die Gazellen. Das Fleisch wurde früher in gewaltigen Mengen in die Sowjetunion verkauft. Während des Zweiten Weltkrieges war dies einer der wichtigsten Beiträge der Mongolei zu den sowjetischen Kriegsanstrengungen. Im letzten Jahr wurden achtzehntausend Tiere der dringend benötigten Devisen wegen erlegt und nach Ungarn verfrachtet. Die Ungarn wiesen sie allerdings zurück – sie nahmen Anstoß an der großen Menge von Blei im Fleisch. Ich weiß nicht, ob sie mit Kalaschnikows geschossen wurden, aber das Fleisch war jedenfalls von Geschossen durchsiebt. Zum Glück für die Mongolen machen sich die Österreicher nicht soviel aus Blei in ihren Schnitzeln. Sie haben die gesamte Sendung abgenommen.»

«Steht das domestizierte Vieh mit den Gazellen nicht in Konkurrenz um Weidegründe?»

«Das Verbreitungsgebiet der Gazellen ist unbesiedelt», erklärte George. «Es wimmelt dort von todbringenden Fliegen, die die Viehhaltung unmöglich machen. Die Mongolen meiden die östlichen Steppen. Es ist jungfräuliches Grasland, ein Paradies für die Gazellen.»

«Nicht mehr lange», warf Peter ein. «Es wird von einer neuen Eisenbahnverbindung nach China und von Ölfunden geredet.»

Erst später sollte ich begreifen, daß der Zwang zu neuen Entwicklungen nicht nur in der mongolischen Steppe anzutreffen war. Selbst die Wüste Gobi ist bedroht.

Wir erreichten die Tola, einen Fluß; unter der Behelfsbrücke, die wir überquerten, wirbelte das Wasser in schneller Strömung dahin.

«Es waren die schwersten Regenfälle seit Menschengedenken», sagte Peter. «Wir kommen nun seit über fünfundzwanzig Jahren hierher, und noch nie habe ich den Fluß so hoch gesehen.»

Jenseits des Flusses tauchten zu beiden Seiten der Straße Murmeltiere auf. Wir machten Rast; zu Mittag gab es sauer eingelegte Gurken und Schaffleisch. Dascha zeigte uns, wie man die Murmeltiere aus ihren unterirdischen Bauten lockt. Sie kniete sich hinter dem Schlupfloch eines der Tiere auf den Boden und gab einen ganz speziellen, hohen Pfeifton von sich. Einige Augenblicke später erschien tatsächlich ein Steppenmurmeltier *(Marmota bobak)*. Es setzte sich auf seine Hinterbeine, richtete sich auf, sah sich neugierig um, erblickte uns und flitzte zurück in seinen Bau.

«Es gibt eine Jagdzeit für Murmeltiere», erklärte Dascha, während sie aufstand und sich ihren langen, purpurfarbenen mongolischen Umhang abklopfte. «Sie sind sehr schmackhaft und eine Abwechslung vom Einerlei des Schaffleischs. Mit der einzigen Einschränkung, daß wir sie nicht mit Pfeil und Bogen schießen dürfen.»

«Warum nicht?»

«Vor langer Zeit wurde der berühmte Jäger Tarbagan Bator als Murmeltier wiedergeboren. Deshalb schießt kein Mongole mit Pfeil und Bogen auf ein Murmeltier, damit er Tarbagan nicht tötet.»

«Glauben Sie daran?» fragte ich Mondlichttraum.

«O ja», antwortete sie mit einem Lachen. «Das tun wir alle. Die Murmeltiere verraten uns auch, wie das Wetter wird.»

«Auf welche Weise?»

«Wenn sie aus dem Winterschlaf erwachen, zeigen sie uns an, wie das Wetter im Frühjahr und Sommer wird. Wenn der Sommer mild wird, schieben sie eine Menge Erde aus ihrem Bau, wenn sie aufwachen. Wenn aber ein schlechter Sommer bevorsteht, werfen sie nur ein wenig Erde hinaus. Im Herbst ist es noch einmal das gleiche. Wir sehen an der Menge von Erde, die sie benötigen, um ihre Bauten zu verschließen, ob der Winter gut oder schlecht wird.»

«Wie wird dann der Rest des Sommers in diesem Jahr werden, Sarantuya?» fragte Anna lachend.

«Naß, naß, naß», sagte Mondlichttraum, «und kalt. Warten Sie ab, und Sie werden es selbst erleben.»

Wir brauchten nicht lange zu warten. Am gleichen Abend schlugen wir nach einer Fahrt von dreihundertfünfzig Kilometern unsere Zelte auf einem – wie mir schien – sehr exponierten Hang eines baumlosen Hügels auf. Es regnete, es hagelte, es schneite. Wir erlebten einen mongolischen Hochsommer – bei drei Grad minus des Nachts.

Unglücklicherweise übertragen die so kuschelig erscheinenden Murmeltiere die Pest, die in der Mongolei immer noch endemisch ist. Möglicherweise hat im dreizehnten Jahrhundert die goldene Horde, ohne es zu wissen, den Schwarzen Tod nach Europa gebracht – mit Flöhen von infizierten Murmeltieren. Falls diese Theorie zutreffen sollte, dann haben die Erben Dschingis Khans in Europa mehr Unheil durch das Einschleppen der Flöhe des Murmeltiers als durch Feuer und Schwert gestiftet.

Der nächste Morgen dämmerte kalt und grau mit kühlem Wind, der die Zeltbahnen lautstark hin und her schlagen ließ. Ich tauschte die khakifarbene russische Kampfmontur gegen meine eigene, geflickte Sportjacke ein, die ich auch in Afrika auf Safari trug und in der ich mich deutlich wohler fühlte, und kroch aus dem Zelt. Der Kettenraucher Mike Samsonow keuchte in unruhigem Schlaf, und aus Peters Richtung grollte anhaltendes und zufriedenes Schnarchen herüber. Es war fünf Uhr dreißig in der Frühe. Mondlichttraum und ich hatten die kurzen Strohhalme gezogen und waren für den kommenden Tag als Köche eingeteilt.

Das russische Kochgeschirr bestand aus zwei Gußeisenringen, die von einem mittels einer Pumpe mit Benzin gespeisten Miniflammenwerfer erhitzt wurden. Dieses Gerät entsetzte mich. Nachdem ich in Afrika einmal sah, wie ein Oberst mit Hilfe von Benzin ein Feuer hatte entzünden wollen und dabei sein gesamtes Haar eingebüßt hatte, habe ich Benzin immer mit dem größtmöglichen Respekt behandelt. Der Oberst brachte es mit Hilfe von Gewehren statt Benzins später kurzfristig zum Staatschef seines Landes. Aber mir wird er immer wegen seines Versuchs, ein Feuer zu entzünden, in Erinnerung bleiben.

Mondlichttraum war bereits aufgestanden und in dem behelfsmäßigen Küchenzelt tätig.

«Das Feueranzünden ist Männersache», sagte sie kichernd.

Behutsam versuchte ich, Benzin in den Kocher zu pumpen, der aber noch voll war, weil ihn abends niemand abgepumpt hatte. Jedenfalls war bereits Druck aufgebaut, und mein unregelmäßiges Pumpen hatte nur zur Folge, daß Benzin über den von Mondlichttraum sorgfältig in einer Schüssel abgemessenen Reis spritzte. «Nicht der Typ, der sich aufbringen läßt», kicherte die entzückende Mondlichttraum nur. Ich war gewarnt. In diesem Augenblick tauchte der Fahrer Wanja auf. Er hatte in der Armee gedient und war in Afghanistan gewesen, so daß ihm diese Benzinkocher des Militärs völlig vertraut waren. Nur Augenblicke später züngelte ein langer Flammenstrahl an einem der Kochringe. Mondlichttraum übergoß frischen Reis mit süßer Kondensmilch, und ich schwor mir, immer einen großen Bogen um dieses todbringende Kochgerät zu machen. Mein Vater hatte einst behauptet, daß in seiner Hand nicht einmal ein Feuerzeug funktioniere; und sowohl ich als auch meine ganze Familie sind restlos davon überzeugt, daß ich seine nichtmechanischen Gene geerbt habe.

Nach dem Frühstück setzte sich unser Konvoi bald in Bewegung. Es ging die tiefgefurchte Staubpiste entlang nach Süden. Ganz plötzlich machte Anna sich bemerkbar.

«Halt, Wanja! Halt!» rief sie. Gehorsam stieg Wanja in die Bremsen. Ohne ein weiteres Wort zu verlieren, ließ sich Anna aus dem Jeep gleiten und hetzte wie ein Hamster dreimal um einen *obo*. Ich hatte bereits von diesen *obos* gelesen, Heiligtümern der Schutzgeister eines Passes oder Tales, das vor dem Reisenden liegt. Sie finden sich überall, wo es in der Mongolei herausragende, hohe Punkte gibt, und werden aus einem Gerüst von Zweigen gebildet, die auch die steilsten Hänge hinaufgeschleppt werden, um schließlich mit Steinen gefüllt als Wahrzeichen zu dienen.

«Aussteigen, aussteigen», sagte Peter. «Wir müssen es alle machen. Anna besteht darauf, und sie ist der Boß!»

Schweigend schritten wir um den Steinhaufen, über dem ein roter Lumpen flatterte. Unter den Steinen steckten nicht nur wertlose russische Rubelnoten, sondern auch die Felgen von Autorädern, zerrissene Reifen und erstaunlicherweise ein ganzes Steuerrad. Ob letzteres nun ein Dankesopfer anläßlich eines vermiedenen Unfalls oder ein Gebet um eine unfallfreie Weiterreise sein sollte, blieb für mich unerfindlich. Die Russen und vor allem Anna vollzogen den Ritus halbernst. Dascha und Mondlichttraum blieben auf dem Lastwagen und schauten mit undurchdringlichen Mienen zu.

Anna legte einen mongolischen Geldschein hinter einen der Steine. «Die werden alle gestohlen», vertraute mir Mike an, als wir außer Hörweite von Dascha und Mondlichttraum waren. Mike hatte keine hohe Meinung von den Mongolen. Er hielt sie für undankbar allen Wohltaten gegenüber, mit denen die Russen sie bedacht hatten.

Mikes Meinung fand sich bestätigt, als wir später die ehemalige russische Militärbasis Avaikhez passierten. Es standen nur noch die ausgeplünderten Bauten; alles, was nicht niet- und nagelfest war, hatte man geplündert.

«Undankbare Barbaren», flüsterte Mike mir ins Ohr. «Sie haben uns vierundzwanzig Stunden für den Abzug gegeben und uns dann noch mit Steinen beworfen, als wir gingen. Wenn wir nicht in ihr Land gekommen wären, gehörten sie jetzt zu China. Verschluckt von dem unersättlichen Drachen, so wie ihre Brüder in der Inneren Mongolei.»

Das war zum Teil zutreffend. Die Mongolen in der Inneren Mongolei waren von einer Welle chinesischer Einwanderer überschwemmt worden, genauso wie die Tibeter. Obwohl die Mongolen unter russischer Vorherrschaft enorm zu leiden hatten, blieb doch wenigstens ihr Land weitgehend frei von russischen Siedlern.

«Wir sind eingezwängt zwischen dem Bären und dem Drachen», hatte mir Vizeminister Shiirevdamba erklärt. «Damit müssen wir leben. Es ist eine Tatsache. Wenn wir zu einer Wahl gezwungen werden, landen wir an der Seite des Bären.» Mir war klar, daß Shiirevdamba russisch erzogen war und seine Position den Russen verdankte. Aber nichtsdestotrotz habe ich ähnliche Gefühle bei vielen einfachen Mongolen gefunden, während mir die erste Begegnung mit einem Freund des Drachen noch bevorsteht.

Jeder *ainak*, d. h. jede Provinzhauptstadt in der Mongolei, sieht aus wie der andere, und Avaikhez bildete da keine Ausnahme. Der einsam emporragende Schornstein eines schwefelspeienden Kohlekraftwerks, ganz gleich, ob er nun schwarzen Rauch ausstieß oder gerade einmal nicht, deutete schon aus großer Entfernung auf einen *ainak* hin. Das Kraftwerk ist umgeben von den obligatorischen Betonblöcken heruntergekommener Wohnungen, einer Provinzverwaltung ohne jede architektonische Besonderheit, einem zentralen Platz, auf dem rostende Metalltafeln rote kommunistische Slogans proklamieren, und etwas, das so aussieht wie ein verfallener und nicht mehr benutzter Basketballplatz. Manchmal gibt es noch eine kurze Betonpiste, aber angesichts akuter Benzinknappheit und -rationierung sind meist keine

Fahrzeuge zu sehen. Die ganze unansehnliche Stadt ist umringt von Reihen festinstallierter *gers* mit Holzpalisaden ringsum. Wir warteten in Avaikhez über drei Stunden lang, bis alle Erfordernisse der Bürokratie erfüllt waren, eine notwendige Voraussetzung für die Erlaubnis, auf das Gebiet der nächsten Provinz weiterzureisen.

Während der Wartezeit sah ich zu, wie die o-beinigen Mongolen die Hauptstraße von Avaikhez entlangstiefelten. Sie hatten ihren merkwürdig rollenden Gang ihrem Leben im Sattel zu verdanken, aber ich fragte mich doch, ob die Kleinkinder, die gerade erst laufen gelernt hatten, ihre O-Beine vorzeitigen Reitstunden oder der Rachitis verdankten.

Nach weiteren dreihundert Kilometern durch die scheinbar endlose Steppe erreichten wir den Fluß Tuyn Gol, der ebenfalls Hochwasser führte. Er fließt in den Orog Nur, einen See am Fuß der schneebedeckten Berge des Ikh Bogd. Die Landschaft war hinreißend, aber wir schlugen unsere Zelte auf, ohne daß irgendwie erkennbar gewesen wäre, wie oder wo wir den reißenden Strom überqueren konnten.

Am nächsten Morgen überraschte uns gleich nach dem Erwachen der Anblick zweier beladener mongolischer Lastwagen, die im Tuyn Gol festsaßen. Bei einem davon strömte das Wasser durch das Fenster der Fahrerkabine.

«Auf, auf, John», sagte George. «Herunter mit der Hose. Wir beide werden jetzt versuchen, eine Stelle zu finden, wo wir sicher hinüberkommen.»

Die Strömung war stark. Und das Wasser war sehr kalt. Die untröstlichen Lastwagenfahrer saßen auf ihren Fahrerhäusern und gaben schreiend Anweisungen, die einander widersprachen.

«Hören Sie nicht auf sie», sagte George. «Wenn sie getan hätten, was wir jetzt tun, dann wären sie jetzt nicht da, wo sie sind.» Das Flußbett war voller Schwellen und Löcher. In einem Augenblick dachten wir, wir hätten eine brauchbare Route gefunden, nur um im nächsten bis zu den Achseln im Wasser zu versinken. Aber schließlich fanden wir doch eine, wie wir glaubten, brauchbare Stelle, um hinüberzukommen.

«Kommen Sie hier herüber», riefen wir Wassily zu, dem Fahrer des Gaz 66. Wassily setzte den Lastwagen in Bewegung. Für einen Gaz 66 ist es nichts Besonderes, einen schnellfließenden Fluß zu durchqueren, und Wassily kam gut voran, bis er plötzlich von einem Mongolen abgelenkt wurde, der vom anderen Ufer aus winkte und ihn zu bewegen versuchte, einer anderen Route zu folgen.

«Bleiben Sie dort», brüllte George.

«Kümmern Sie sich nicht um ihn», rief ich.

Wassily verlor den Überblick, beschloß, einen mittleren Weg zwischen den beiden widersprüchlichen Anweisungen zu wählen, und wenige Augenblicke später blieb der Gaz 66 in einer brodelnden Masse von Schaum und Blasen stecken. Das Wasser reichte halb zu den Flanken des Fahrzeugs hinauf, auf dem all unsere Lebensmittel waren.

Peter kletterte aus der Tür des Fahrerhauses aufs Dach. Die Mongolen am Ufer zeigten mit Fingern auf ihn und brüllten vor Lachen. Sein Gesicht verlor man hier schnell und unwiederbringlich.

Nun wurde der Fahrer Wanja aktiv. Er gab Eugenie, dem Fahrer des anderen Gaz, Anweisung, ihm zu folgen, und beide bewältigten sie anstandslos die «sichere» Route zum anderen Ufer. Nach einer weiteren Stunde, die wir uns mit Seilen, mit Ziehen und Anschieben abplagten, hatten wir auch den gestrandeten Gaz mit unserem Expeditionsleiter am anderen Ufer.

Peter bestand darauf, den mongolischen Fahrern zu helfen – dem lag die kluge Prämisse zugrunde, daß wir nicht wissen konnten, wann wir deren Hilfe einmal nötig haben würden. Nach einer weiteren Stunde harter Arbeit gelang es uns, eins von deren Fahrzeugen wieder flottzubekommen; das andere dagegen steckte zu tief im Flußbett. Wir erfuhren später, daß es nach zwei Wochen endlich das andere Ufer erreichte.

Jedenfalls war gehöriger Schaden angerichtet. Unsere Lebensmittelvorräte waren vollkommen durchnäßt, und so brachten wir die nächsten drei Stunden damit zu, Buchweizen, Grieß und eine gewaltige Menge aufgeweichter Makkaroni in der Sonne zu trocknen. Triefende Päckchen mit Plätzchen wurden sorgfältig getrennt und in der Sonne getrocknet. Nichts war unbrauchbar geworden. Das durfte es auch nicht – wenn wir erst einmal die Gobi erreichten, würden wir lange ohne die Zufuhr von Lebensmitteln auskommen müssen.

Es wimmelte überall von einer wahren Landplage mäuseartiger Wesen aus der Familie der Pfeifhasen. Unsere zum Trocknen auf dem Boden ausgebreiteten Lebensmittel schienen plötzlich Beine bekommen zu haben. In der Nähe unserer Fahrzeuge kreisten Greifvögel und stießen aus dem klaren, blauen Himmel auf die Pfeifhasen herab. Als wir schließlich weiterfuhren, hatten wir auch einige Scharen Jungfernkraniche gesehen, die sich für den Zug bereit machten, und einen Mönchsgeier.

Als wir am Abend in einem schönen Tal in der Nähe von Bayan Tragan unser Lager aufschlugen, fielen uns die vielen gutgekleideten Reisenden auf, die zu Fuß, zu Pferde oder auf dem Motorrad dem Dorf zustrebten. Dort sollte am nächsten Tag eins der jährlichen *naadam*-Feste stattfinden, bei dem die drei mongolischen Männersportarten – Bogenschießen, Pferderennen und Ringen – auf der Tagesordnung standen. Diese traditionellen Versammlungen der sonst weit verstreut lebenden Viehhirten finden während des kurzen Sommers überall in der Mongolei statt. Sie sind ein Überbleibsel der großen Stammesversammlungen, die von Dschingis Khan und dessen Nachfolgern ins Leben gerufen wurden und auf denen Streitigkeiten geschlichtet, Gesetze verabschiedet und die Nachfolger des Großkhans gewählt wurden. Eine dieser Versammlungen wurde 1241 einberufen, um einen Nachfolger für Ogodei, den Sohn Dschingis Khans, zu wählen. Die Goldene Horde war inzwischen bis über Budapest hi-naus vorgedrungen und hatte überall eine Spur der Zerstörung hinterlassen. Sie war entschlossen, auch Wien zu plündern. Matthäus Parisiensis beschreibt in seiner *Chronica Maiora*, welche Gefühle Europa beherrschten:

> Im gleichen Jahr (1240) löste sich ein verabscheuungswürdiges Volk des Satans – will sagen, die zahllose Armee der Tartaren – aus ihrer von Bergen umgebenen Heimat, durchdrang das feste Felsbollwerk (des Kaukasus) und ergoß sich Teufeln gleich aus dem Tartarus [...] Es breitete sich wie eine Heuschreckenplage über das Antlitz der Erde aus und brachte furchtbare Zerstörungen über den östlichen Teil (Europas), den es mit Feuer und Blutbädern verwüstete. Als die Tartaren das Land der Sarazenen durchquerten, zerstörten sie die Städte, hieben die Wälder nieder, überrannten die Festungen, rissen die Weinkulturen heraus, zerstörten Gärten, töteten Stadt- und Landbewohner. Wenn sie wirklich einmal jemanden verschonten, der um Gnade flehte, so wurde dieser gezwungen [...] an vorderster Front gegen seine eigenen Nachbarn zu kämpfen [...]
>
> Denn sie sind unmenschlich und wie wilde Tiere, eher Ungeheuer als Menschen, die nach Blut dürsten und es trinken, die Menschen und Hunde reißen und deren Fleisch verzehren. Sie kleiden sich in Ochsenhäute und wappnen sich mit Eisentafeln. Sie sind kleinwüchsig und stämmig, untersetzt, stark, unbesiegbar und unermüdlich. Ihre Rücken sind ungeschützt (um sie daran zu hindern, in der Schlacht die Flucht zu ergreifen), ihre Brust ist mit Rüstung gepanzert; mit Genuß trinken sie das reine Blut ihrer Tiere. Ihre

> Pferde sind groß und stark, sie fressen Zweige und sogar ganze Bäume; wenn sie aufsitzen, benötigen sie dazu drei Stufen, weil ihre Schenkel so kurz sind.
>
> Sie kennen kein menschliches Gesetz, keine Bequemlichkeit, sind wilder als Löwen oder Bären, besitzen Boote aus Ochsenhaut, die jeweils zehnen oder zwölfen von ihnen gemeinsam gehören [...] Sie sind in der Lage, die größten und reißendsten Flüsse zu überqueren, ohne daß sie irgend etwas daran hindern könnte, und sie trinken trübes oder schlammiges Wasser, wenn sie kein Blut bekommen können. Sie sind wunderbare Bogenschützen [...] Sie sprechen keine andere Sprache als ihre eigene, welche wiederum allen anderen unbekannt ist, da sie bisher für alle anderen unzugänglich waren [...] Sie schweifen mit ihren Herden und ihren Frauen umher, denen man beibringt, ebenso zu kämpfen wie die Männer. Und so gelangten sie mit der Schnelligkeit eines Blitzes in das Reich der Christenheit, plünderten und mordeten und überzogen alle mit Furcht und unvergleichlichem Schrecken [...]

Dem machtvollen Ruf zurück in die Steppe konnte die Goldene Horde allerdings nicht widerstehen, und so eilte sie zurück zum großen Rat oder *kuriltai*, in die über fünftausend Kilometer entfernte zentrale Mongolei. Sie waren gesetzlich zur Teilnahme verpflichtet. Aber ohnehin hätte niemand bei einer so wichtigen Angelegenheit fehlen wollen – waren doch die Nachfahren Dschingis Khans bereits in die Familienzwistigkeiten verstrickt, die schließlich zur Teilung des mongolischen Reiches führen sollten. Im Westen erwarteten Papst und Kaiser, Könige und Prinzen das Ende der Welt, wie man sie bis dahin gekannt hatte. Dort sah man mit Erleichterung und Verwunderung, daß die Goldene Horde ebenso rasch wieder verschwand, wie sie zuvor aufgetaucht war. Der zufällige Tod Ogodeis rettete den Rest Europas vor der totalen Verwüstung, die über Rußland und andere weiter östlich gelegene Länder gekommen war, selbst wenn die Horde, ohne es zu wissen, die Geißel des Schwarzen Todes in Europa zurückgelassen hatte.

Ein moderner *naadam* ist nur ein schwaches Echo der großen Stammeszusammenkünfte der Vergangenheit, aber dennoch bietet er ein bemerkenswertes Spektakel. An den Wettbewerben in zwei der männlichen Sportarten, dem Pferderennen und dem Bogenschießen, dürfen auch Frauen teilnehmen. Vor vielen Jahrhunderten nahmen die Frauen auch an den Ringkämpfen teil, und Marco Polo berichtet von einer berühmten Ringerin, die gewaltige Reichtümer und eine Viehherde von fabelhafter Größe erlangte, indem sie ihre männlichen Herausforderer bezwang. Noch nicht so lange her ist die Geschichte des achtzehnjährigen Mädchens, dem es mißfiel, daß ein Yak-Bulle eine Yak-Kuh zu besteigen versuchte, während sie diese gerade melkte. Sie packte den Bullen bei den Hörnern, rang ihn nieder und rammte eins seiner Hörner fest in die Erde, womit sie ihn bewegungsunfähig machte.

In Bayan Tsragan tankten wir unsere Fahrzeuge mit Benzin auf, das wir für die uns zugeteilten Benzinmarken an der wohl entlegensten Zapfsäule der Welt bekamen. Es gab dort, so weit das Auge reichte, nur ein *ger*, einen Schuppen und eine Zapfsäule. Wir warteten über eine Stunde, bis der «Tankwart» von einem Helfer auf dem Soziussitz eines Motorrades von seiner Herde zurückgebracht wurde. Für uns war es vor der Wüste Gobi die letzte Möglichkeit zu tanken. Wenn wir erst einmal in der Wüste waren, trennten uns fünfhundert Kilometer von der nächsten Tankstelle.

Zu Mittag hielten wir in der Nähe von drei *gers*, die sich in die Vertiefung eines hufeisenförmigen Berges schmiegten. Ich ging zu einem davon hinüber.

«Die Tür ist offen», rief ich. «Aber es ist niemand zu sehen.»

«Gehen Sie hinein», sagte Dascha. «Ich vermute, daß der Besitzer für einige Wochen mit seinen Herden in anderen Weidegebieten unterwegs ist.»

Auf dem kleinen Gußeisenofen in der Mitte des runden Zelts stand ein Topf mit fermentierter Milch (*kumis*) und etwas steinharter Käse. An den massiven Holzmast, der das Zelt aufrecht hielt, war ein Bild Dschingis Khans geheftet.

«Sie haben eine Mahlzeit für Sie hinterlassen», erklärte Dascha. «In diesen Landesteilen ist es Sitte, die Tür nicht zu verschließen, so daß Fremde auf der Durchreise etwas zu essen und zu trinken vorfinden.»

Während ich an dem Käse nagte und an dem sauren *kumis* nippte, ging mir auf, daß in einem Land mit diesen großen Entfernungen und rauhen Wetterbedingungen ein solcher Brauch sicherstellte, daß ein Reisender nicht Hunger leiden mußte.

«Wenn Sie irgend etwas vom persönlichen Besitz des Zeltbewohners stehlen würden», sagte Mondlichttraum, die meine nicht ausgesprochenen Gedanken las, «dann wären Sie in echten Schwierigkeiten.

Wir Mongolen haben Augen wie die Habichte. Wir würden Sie zurück bis nach Nairobi verfolgen!» Als ich später im Jahr wieder in Nairobi war, fielen mir ihre Worte wieder ein. Ich hatte die Fotografie eines mongolischen *gers* an der Wand hängen, aufgenommen vor dem Hintergrund eines Gewitterhimmels mit doppeltem Regenbogen. Vor dem *ger* war die winzige Gestalt eines Mannes in einem hellroten Umhang oder *del* gerade noch zu erkennen. Ein mongolischer Freund brach in lautes Lachen aus, als er dieses Foto bei mir sah.

«Was ist daran so witzig?» fragte ich – erstaunt, daß er mein Bild so unglaublich komisch fand.

«Siehst du es nicht?» sagte er und schüttelte sich vor Lachen. «Der Mann da vor dem *ger* pinkelt gerade und wirft dem Fotografen über die Schulter einen wütenden Blick zu, weil der ihn in einem so würdelosen Augenblick erwischt hat.»

Ich nahm eine Lupe zur Hand, und eine intensive Musterung der winzigen Gestalt bestätigte, daß mein Freund mit unbewehrtem Auge zu einem völlig einwandfreien Ergebnis gekommen war.

Der nächste Tag sollte sich als ein ganz besonderer erweisen. Nachdem wir noch einmal in Bayan Tsragan haltgemacht hatten, um frische Vorräte an Schaffleisch zu kaufen, fuhren wir noch zweihundert Kilometer weiter und erreichten schließlich die Trans-Altai-Gobi, eine Landschaft mit Charakteristika, die zwischen denen der Steppe und der echten Wüste Gobi liegt, die sich über Tausende von Kilometern von Ost nach West durch die Mongolei und China erstreckt und im Süden bis tief in die westchinesische Proviz Xinjiang hineinreicht. Mit einem Entzückenslaut stieg Wanja in die Bremsen.

«Zwiebeln! Gobi-Zwiebeln!» rief er. Er sprang vom Jeep und begann, die schnittlauchartigen Stengel der Wildzwiebel zu pflücken, deren junge Blüten die graue, kieselübersäte Wüste in ein lichtes Purpur gekleidet hatten. Diese lauchartigen Zwiebeln verhalfen den zusammengebackenen Makkaroni zu der bitter nötigen Aufwertung. Wanja sammelte die Zwiebeln bündelweise und salzte sie in Krügen sowohl für uns als auch für den russischen Winter ein. Später erst entdeckte ich, daß die Chinesen, die in Xinjiang mit mir reisten, die scharfe Wüstenzwiebel verachteten, selbst wenn ihnen alles andere Gemüse ausgegangen war. Aus irgendeinem Grund hielten sie es für unrein, diese Zwiebeln zu sammeln und zu verspeisen.

«Wir sind jetzt am Rand der Gobi», sagte Peter. «Die Zwiebel wächst nicht in der Steppe. Bald werden Sie Ihre Kamele sehen.»

Wir entdeckten sie noch vor der Abenddämmerung, eine lange Reihe von Hauskamelen auf dem Weg zu einer Ansammlung von *gers* in weiter Entfernung. Wir waren immer noch weit entfernt von der Heimat der wilden Vettern der Hauskamele. Aber wir kamen ihr immer näher.

Nach weiteren zweihundertfünfzig Kilometern erreichten wir unser Ziel. Bayan Toroi, «der Ort der Pappeln» eine Oase am Rand der Wüste Gobi, strategisch zwischen den großen Gebirgen des Altai und des Edrengiyn Nuruu gelegen. Das letztere bildet die nördliche Grenze des großen Schutzgebietes der Gobi, der Heimat des Wildkamels. Wir hatten vier Tage bis dorthin gebraucht und dabei über tausend Kilometer auf Staubpisten zurückgelegt.

Höchste Zeit für Wüstentiere

Der Mensch lebt keine hundert Jahre.
So ist es eitel, für tausend Jahre planen zu wollen.

Chinesisches Sprichwort

«Avermet! Avermet!»

Das Brüllen, das einem Stier alle Ehre gemacht hätte, war noch nicht verhallt, da krachte eine geballte Faust auf die dünne Holztür des Lagerraums, den man in eine Wohnung für die Kameltreiberin Debbie Atkins umgewandelt hatte.

«A-ver-met!»

In dem Lager wich Debbie langsam zurück und preßte sich gegen die Wand ihres Schlafzimmers. Es donnerte weiter gegen die Tür, dann splitterte Holz. Ein eisiger Luftzug wehte durch den Lagerraum, als die Tür aus den Angeln gerissen wurde. Im Eingang stand ein Mongole von außergewöhnlichem Format. Mit seiner Größe von fast zwei Metern und seiner enormen Körperfülle schwankte er unsicher, bevor er in den Raum eindrang – nackt bis auf einen bunten Lendenschurz. Debbie sah, daß er betrunken und völlig unempfindlich gegen die extreme Kälte war (draußen herrschte eine Temperatur von fünfundzwanzig Grad minus). Wie Debbie bereits bei einer anderen Gelegenheit bemerkt hatte, als sie über einen reglosen, im tiefen Schnee liegenden Körper gestolpert war: Wenn die Mongolen trinken, dann ein Gemisch aus Wodka und Frostschutzmittel.

«Avermet», brüllte der Ringkämpfer und sah sich unsicher im Raum um. Als er näher kam, drückte Debbie sich in die Ecke und dann an der nächsten Wand entlang. Plötzlich erblickte er sie.

«Avermet?» fragte er in wesentlich ruhigerem Tonfall und stützte sich mit dem rechten Arm an der Wand ab. Debbie nahm diese Gelegenheit wahr, schlüpfte unter dem ausgestreckten Arm durch und floh aus ihrer Wohnung. Draußen blieb sie einen Augenblick stehen, keuchte in der eisigen Luft und rannte dann an dem hoch aufragenden Radiomast vorbei, zu Avermets *ger* am anderen Ende der Siedlung.

«Laß mich herein, Avermet», rief sie und rang nach Luft. «Laß mich herein.»

Der Filzvorhang vor der Tür des *gers* wurde beiseite gezogen, und Avermet, der Chef des Great Gobi National Park A, blickte sie einige Minuten unverwandt an und brach dann in lautes Gelächter aus.

«Er ist mein Freund», rief er und deutete auf die gewaltige Gestalt, die quer durch die Siedlung auf sie zugestapft kam. «Mein Ringerfreund. Mein Trinkfreund.»

Debbie wußte, daß am gleichen Tag in Bayan Toroi Ringkämpfe stattfinden sollten. Sie hatte aber nicht damit gerechnet, daß der erste Anwärter für die Meisterschaft von Bayan Toroi betrunken, fast nackt und nach seinen Zechkumpanen brüllend in ihrer armseligen Hütte auftauchen würde.

Nach diesem Zwischenfall beschloß sie, in ein eigenes *ger* überzusiedeln. Das war bequemer, gemütlicher und nicht so weit von den dreizehn Zweihöckrigen Wildkamelen entfernt, die in der Nähe in einem Pferch gehalten wurden. Und es gab ihr die Möglichkeit, Avermets etwas exzentrischen Freunden aus dem Weg zu gehen.

Als wir im August 1993 in Bayan Toroi ankamen, erfuhren wir, daß Avermet mit seiner Mannschaft dreizehn junge Wildkamele (fünf Hengste und acht Stuten) gefangen und von Hauskamelstuten am Ort hatte aufziehen lassen. Eine potentiell explosive Situation entwickelte sich. Im Laufe des Dezembers konnten zwei Wildkamelhengste und zwei oder drei der Stuten brünstig werden. Da sie alle mit verschiedenen Hauskamelherden weideten, würden die Hengste versuchen, sich mit jeder halbwegs willigen Hauskamelstute zu paaren, und die wilden Stuten würden das Interesse der Hauskamelhengste auf sich ziehen. Das Endergebnis konnte ein unkontrolliert bastardisierter Nachwuchs sein. Diese Bastarde und sogar die Wildkamelhengste selbst würden vielleicht von den mongolischen Herdenbesitzern getötet werden, falls ihre Haltung allzu viele Schwierigkeiten mit sich brachte. Da es weltweit nur sechs weitere wilde Zweihöckrige Kamele in Gefangenschaft gab, waren diese dreizehn Tiere von großer Bedeutung, besonders da der gesamte Weltbestand des Zweihöckrigen Kamels für nicht höher als tausend Tiere gehalten wurde. Wenn nicht sofort etwas getan wurde, um ihre Fortpflanzung einer strikten Kontrolle zu unterziehen, konnten die Folgen katastrophal sein. Ich glaubte, die richtige Person für diese Aufgabe zu kennen.

Die dreiunddreißigjährige Debbie Atkins, die bei dem Kamelzüchter Jasper Evans auf dessen Ranch in Laikipia in Nordkenia arbeitete, besaß größere praktische Kenntnisse der Kamelzucht und Zuchtbuchführung als irgend jemand sonst, den ich kennengelernt hatte. Sie war international anerkannt, sie war stark und belastbar, und sie würde auch, dessen war ich mir sicher, die Extreme eines mongolischen Winters überstehen. Sie war eine bemerkenswerte Schützin und fand auch nichts dabei, in der Tasche ihrer Shorts in Kenia eine Pistole bei sich zu tragen. Glücklicherweise stellte das Entwicklungsprogramm der Vereinten Nationen in der Mongolei die notwendigen Mittel zur Verfügung, und Anfang Dezember, etwa drei Monate, nachdem unsere Expedition die Mongolei wieder verlassen hatte, kam Debbie in Bayan Toroi an. Sie hatte einem zunächst skeptischen Avermet und dessen Leuten schon bald bewiesen, daß sie ebenso hart und widerstandsfähig war wie deren eigene Frauen. Sie richtete ein Zuchtprogramm ein, das sie auch während der bitterkalten Wintermonate überwachte. Sie überlebte es auch, als sie eines kalten Wintertages gegen die Steinwand des Kamelpferchs gepreßt und am ganzen Körper von dem langen Hals des wütenden Kamelhengstes Harolt durchgeprügelt wurde, der so brünstig war, daß er jede Kontrolle verloren hatte. Nachdem sie dabei mit nichts Schlimmerem als Prellungen davongekommen war, mußte sie den erregbaren Harolt noch davor bewahren, seiner Auserwählten falschherum seine Avancen zu machen. Mit Hilfe von Seilen und schierer Willenskraft konnte Debbie ihn trotz ihrer erst kurz zurückliegenden Mißhandlung schließlich herumdrehen und ihm zu einer erfolgreichen Begattung verhelfen. Kein kleines Verdienst, wenn man sich die anatomischen Besonderheiten der Kamelhengste vor Augen führt.

Bei ihrer Rückkehr nach Kenia, nachdem sie in der Mongolei erfolgreich das Zuchtprogramm für Wildkamele in Gang gesetzt hatte, war sie nicht länger die gebräunte, schlanke, jungenhafte Gestalt, die drei

Monate zuvor in der Mongolei eingetroffen war. Mit ihren Worten: «Nachdem ich drei Monate lang kaum etwas anderes gegessen habe als Schaffleisch, war es kaum überraschend, daß ich wie ein Schafknödel aussah und auch danach roch.»

Bayan Toroi ist umgeben von rauschenden Pappeln und weidendem Vieh. *Gers* und Holzhütten drängen sich um eine Quelle, die Lebensader der Oase, und um die hohen Schornsteine des Kohlekraftwerks, das der Gemeinde erst ermöglicht, die bitteren Winter zu überstehen.

Avermet, der Oberaufseher über das Reservat, begrüßte uns bei unserer Ankunft. Er war hochgewachsen und breit, sein Gesicht rund und flach mit einem mißtrauischen Ausdruck im Gesicht, der zu sagen schien: «Ich bin mir nicht sicher, daß ich Sie mag.» Wir fanden später heraus, daß er recht unterschiedlicher Stimmung sein konnte. Auf seinem Anwesen befanden sich zwei *gers*, eines, das er selbst bewohnte, und eines für Gäste sowie eine Anzahl baufälliger Betonbauten, die sich um den Mast einer Radioantenne gruppierten. Der Job eines Oberaufsehers in dieser entlegenen Oase ist nicht besonders begehrt, und als Avermet anderthalb Jahre auf der Stelle ausgeharrt hatte, übertraf er bereits die durchschnittliche Verweildauer. Avermet bot George Schaller, Mike Samsonow und mir sein für Gäste reserviertes *ger* an, das prachtvoll bemalt und ausreichend geräumig war, um unsere gesamte Ausrüstung aufzunehmen. Etwa ein oder zwei Stunden nach unserer Ankunft hatten wir unser Quartier bezogen, aßen Hammelfleisch, tranken Wodka und ließen uns von Avermet seine besonderen Probleme schildern, von denen die wichtigsten die Wildkamele betrafen.

«Die Quellen trocknen aus», sagte er. «Die vielen trockenen Tage in den Achtzigern haben den Grundwasserspiegel sinken lassen.»

Es stellte sich heraus, daß diese Trockenjahre sieben von fünfzehn Quellen des Reservats komplett hatten austrocknen lassen und daß die Grundwasserreserve von den jüngsten, ungewöhnlich ergiebigen Regenfällen noch nicht wieder aufgefüllt worden waren. Das konnte noch drei Jahre dauern. Die Wölfe, deren Bestand zunahm, machten zunehmend Jagd auf die Kamele, vor allem auf deren Fohlen, die gezwungen waren, sich dichter an die wenigen verbliebenen Wasserstellen zu halten. Da die Haltung domestizierten Weideviehs im Reservat verboten war, hatten die Wölfe keine allzugroße Auswahl, wenn sie sich eine gute Mahlzeit verschaffen wollten.

«Was glauben Sie, wie viele Kamele noch im Reservat leben?» fragte Schaller.

«Nicht mehr als dreihundertfünfzig, und mit jedem Jahr werden es weniger.»

«Was geschieht mit ihnen, wenn sie die Grenze nach China überqueren?»

Die südliche Grenze des siebzigtausend Quadratkilometer großen Reservats – eine Fläche, die der Belgiens und der Niederlande entspricht – ist gleichzeitig die Landesgrenze zu China. Die Kamele können die Grenze ungehindert passieren, aber sie genießen auf chinesischer Seite keinen Schutz.

Avermet zuckte die Achseln und fuhr sich dann mit dem Zeigefinger langsam über die Kehle. Schaller runzelte die Stirn. «Wir haben keine Ahnung, was da drüben vorgeht», sagte er. «Ich wünschte, wir könnten uns irgendwie verläßliche Informationen beschaffen.» Als die Russen 1981 eine Bestandsaufnahme des Reservats aus der Luft vornahmen, schätzten sie die Anzahl der Kamele auf über sechshundert, möglicherweise höher. Jetzt nahm die Zahl, wie Avermet meinte, rasch ab. Das erklärte, warum er die dreizehn Jungtiere gefangen hatte. Falls die Art in der freien Natur verschwand, war es wichtig, daß man irgendwo auf der Welt den Grundstock für eine Züchtung in der Gefangenschaft hatte.

Am Abend streifte ich ein wenig um die Oase herum, um mongolische Pferde zu sehen. Es gibt sieben Millionen Pferde in der Mongolei. Das heißt, daß dreieinviertel Pferde auf jeden Menschen kommen, ganz gleich, ob Mann, Frau oder Kind, und es ist nicht so, daß die Kinder das Reiten aus dem Handbuch eines mongolischen Ponyclubs lernten. Im Alter von einem bis zu drei Jahren werden sie auf ein Brett hinter ihre Mutter gebunden. Zwischen drei und fünf bindet man sie auf den Sattel. Von fünf Jahren an reiten sie selbst. Ich war versessen darauf, einmal selbst eines dieser kräftigen kleinen Tiere zu reiten, die ihre Mähne über dem Boden schleifen ließen und von denen ich kurze Zeit zuvor einige gesehen hatte.

Diese mongolischen Pferde sind zu Recht berühmt. Die Mongolen haben den größten Teil der damals bekannten Welt auf dem Rücken ihrer Pferde erobert. Dschingis Khan und seine Erben bauten ein komplexes Postsystem auf, ein gewaltiges Netzwerk von Stationen, an denen Pferde gehalten wurden, und das sich über das ganze Reich erstreckte. An jeder dieser Stationen standen ständig Reittiere für die Postreiter zur Verfügung, die Nachrichten oder kaiserliche Erlasse überbrachten, damit sie ihren Ritt in der kürzestmöglichen Zeit bewältigen konnten. Über jede Station wachte ein Stationsvorsteher, und am Ende von Kublai Khans Regierungszeit gab es allein in China mehr als tausendvierhundert solcher Poststationen.

Damit sie im Schlaf nicht vom Pferd fielen, wurden die Reiter genau wie heutzutage die Vorschulkinder auf den Sätteln festgebunden. Beim Wechseln der Pferde ruhten sich die Reiter kaum aus; sie banden sich los, sprangen dann vielfach nur von einem Pferd auf das nächste, ohne überhaupt den Boden zu berühren, um keine wertvolle Zeit zu verschwenden. Bevor sie verhungerten, zapften sie die Halsvene ihres Reittieres an und tranken etwas von dessen Blut, genau wie es die Viehzüchter der Massai noch heute tun. Es handelte sich jedenfalls um einen bemerkenswert leistungsfähigen Postdienst, ganz gleich, ob man ihn am Standard des dreizehnten Jahrhunderts oder irgendeines anderen mißt.

Der wahre Geist der mongolischen Reiter ist immer noch lebendig. In den dreißiger Jahren dieses Jahrhunderts beobachtete Owen Lattimore einen Reiter, der

> [...] einen wilden, ausschlagenden, unbeherrschbaren Teufel von einem Pferd ritt; aber er [der Mongole] war selbst ein Teufel. Er legte seine Arme um den Hals der Bestie, damit diese den Kopf nicht senken konnte, und riß sich dabei den Nagel von einem Finger. Ohne mit der Wimper zu zucken, ritt er weiter wie der Teufel [...] Er trieb uns ein wildes Pferd zu, aber keiner konnte es fangen – es war nicht aufgezäumt, und wir hatten weder ein Lasso noch die Fangstange. Also setzte sich der Mongole im Galopp neben dieses Wildpferd, beugte sich hinüber, griff es bei der Mähne, zog sich selbst von seinem ungesattelten Pferd aus hinüber, alles in vollem Galopp, und ließ sich an der Schulter des so gefangenen Pferdes hinabgleiten, hielt sich mit einer Hand in der Mähne fest und griff mit der anderen nach den Nüstern des Pferdes, um diesem die Luftzufuhr abzuschneiden. Ein wunderbarer Ritt, und der Schmerz bei diesem Manöver, sich mit einer Hand in der Mähne festzuhalten, von der zuvor ein Fingernagel abgerissen war, muß besonders übel gewesen sein.
>
> [Später] setzte sich der mongolische Junge etwa zehn Minuten

lang nieder, um Tee zu trinken, betrachtete das rohe Ende seines Fingers, von dem der Nagel abgerissen war [...] Dann sprang er auf, dieser nicht kleinzukriegende junge Mann, und sagte, damit käme er schon zurecht.

● ● ●

Am nächsten Tag brach unser Team zu einer kurzen Kamelerkundung durch das Gebirge Edrengiyn Nuruu, welches die nördliche Grenze des Reservates bildet, in die Gobi auf. Der relativ kleine, braune Gobibär *(Ursus arctos pruinosus)* begibt sich manchmal auf Wanderungen, die ihn aus der Wüste in dieses Gebirge führen. Man vermutet, daß es kaum mehr als fünfunddreißig dieser Bären gibt; ihr Siedlungsgebiet hat sich in den letzten dreißig Jahren halbiert. Auf unserem Weg durch eine Gebirgsschlucht sahen wir wilden Rhabarber, dessen Wurzel das Lieblingsfutter des Bären darstellt. Die Wüste war dank der lang anhaltenden Regenfälle mit frischgrüner Vegetation bedeckt. Junger Saxaul *(Anabasis ammodendron)*, ein Lieblingsfutter der Kamele, gedieh überall, und viele bunte Blumen standen in Blüte. Nikolai Nikolajewitsch umarmte Peter Gunin, als dieser eine große, weiße, pilzähnliche Blume *(Pitilotrichum caneseens)* entdeckte. Die nicht lange zurückliegenden Regenfälle, die schwersten seit Menschengedenken, hatten die tiefvergrabenen Samen dieser Pflanze zum Keimen gebracht; es war das erste Mal seit den 1930er Jahren, daß sie wieder blühte.

Wir kampierten in der Nähe einer tiefen Kluft in den Felsen nahe der Oase Otgon Us. George Schaller und ich wanderten durch die rostfarbenen Vorberge, die von der untergehenden Sonne in strahlendes Licht getaucht wurden. Später fand George den Unterkieferknochen eines jungen Kamels, einen Ballen von Kamelfell und trockenen Wolfskot – ein Fund, der Avermets Einschätzung bestätigte. In der Nähe der Oase beobachteten wir Kropfgazellen *(Gazella subgutturosa)*, den Wildesel – auch Halbesel genannt – *(Equus hemionus)* und ein Paar der seltenen Kragentrappen *(Chlamydotis undulata)*.

Am Abend hallten sentimentale russische Lieder ringsum von den grandios vollmondbeschienenen Hügeln wider. Anna feierte ihren Geburtstag, und ich konnte nur eine unmelodiöse Fassung der «Clementine» als meinen ärmlichen Beitrag zur Gobi-Hitparade beitragen. George schien nicht in bester Stimmung und ließ sich nicht zum Singen überreden.

«Die Russen sind Herdentiere», lautete sein trockener Kommentar, als er sich zu seinem Zelt davonmachte und seinen noch unberührten Wodka aus dem Zinnbecher in den Sand goß.

Bei unserer Rückkehr nach Bayan Toroi fanden wir einen Überraschungsbesucher vor, der sich mit seinem amerikanischen Jeep auf geheimnisvolle Weise dort materialisiert hatte: Stephen Kohl vom *Office of International Affairs, Department of the Interior, US Fish and Wildlife Service, United States of America.* Dieser Mann, der fließend Russisch sprach und mit Hingabe in seinen Zähnen herumstocherte, war gekommen, um einfach mal «zu schauen, wie wir zurechtkämen». Ich hielt es für sehr wahrscheinlich, daß seine achtzeilige Visitenkarte sich ohne weiteres durch eine Identifikationskarte mit drei Großbuchstaben ersetzen ließ. Sein Erscheinen in dieser Oase am Rand der Wüste – weder angekündigt noch einer Einladung folgend – führte dazu, daß eine slawische Stirn gerunzelt wurde. Mike Samsonow musterte ihn mit Interesse. Aber Stephen verspürte nicht den Wunsch, sich mit uns in die Wüste zu wagen.

«Nein, nein, ich bin ein Mann der Eiswüste», erklärte er mir.

Aber seine besondere Vorliebe für die Beschäftigung mit jeder Art von persönlicher Hygiene legte den Schluß nahe, daß sein gewöhnlicher Lebensraum sich innerhalb von Stadtgrenzen befand und sich möglicherweise auf sein Büro beschränkte. Er verschwand ebenso geheimnisvoll, wie er aufgetaucht war, aber erst, nachdem Avermet angekündigt hatte, daß eine der Kamelherden, zu denen auch ein Wildtier gehörte, in Bayan Toroi eingetroffen sei.

«Sie werden das Wildkamel schnell erkennen», ließ George Stephen Kohl mit leichtem Spott wissen. «Es sieht aus wie ein grauer Windhund unter Bernhardinern.»

Damit hatte er recht; das Wildkamel war grau, schlank, geschmeidig, wie auf Geschwindigkeit gezüchtet, und besaß nur zwei winzige Höcker. Im Gegensatz dazu erschienen die Hauskamele gewichtig in ihrem zottigen braunen Fell; ihre Höcker erhoben sich steil aufrecht wie Berggipfel oder hingen schlaff nach links oder rechts herab. Als wir uns der Herde näherten, sonderte sich das Wildkamel von den anderen Tieren ab, während sich die Hauskamele immer enger zusammenscharten. Am Abend traf eine zweite Herde von Hauskamelen ein. In dieser Herde befand sich der wilde Hengst namens Harolt, der Debbie später so viele Schwierigkeiten machen sollte. Aber zunächst einmal zeigte er sich gelehrig und ließ sich von uns führen. Dann aber faßte er plötzlich eine Abneigung gegen George Schaller und ging mit gebleckten gelben Zähnen auf ihn los. Und nach dieser feindseligen Geste erbrach er sein gesamtes Frühstück über George. Dieser wartete nicht ab, was als nächstes geschehen würde. Er machte sich schleunigst aus dem Staub, und Harolt nahm mit hoher Geschwindigkeit die Verfolgung auf. Avermet gab zu bedenken, daß Harolt vielleicht allergisch gegen Kameras sei. Nach diesem Zwischenfall hatten wir kaum noch Zweifel, wie gefährlich diese Hengste während ihrer jährlichen Brunst sein konnten.

Zwei Tage später erreichten wir bei anhaltendem Regen die grüne und überwältigend schöne Oase Shara-Khulsny-Bulak – nach fast dreihundert Kilometern Fahrt durch eine scheinbar endlose Weite mit schwarzen und weißen Kieseln übersäter Wüste und einem Nachtlager in einer wahren Mondlandschaft. Inmitten kahler, steil emporragender, ziegelroter Berggipfel gelegen, ist diese Oase die letzte bekannte Zuflucht des Gobibären.

Unser Weg führte uns vorbei an prächtigen gelben Clematis in voller Blüte, mit deren flauschigen Sammelfrüchten die Mongolen ihre Kissen stopfen. Das besonders bemerkenswerte aber waren die vielen Haufen Bärenkot. Unsere Erregung wuchs, als klar wurde, daß der Bär vor uns hergehen mußte. Er hatte sich an Preiselbeeren gütlich getan, und als vom nächsten säuberlich deponierten Haufen unverdauter Früchte noch der Dampf aufstieg, wußten wir, daß wir dem seltenen Tier sehr, sehr nahe sein mußten.

Dann rutschte Mondlichttraum auf einem Stein aus und stürzte in einen Clematisbusch. Stotternd entschuldigte sie sich: «Es tut mir leid, so leid», sagte sie mit einem Kichern, während sie den Flausch der großen fedrigen Sammelfrüchte fortwischte, der sich in ihrem pechschwarzen Haar festgesetzt hatte. Choigun, unser mongolischer Führer, zog angesichts ihrer Unbeholfenheit verächtlich die Lippen zusammen. George murmelte etwas von «mangelnder Felderfahrung». Wir gingen etwas schneller weiter, bis wir einen übergroßen Haufen dampfenden Kots erreichten, der genau mitten auf dem Weg abgesetzt worden war.

«Hier ist er», flüsterte Choigun und spähte mit zusammengekniffenen Augen zu den Felsen links und rechts von uns hinauf. «Ich kann ihn riechen. Seien Sie sehr leise.»

Aber wir mußten uns dann doch mit dem Geruch der dampfenden, saftigen Kothaufen zufriedengeben. Der Gobibär war wie vom Erdboden verschwunden. Im nächsten Jahr erfuhr ich, daß in der gleichen Oase ein Team von «Naturforschern» des japanischen Fernsehens versucht hatte, einen Bären mit Preiselbeeren als Köder in eine Falle zu locken. Ein gefangener Bär entkam mit dem Draht am Bein. Zum Glück für die Bären wurde das Fernsehteam aus der Mongolei hinausgeworfen.

Nach weiteren hundert Kilometern durch die flache gleichförmige Wüste erreichten wir das zerstörte Wüstenkloster Lamyn Toroi, das den stalinistischen Säuberungen der dreißiger Jahre zum Opfer gefallen war. Eine Atmosphäre unbeschreiblicher Traurigkeit umgab die verfallenden Ruinen. Der allgegenwärtige Wind peitschte die Lehmziegelreste der Bauten, die von verlorenen Seelen heimgesucht schienen, Seelen, die für alle Ewigkeit dazu verdammt waren, einem verlorenen Paradies nachzutrauern. Man konnte die furchtbare Tragödie, die sich auf diesem entlegenen Außenposten des Buddhismus in der Wüste zugetragen hatte, förmlich spüren. Wir bahnten uns vorsichtig einen Weg zwischen den zerbrochenen Ziegeln und ausladenden Reliefs hindurch, die bis zu dem Tag des entsetzlichen Mordens und Zerstörens nur mönchische Ruhe gekannt hatten. Die Russen wurden schweigsam.

«Sehen Sie», sagte Mondlichttraum und bückte sich, um ein feingearbeitetes Bruchstück eines zerschmetterten Simses aufzuheben. «Das haben sie uns angetan. Dieses Gefühl ist bei mir sehr stark.»

Wir gingen zu zweit etwas abseits von den anderen. Die Tränen liefen ihr die vollen Wangen hinunter, und immer wieder ballte sie die Fäuste.

«Ich will nicht, daß die Russen sehen, daß ich weine.» Sie wischte sich ihr Gesicht mit dem Ärmel trocken. «Dascha ist das ganz egal. Sie fühlt dabei gar nichts. Aber mir ist es nicht egal. Mir ist es ganz und gar nicht egal. Viele meiner Angehörigen wurden getötet, als die Russen unsere Klöster zerstörten.»

«Etwas ganz ähnliches hat es auch in England gegeben», sagte ich in einem vergeblichen Versuch, etwas zu sagen, das sie trösten könnte. «Wunderbare Klöster wurden zerstört, ihr Land und ihr Besitz wurden vom Staat übernommen. Es muß eine ganz ähnliche Situation gewesen sein.»

«Vor wie langer Zeit ist das gewesen?»

«Vor etwa vierhundert Jahren.»

«Vor vierhundert Jahren!» Sie blickte zu mir auf, und ihr tränenüberströmtes Gesicht verriet ihre starken Gefühle. «Dann können Sie sich ja gar nicht mehr daran erinnern. Es ist Geschichte. Aber dies hier hat sich zu Lebzeiten meines Vaters zugetragen. Für meine Familie ist es, als ob es erst gestern geschehen wäre.»

«Es tut mir leid.»

«Wir empfinden es alle so. Drei meiner Onkel und zwei meiner Großonkel waren Mönche. Sie wurden allesamt umgebracht.» Sie hielt kurz inne. «Haben Sie sich einmal klargemacht, daß in den zwanziger Jahren fast ein Viertel aller mongolischen Männer Lamas waren? Damals gab es hier über achthundert Klöster. Die Russen haben sie alle in die Luft gesprengt und niedergerissen. Sie haben uns nur Gandan übriggelassen, ein Vorzeigekloster in Ulan Bator, um der Welt vorzumachen, daß ihnen der mongolische Buddhismus am Herzen läge.» Sie blickte auf. «Kommen Sie, lassen Sie uns dort hinübergehen. Ich möchte nicht, daß Peter sieht, wie aufgeregt ich bin.»

Wir gingen langsam hinüber zu einem anderen Teil des zertrümmerten Klosters. Die Russen suchten in den Ruinen nach Souvenirs. George lehnte aufrecht am Steuer des Jeeps.

«Die Klöster waren unser Herzblut», fuhr Mondlichttraum fort. «Früher hatten sie praktisch das ganze Land unter Kontrolle. Natürlich waren einige der Mönche korrupt und unehrlich. Ich weiß, daß das Volk betrogen wurde. Aber es war unser System, ein mongolisches System. Es hätte von den Mongolen geändert werden müssen und nicht von den Russen.»

«Haben denn die Leute nicht protestiert?» fragte ich. «Taten die Kinder Dschingis Khans nichts, als die Russen ihre Kultur zerstörten?»

«Natürlich taten wir etwas», sagte sie fest. «Es gab einen Bürgerkrieg. Parteimitglieder wurden an den Bäumen aufgehängt. Man riß ihnen die Herzen heraus, so wie es auch zur Zeit Dschingis Khans üblich war.»

Ich wunderte mich über diese Wandlung. Die gewöhnlich vergnügte, kichernde und sorglose Mondlichttraum wurde von ihren Gefühlen geradezu geschüttelt. Wir kamen an die Reste einer Lehmmauer und setzten uns Seite an Seite darauf.

«Natürlich haben die Russen gewonnen. Wir hatten Pfeil und Bogen, die Waffen Dschingis Khans. Sie hatten Stalins Sondertruppen, den NKWD. Sie kamen mit Panzern und Flugzeugen. Stalin persönlich leitete den Feldzug zur Unterdrückung der Mongolen.» Sie blickte auf und lächelte bitter. «Es hieß, daß Stalin selbst mongolisches Blut in seinen Adern habe und daß er deshalb ein persönliches Interesse an unserer Zerstörung gehabt habe.»

Ich fragte mich, welche tiefsitzenden psychologischen Probleme Stalin wohl dazu gebracht hatten, einen großen Teil eines Volkes auszulöschen, mit dem er vielleicht blutsverwandt war.

«Und was geschah dann?»

«Sie erschossen über fünfzigtausend buddhistische Mönche, unter ihnen auch meine Angehörigen.»

Ich wandte meinen Blick von ihrem Gesicht ab.

«Ich könnte Ihnen zeigen, wo sich nicht weit von Ulan Bator entfernt Massengräber befinden», flüsterte sie, lehnte sich herüber und umklammerte meinen Arm. «Todeskommandos wurden aufgestellt und erhielten eine feste Quote an Menschen, die sie jede Woche zu erschießen hatten. So wird gesagt, daß bis zum Tode von Choibalsan, Stalins mongolischem Faktotum, im Jahre 1952 über hunderttausend Menschen ermordet worden wären. Das ist ein Siebtel der ganzen mongolischen Bevölkerung. Verstehen Sie, was das bedeutet?»

Ich verstand es nur allzugut. Arme Mongolei. Zuerst der verrückte Baron und dann dies.

«Und sie zwangen die Viehhirten in Kollektive, und sie ...»

«Hey, John und Mondlichttraum, kommt, wir wollen weiter.» Peter rief uns. Es war Zeit zum Aufbruch.

«Erzählen Sie Peter nicht, was ich Ihnen gesagt habe», bat mich Mondlichttraum, als wir zurück zu den Fahrzeugen gingen. Sie hatte ihre Fassung wiedergefunden und lächelte trotz ihrer Tränen.

«Natürlich nicht. Ich werde es niemandem erzählen.»

«Ich war an der Universität in Moskau seine Studentin. Er war sehr freundlich zu mir. Ich will nicht, daß er sich aufregt, weil ich so offen mit Ihnen geredet habe.» Sie blickte auf und lächelte. «Die meisten Mongolen meiner Generation denken überhaupt nicht mehr daran. Viele von ihnen wissen nicht einmal, was den Klöstern und den Mönchen widerfahren ist. Sie wollen es nicht wissen. Es ist ihnen egal. Warum sollten sie sich damit plagen? Es ist Geschichte. Sie haben nichts anderes im Sinn, als Geld zu machen.»

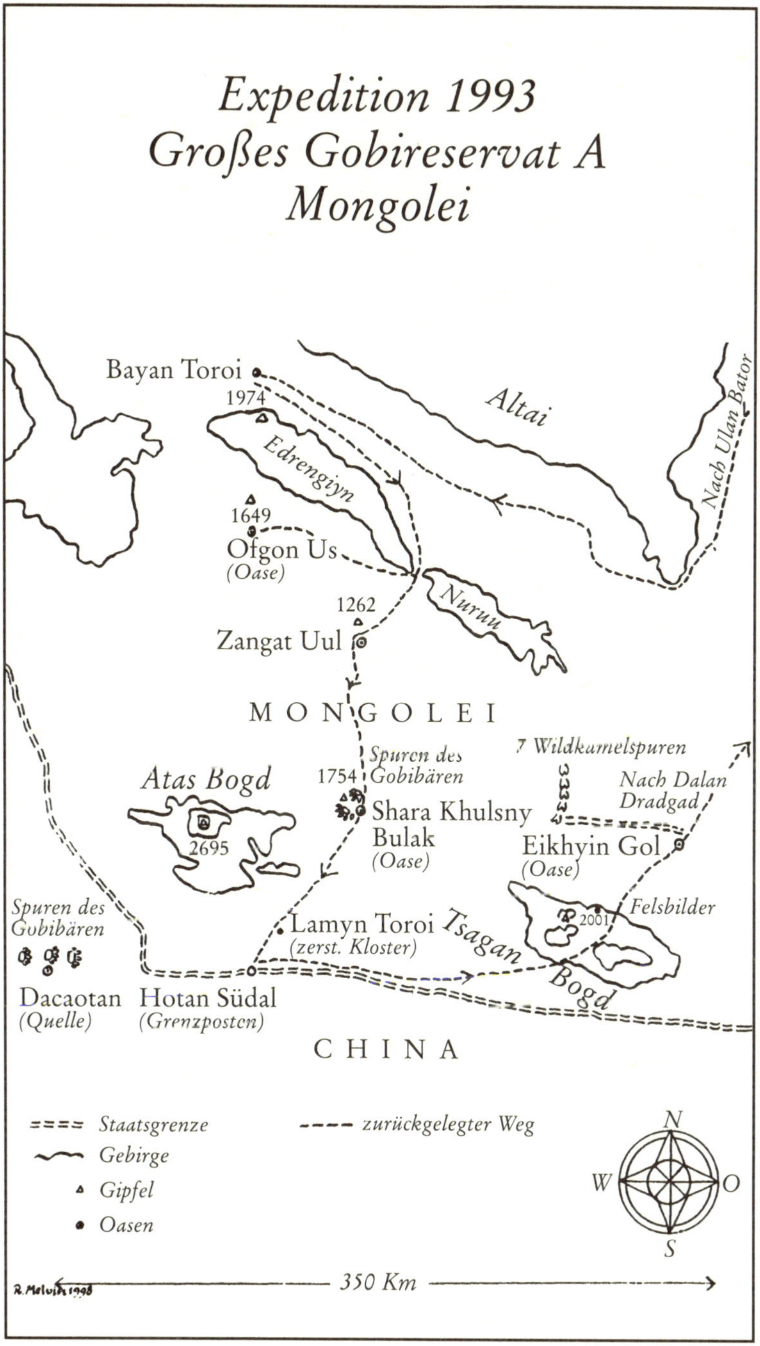

Expedition 1993
Großes Gobireservat A
Mongolei
Bayan Toroi
1974
Altai
Edrengiyn
Nach Ulan Bator
1649
Ofgon Us
(Oase)
Nuruu
1262
Zangat Uul
MONGOLEI
Spuren des Gobibären
7 Wildkamelspuren
1754
Atas Bogd
Shara Khulsny Bulak
(Oase)
Nach Dalan Dradgad
2695
Eikhyin Gol
(Oase)
Felsbilder
Spuren des Gobibären
Lamyn Toroi
(zerst. Kloster)
Tsagan Bogd
2001
Dacaotan
(Quelle)
Hotan Südal
(Grenzposten)
CHINA
Staatsgrenze
Gebirge
Gipfel
Oasen
zurückgelegter Weg
N
W
O
S
350 Km
R. Meluš 1998

«Kamele! Schauen Sie! Dort hinten.» Wanja deutete aufgeregt auf eine Reihe von Kamelen am fernen Horizont.

«Sind es wilde?» fragte ich, während Wanja bereits den Jeep auf die Herde zu lenkte.

George schüttelte den Kopf. «Es können keine wilden sein», sagte er. «Die wären inzwischen längst davongelaufen. Der Wind weht in ihre Richtung. Wenn es wilde Kamele wären, hätten sie sich schon davongemacht, bevor wir sie erblickt hätten.» Wir stiegen aus dem Jeep und liefen auf die Herde folgsamer Kamele zu. «Das ist das letzte, was wir finden wollen», meinte George grimmig. «Ein nichtkastrierter Hauskamelhengst und fortpflanzungsfähige Stuten mitten im Gebiet der Wildkamele.»

«Ich nehme an, daß sie von dem mongolischen Grenzposten kommen», sagte Peter. «Der ist nicht weit von hier. Er wird nur einmal alle drei Monate inspiziert, so daß die Grenzwachen dort tun können, was sie wollen. Es ist zwar gegen die Bestimmungen, aber Avermet ist nicht in der Lage, sie davon abzuhalten, Hausvieh zu halten.»

Ich besah mir die Holzpflöcke, die den Kamelen durch die Nase gesteckt worden waren, um sie gefügig zu machen. Peter Gunin beantwortete mir meine nicht ausgesprochene Frage.

Er deutete auf einen Pflock in der Nase des Hengstes und sagte: «Man sieht, daß es sich hier um ein Kamel in mongolischem Besitz handelt, weil die Mongolen den Pflock unter dem Hauptknorpel und nicht darüber anbringen, wie es die kasachischen Hirten tun. Das Fleisch über dem Knorpel ist noch zarter, so daß die Tiere dann noch einfacher zu lenken sind. Allerdings ist die Haut in dieser Region auch schwächer und reißt leichter ein. Wenn das Kamel einmal scheut und sich von seinem Führer losreißt, dann kann der Nasenpflock herausgerissen werden, was dem Kamel schwer zu schaffen macht. Wenn Sie ein Kamel sehen, das einen bösen Riß über dem Nasenknorpel und darunter ein weiteres Loch hat, dann wissen Sie, daß es sich um ein Kamel aus ursprünglich kasachischem Besitz handelt, das dann an einen Mongolen übergegangen ist.»

Vier Jahre später, als ich mit siebzehn Kamelen in den steilen Bergen des Arjin Shan an der Grenze zu Nordtibet eine glatte Schlucht hinunterschlidderte, sollte ich aus erster Hand erfahren, was ein zerrissener Nasenknorpel bedeuten kann.

Der Kommandant des Grenzpostens, Hatan Siidal, war ein beleibter Offizier mit randloser Brille und einem breiten Grinsen, das eine Reihe schöner Goldzähne sehen ließ. Er begrüßte uns überschwenglich mit Hammelfleisch und Wodka und schien nicht im mindesten Anstoß daran zu nehmen, daß George und ich mit Russen unterwegs waren.

«Letzten Monat», rief er aufgeregt, «habe ich dreißig Wildkamele gesehen, die über die Grenze gegangen sind. Sie sind fünf Tage lang in der Pufferzone geblieben, dann sind sie verschwunden.»

«Sind sie nach China hinübergewechselt?» fragte George.

Der Kommandant nickte.

«Dann sind sie vermutlich im Nudeltopf eines chinesischen Schürfers gelandet», sagte Peter düster. «In der Provinz Gansu wimmelt es von legalen und illegalen Schürfern, die nach Gold und Eisenerz suchen. Ein Kamel hält sich da nicht lange.»

Nachdem er versprochen hatte, daß er den Kamelhengst, den wir gesehen hatten, kastrieren und seine übrigen Kamele unter Aufsicht halten wolle, sagte der Kommandant plötzlich: «Eines unserer Kamele ist letzten Monat durchgedreht.»

«Was ist passiert?»

Der Kommandant ließ seinen Zeigefinger um den Kopf kreisen. Seine Goldzähne blitzten. «Es hatte Schaum vorm Maul, hat sich losgerissen und ist in die Wüste galoppiert.»

Ich hatte gelesen, daß Kamele gelegentlich eine Art Anfall bekommen, davonlaufen und so lange weiterrennen, bis sie zusammenbrechen. Die Hirten haben Angst vor diesen wie verhexten Tieren, die mitunter in hohem Tempo mit Schaum vorm Maul und wildem Blick an ihnen vorbeihetzen. Sie glauben, daß diese Tiere von einem bösen Geist besessen sind, und unternehmen keinen Versuch, sie aufzuhalten. Das unglückliche Tier rennt immer weiter, kennt weder Tag noch Nacht, hält niemals inne, um sich auszuruhen, und nimmt kein anderes Kamel mehr wahr, weder Wild- noch Haustier. Nachdem es mehrere Tage lang wie wahnsinnig gelaufen ist, wird es langsamer und bricht dann tot zusammen.

George fuhr sich mit den Fingern durchs Haar. «Für mich hört sich das an wie Tollwut», sagte er. «Das ist ein weiterer guter Grund, warum wir nicht möchten, daß Hauskamele in das Reservat gelangen.»

Der Kommandant erzählte uns, daß an der internationalen Grenze zwischen den Schutzgebieten Gobi A und B zweihundertfünfzig Soldaten stationiert seien. Die hohe Dichte der Grenzposten und deren für mongolische Verhältnisse reichliche Bemannung mit Soldaten läßt das Mißtrauen ahnen, das die Mongolen den Chinesen entgegenbringen. Um ihre Befürchtungen anzuheizen, brauchen sie sich nur anzusehen, wie es ihren Vettern ergangen ist, die unter den Chinesen in der Inneren Mongolei leben.

Diese Provinz, die unangemessenerweise mit dem Namen «Mongolische Autonome Region» bezeichnet wird, wurde über viele Jahre hinweg von chinesischen Siedlern überschwemmt. Bereits 1954 wurde das Zahlenverhältnis zwischen Chinesen und Mongolen dort auf drei zu eins geschätzt, und seither ist der Zustrom chinesischer Siedler nicht abgerissen. Diese Siedler, oft die Ärmsten der Armen, haben die Steppe in Ackerland verwandelt und die mongolischen Halbnomaden auf die unproduktivsten Grasflächen zurückgedrängt, wo diese zu seßhaften Viehzüchtern geworden sind.

Seltsamerweise hat man den Mongolen der Inneren Mongolei nach dem Tode des Vorsitzenden Mao allerdings gestattet, ihre eigene Schrift zu benutzten, im Gegensatz zur Äußeren Mongolei, wo die Russen auf der Verwendung des kyrillischen Alphabets bestanden. In der Äußeren Mongolei haben die Russen auch ein energisches Erziehungs- und Gesundheitsprogramm durchgesetzt, das den Anteil der des Lesens und Schreibens kundigen Bevölkerung von neun Prozent zur Jahrhundertwende auf über neunzig Prozent heute gesteigert hat. Ihnen gelang auch eine gewaltige Verbesserung des Gesundheitszustands der Bevölkerung, aber gleichzeitig zwangen sie den Mongolen die Kollektivierung auf und unterdrückten deren Religion mit aller Grausamkeit. Was sich in der Äußeren Mongolei im Gegensatz zur chinesisch regierten Inneren Mongolei erhalten hat, ist eine dünne Bevölkerung, die in den gewaltigen Weiten der Steppe an ihrer halbnomadischen Lebensweise festhält.

Die Knappheit an Land wird in China dafür sorgen, daß dort immer hungrige Augen nach Norden blicken. Es baut sich ein ständig zunehmendes Mißverhältnis zwischen den gewaltigen, fast menschenleeren Ebenen und reichhaltigen, kaum genutzten Ressourcen der Mongolei und den geschäftigen, unzähligen Millionen Chinas auf.

Die spektakuläre Kette des Tsagan Bogd in der südwestlichen Ecke des Reservats erhebt sich bis fast auf dreitausend Meter Höhe. Die glänzend schwarzen Felsen dieser massiven Berge werden von der aufgehenden Sonne in einen atemberaubenden Kontrast von Licht und Schatten getaucht. Am nächsten Tag – wir waren auf dem Weg durch eine Schlucht, mit nacktem Fels links und rechts – ließ Peter Wanja plötzlich anhalten. Dann lehnte er sich aus dem Jeep und rief so laut er konnte: «George, John, Anna! Kommt und seht euch das an.» Inzwischen war er ausgestiegen, war an eine der Seitenwände der Schlucht herangetreten und deutete auf eine große Felsplatte. Sie schien erst jüngst von dem Hang herabgerutscht zu sein.

«Es ist unglaublich!»

Wir blickten alle zu dem Felsen auf und sahen, daß sich darauf zwei schön ausgeführte Bilder befanden – eines von einem Steinbock und eines von einem Schneeleoparden.

«Was für ein Fund! Das ist Tausende von Jahren alt», rief Peter.

«Warum um alles in der Welt ist der Künstler hinaufgeklettert, um dort oben zu malen?» fragte ich und zeigte auf den Felssims viele Meter oberhalb unseres Standorts.

George, der sich mehr für die Natur als für den Menschen interessierte, ganz gleich, welchem Zeitalter dieser angehörte, zuckte die Achseln. «Es ist eine bemerkenswert genaue Zeichnung eines Schneeleoparden», überlegte er. «Und auch der Steinbock ist nicht schlecht getroffen.»

Nachdem wir die Felsmalerei hinter uns gelassen hatten, brachte uns eine sehr unruhige Fahrt über weitere hundert Kilometer zur Oase Eikhyn Gol, die knapp außerhalb des Reservats liegt. Der ehemalige wissenschaftliche Stützpunkt der Russen dort war verwüstet und einige der zugehörigen Lager geplündert worden, aber dennoch war Eikhyn Gol ein angenehmer Ort mit einem aufgestauten Fluß, in dem wir unsere Kleider waschen und etwas schwimmen konnten. Die Oase rühmte sich eines schönen Gartens mit Möhren, Tomaten und anderen Gemüsesorten. Die natürliche Abneigung der Mongolen gegen Gemüse hatte allerdings zur Folge gehabt, daß der größte Teil der reichhaltigen Ernte verrottete.

Am Abend gab sich der vom Glück nicht begünstigte Beamte, der seine Landsleute zum Genuß von Gemüse zu überzeugen suchte – Dzazvazal, ein freundlicher Brillenträger –, geschlagen und schlachtete uns zu

Ehren ein Schaf. Er tötete es, indem er ihm den Bauch aufschlitzte und das Herz zusammenpreßte, genau so, wie Dschingis Khan es in der *Yassa*, dem alten mongolischen Gesetzbuch, vorgeschrieben hatte. Obwohl der Vorgang in der Beschreibung barbarisch klingt, ist er in Wirklichkeit bemerkenswert human. In unserem Fall durchlief das Schaf nur eine letzte Konvulsion und war dann tot. Dzazvazal machte seine Sache so gut und so schnell, daß das Tier gar keine Gelegenheit hatte festzustellen, daß es zu Hammelfleisch verarbeitet werden sollte. Ich entdeckte bei dieser Gelegenheit, daß das Geheimnis darin liegt, genau die richtige Stelle für den ersten Einschnitt zu finden, eine Höhlung, über die die Haut zwischen dem weichen Bauch und dem Rippenbogen gespannt ist. Das geschlachtete Tier wurde in einem metallenen Topf, der eine gewisse Ähnlichkeit mit einem Butterfaß hatte, gekocht, und zwar mit Hilfe aufgeheizter Steine, die mit dem Schaf in den Topf gefüllt wurden. Der Deckel wurde verschraubt, und die heißen Steine kochten das Fleisch. Nichts wurde verschwendet, und sogar die Gedärme wurden wie bei den Kikuyu[1] mit geronnenem Blut, Fett und Fleisch gestopft und zu «Würsten» geschnitten. Fröhlich spülten wir diese «Würste» mit Wodka und *kumis* herunter.

Nach der Mahlzeit sammelte Dascha die sauber abgenagten Hammelknochen von allen Tellern zusammen, brach sie mit einem Messer auf und tauchte sie in einen großen Topf mit lauwarmem Tee. Dabei dreht sie sich zu mir herum. «Sie haben nicht alles Fleisch von Ihrem Knochen genagt», sagte sie und drohte mir mit dem Zeigefinger. «Das gilt in der Mongolei als sehr schlechtes Benehmen. Wir erwarten, daß Sie jedes Fitzelchen Fleisch essen und alles Mark aus den Knochen heraussaugen.»

Mike Samsonow sah sie angeekelt an und schüttelte den Kopf. «Diese Mongolen», murmelte er.

«Was machen Sie da?» fragte ich.

«Hammelknochentee ist der allerbeste Tee», sagte Dascha, während sie mit einem gefährlich wirkenden Messer Tee von einem Teeziegel in den Topf schnitt. Als sie damit fertig war, warf sie noch eine Handvoll Salz hinein und stellte den Topf aufs Feuer. «Warten Sie nur, bis Sie ihn gekostet haben. Er hält Sie warm und ist eine Wohltat für Ihren Magen.»

«Er wird ganz andere Auswirkungen auf Ihren Magen haben», flüsterte Mike mir ins Ohr. «Rühren Sie ihn nicht an. Er ist widerlich.»

[1] Name der größten bantusprachigen Bevölkerungsgruppe Kenias.

Ich trank den Tee und verstand, warum Debbie gemeint hatte, daß sie nach einem dreimonatigen Aufenthalt in Bayan Toroi aussah und roch wie ein mongolisches Teigklößchen.

Während des unvermeidlichen Gesangs nach dem Essen, gab Mondlichttraum wehmütige Lieder zum besten – eines erinnerte an den Großkhan, ein anderes handelte von einer aussichtslosen Liebe.

«Es geht nicht um meinen Mann», sagte sie lächelnd. «Ich liebe ihn, und er liebt mich. Das ist nicht aussichtslos.»

«Das hoffen Sie», sagte Mike. «Sie wissen nicht, was er so treibt, während Sie in der Gobi Hammeltee trinken.» Er lachte, warf den Kopf zurück und stimmte ein kraft- und gefühlvolles russisches Liebeslied an.

Eine ganze Weile später, als ich noch einmal versuchte, der «Clementine» gerecht zu werden, zog sich George mit schmerzlichem Gesichtsausdruck in sein Zelt zurück. Warum haben die Briten anders als andere Völker nur Lieder, die so furchtbar banal klingen, wenn man sie unter dem Sternenhimmel einer Wüstennacht vorträgt? Nicht einmal «Danny Boy» würde vor solch einem Hintergrund bestehen können. Ein oder zwei schottische Lieder würden vielleicht halbwegs passen, aber sie können es längst nicht mit den stimmungsvollen Melodien der Steppe und der Berge aufnehmen. Aber wenn ich darüber nachdenke, lag es vielleicht auch an meiner Stimme.

Im Laufe der nächsten zwei Tage wagten George, Anna und ich uns auf der Suche nach wilden Kamelen tief in die Gobi hinein. Wir fuhren bis zum Zentrum des Reservats, einer öden, gottverlassenen Gegend, in der es keine Fahrzeugspuren gab und keine Wasserlöcher und kaum Anzeichen für die schweren Regen der letzten Zeit. Abgesehen von dem leichten Stöhnen des Windes herrschte auch totale Stille, die vom Laut keines einzigen Lebewesens durchbrochen wurde. In einer solchen Arena von völliger Stille umgeben zu sein ist eine Erfahrung, die bescheiden macht. Allerdings war ich mir wohl bewußt, daß sich im August die Stille der Wüste jederzeit innerhalb von Minuten in eine krachende Explosion umherfliegenden Staubs und Sands verwandeln kann. Eine Erfahrung, die ich später selbst mehr als einmal in den noch kargeren und entlegeneren Wüsten Nordwestchinas machen sollte.

Nach langem, fruchtlosem Suchen entdeckten wir schließlich die Spuren von sieben Kamelen, bei denen es sich allesamt um Alttiere handelte.

Wir versuchten, diesen Spuren zu Fuß nachzugehen, aber die Tiere folgten einem Wechsel zwischen Wasserstellen, der wohl über fünfzig Kilometer weit führen konnte, und so sahen wir uns gezwungen, die Suche aufzugeben. George Schaller war sehr enttäuscht, weil er fest damit gerechnet hatte, in diesem Gebiet Wildkamele zu finden. Alle Anzeichen deuteten darauf hin, daß ihre Zahl drastisch zurückgegangen war. Nach unserer Rückkehr nach Eikhyn Gol erfuhren wir von Zeshw, einem Aufseher des Reservats, daß dort seit 1986 der Grundwasserspiegel um dreißig Zentimenter gesunken sei. Auch dies ein Wert, der eine schlechte langfristige Prognose für das Überleben der Kamele bedeutet.

Es wurde Zeit für unsere Rückkehr nach Ulan Bator. Wir brauchten dazu fünf Tage. Wir brachen in einem Sandsturm auf und kamen in einem Schneesturm an. Am ersten Tag der Fahrt kamen wir an einem zweiten zerstörten Wüstenkloster vorbei, Tsagan Dernsee Holoi, einem ebenfalls von allen guten Geistern verlassenen Ort. Wieder fanden wir ringsum verstreut die Reste von Wandmalereien und anderen Kunstgegenständen. Danach passierten wir ein Tal mit Sanddünen, die sich, wie Peter Gunin sagte, erst innerhalb der letzten zwanzig Jahre dort gebildet hatten – ein Hinweis auf die Ausbreitung der Wüste in Zentralasien und auf eine Klimaänderung. Wir fuhren am Ufer eines Sees entlang, dessen Wasser von giftigen Chemikalien aus einem nahegelegenen Industriekomplex verseucht war. Ein Hauskamel lag tot am Ufer; es hatte von dem giftigen Wasser getrunken.

Wir erreichten den *aimak* von Dalan Dzadgad, eine für die Mongolei typische Siedlung mit Betonbauten, von Palisaden umgebenen *gers*, einem Sportplatz mit überholten politischen Slogans und dem obligatorischen hohen Schornstein. Ein *naadam* war gerade in vollem Gange, aber meine Kollegen mußten sich an ihre Zeitplanung halten. Dalan Dzadgad war ein deprimierender Ort. Es gab dort noch nicht einmal Brot zu kaufen.

Am vierten Tag nach unserer Abfahrt von Eikhyn Gol ging es durch die Steppe bergauf, und wir atmeten tief den Duft der Wildblumen ein, während wir durch einen dicken, wogenden Hochlandnebel fuhren. Dann verschlechterte sich der Fahrweg, wurde zu einem einzigen Morast, und wir mußten in dem ständigen Nieselregen viele Kilometer weit hinter unseren Fahrzeugen hergehen. Wir trotteten über den tief gefurchten Weg, so wie ihn auch die Kutschen des 18. Jahrhunderts vorgefunden hatten, und kamen infolgedessen auch nicht schneller als diese voran. Bevor wir Ulan Bator erreichten, hatte sich der Nieselregen zuerst in einen Wolkenbruch und dann in ein Schneetreiben verwandelt. Wir hatten über viertausendfünfhundert Kilometer zurückgelegt, Sandstürme, große Hitze, Frost, Regen und Schnee erlebt, so wie es auch Giovanni de Piano Carpini beschreibt, ein franziskanischer Mönch, der den Enkel Dschingis Khans 1245 auf Wunsch Papst Innozenz' IV. besuchte:

> Das Wetter dort ist erstaunlich wechselhaft [...] Mitten im Sommer, wenn man sich andernorts gewöhnlich großer Hitze erfreut, verursachen dort gewaltige Unwetter mit Blitz und Donner den Tod vieler Menschen, und gleichzeitig gehen schwere Schneeschauer nieder. Es gibt auch Wirbelstürme, die so grimmig und bitterkalt sind, daß sich ein Mann manchmal nur mit größter Mühe auf seinem Pferd halten kann.

An unserem letzten Tag, dem 30. August, waren die Expeditionsteilnehmer eingeladen, Hustain Nuruu zu besuchen, die vierzig Kilometer von Ulan Bator entfernt gelegene Heimat des Wildpferdes *(Equus przewalskii)*. Unter den Russen unserer Expedition zeigte sich eine gewisse Bestürzung und Unentschlossenheit. Das Projekt zur Wiederansiedlung des Wildpferdes in der mongolischen Steppe hatte bis zum Zusammenbruch der Sowjetunion unter russischer Regie gestanden. Inzwischen war es aber vollkommen internationalisiert, sehr zum Mißfallen des Akademikers Sokolow der Russischen Akademie der Wissenschaften.

Man hielt das Wildpferd 1969 für ausgestorben, nachdem das letzte Exemplar offenbar nahe des Gobireservats B erlegt worden war. Mein Führer durch die Wüsten Nordwestchinas, Zhao Ziyong, brüstete sich mir gegenüber später, selbst diesen fatalen Schuß abgegeben zu haben. Bevor aber ihr Schicksal besiegelt war, und ganz anders als beim wilden Zweihöckrigen Kamel, gab es weltweit in den Zoos ungefähr fünfhundertfünfzig Tiere dieser Art. Zuerst hoffte man, das Pferd im Gobireservat B wiederansiedeln zu können, aber die Russen konnten nachweisen, daß in diesem Gebiet eine gefährliche Strahlenbelastung herrschte. So entschied man sich für eine alternative, aber nicht völlig befriedigende Lösung, nämlich für eine Enklave in der grünen hügeligen Steppe bei Hustain Nuruu. Dort sollte das untersetzte sandfarbene Pferd mit der zebraartigen Zeichnung auf den Hinterbeinen und kurzer aufrechter Mähne gezüchtet und ausgewildert werden. Die ersten einundzwanzig Pferde wurden 1992 aus Zoos in aller Welt in die Mongolei gebracht, und inzwischen gibt es dort über fünfzig Stück. Unvorteilhafterweise für die Russen erwies sich ein Hengst, den man für das Projekt aus einem Moskauer Zoo zur Verfügung gestellt hatte, als unfruchtbar. Dieses Tier verstarb zudem an einem Gehirntumor. Ob es sich dabei nun um einen absichtlichen Versuch der Russen handelte, das Projekt zu sabotieren, oder nicht, es beendete jedenfalls fast unmittelbar die weitere Beteiligung der Russen daran.

Am Abend war unser Team vom Minister von Natur und Umwelt, Dr. Batjargal, im Reservat Bogd Ula – am Schauplatz einiger der häßlicheren Taten des verrückten Barons Ungern – zum Essen eingeladen. Wir dinierten in dem kaiserlichen Zelt, das nicht weniger Volk faßte als das des Großkhans Dschingis selbst; es handelte sich um die wichtigste Requisite eines Films, die von der mongolischen Regierung angekauft und als Touristenattraktion im Reservat Bogd Ula aufgeschlagen worden war. Kleinere Zelte umgaben dieses kaiserliche Zelt; in ihnen befanden sich Schlafgelegenheiten für die Besucher. Die ganze Anlage befand sich am Ufer eines Flusses, der in den nahen Bergen entsprang. Der hohe rauchende Schlot von Ulan Bators bejahrtem Kraftwerk und der vor sich hin rostende Industriemüll, mit dem die Vororte der Hauptstadt übersät waren, lag von hier aus hinter grüner gewellter Steppe verborgen, die in einen dichten Wald überging – eines der seltenen Vorkommen von Bäumen in diesem Teil der Mongolei.

Das Innere des kaiserlichen Zeltes war behängt mit Fellen von Bären und Schneeleoparden, der Boden bedeckt von farbenprächtigen mongolischen Teppichen. Der vergoldete, glänzende Thron des Großkhans stand verlassen; wir saßen an schön geschnitzten niedrigen Tischen und labten uns an sorgfältig zubereiteten Hammelgerichten, die wir mit *kumis* herunterspülten.

Es fehlte nur noch der große silberne Baum, der in dem prachtvollen Pavillon des Großkhans Mangu gestanden hatte, des Bruders und Vorgängers Kublai Khans. Ein franziskanischer Gesandter König Ludwigs IX. von Frankreich, Wilhelm von Rubruck, besuchte die Mongolei 1253 und blieb ungefähr sieben Monate dort. Der Pavillon, so berichtete der Mönch, war wie eine gewaltige Kirche, deren Mittelschiff zwei Reihen von Säulen begrenzten. Besucher betraten es durch einen der drei Eingänge von der Südseite her und hatten dann die riesige Halle mit dem kaiserlichen Podium am gegenüberliegenden Ende in Längsrichtung vor sich liegen. Dort saß der Großkhan in prächtigem Staat auf einem gefleckten Pantherfell. Zu seiner Rechten saßen seine Söhne und Brüder auf etwas emporgehobenen Sitzen, die eine Art Balkon bildeten, und gegenüber zu seiner Linken befanden sich ebensolche Sitzplätze für seine Frauen und die Palastdamen. Man stieg über zwei Treppen zur Thronempore des Khans empor; besonders häufig legten die kaiserlichen Diener diesen Weg mit wohlgefüllten Trinkgefäßen zurück. Den Mittelpunkt dieser Pracht stellte ein großartiger silberner Baum dar, den ein von den Mongolen in Ungarn gefangengenommener französischer Juwelier entworfen hatte:

> Meister Wilhelm von Paris hat für ihn (den Großkhan) einen großen silbernen Baum angefertigt. An dessen Wurzeln liegen vier silberne Löwen, deren jeder eine Röhre im Maul hat; daraus fließt heiße Stutenmilch. Im Inneren des Stammes führen vier Röhren in die Baumkrone hinauf; die Enden dieser Röhren sind nach unten gebogen und über jedes ringelt sich eine goldene Schlange, deren Schwanz den Stamm des Baumes umschlingt. Aus einer dieser Röhren fließt Wein, aus einer *caracosmos*, das ist besonders bearbeitete Stutenmilch, aus einer *boal*, ein Honigtrank, und aus der letzten *terracina*, Reiswein. Für jede dieser Flüssigkeiten steht am Fuß des Baumes zwischen den vier Röhren ein silbernes Becken. In der höchsten Spitze des Baumes hält ein Engel eine Trompete; unter dem Baum befindet sich ein Versteck, das groß genug ist, um einen Mann aufzunehmen, und ein Rohr führt in der Mitte des Stammes zu dem Engel hinauf [...] Außerhalb des Palastes befindet sich eine Kammer, in der die Getränke gelagert werden, und dort warten immer Diener, um etwas auszuschenken, wenn sie hören, daß der Engel die Trompete bläst. Der Baum hat Zweige, Blätter und Früchte aus Silber.

Wenn sich also die Getränke bei Tisch dem Ende zuneigen, bedeutet der Mundschenk dem Engel, die Trompete zu blasen. Der Mann, der in der Höhlung unter dem Baum versteckt ist, hört diesen Befehl und bläst mit aller Kraft in das Rohr, das zu dem Engel hinaufführt; dieser führt die Trompete zum Mund und läßt sie erschallen. Wenn die Diener in dem Lagerraum dieses Signal vernehmen, dann gießt ein jeder von ihnen das Getränk, für das er zuständig ist, in die richtige Röhre, durch die Röhre fließt es in die dafür vorgesehenen Becken, und die bei Tisch aufwartenden Diener schöpfen daraus und bringen das Getränk zu Tische.

Auch uns wurde *cosmos* angeboten, und wie der gute Mönch gesagt hatte, es machte «das innere Ich außerordentlich freudig». Es wird als Getränk sehr empfohlen. Leicht moussierend, sagt man ihm Heilkräfte sowohl gegen Rheumatismus als auch gegen Tuberkulose nach. Unser Dinner war allerdings eine sehr viel ruhigere Angelegenheit als diejenigen, die Bruder Wilhelm mitmachte:

> Im Sommer dreht sich alles nur um *cosmos*. Vor dem Eingang jedes Hauses steht *cosmos* und daneben ein Gitarrenspieler mit seiner Gitarre [...] Und wenn der Hausherr das Trinken beginnt, dann ruft einer der Diener mit lauter Stimme: «Ha!» Und der Gitarrenspieler schlägt seine Gitarre. Die Männer sitzen in einer Reihe vor dem Hausherrn und die Frauen vor der Hausfrau. Wenn der Hausherr getrunken hat, dann stößt der Diener noch einmal den gleichen Ruf aus, und der Gitarrenspieler hält inne. Dann trinken alle, und manchmal fahren sie damit fort, bis sie widerlich betrunken sind.
>
> Wenn sie irgend jemanden zum Trinken herausfordern wollen, dann greifen sie ihn bei den Ohren und ziehen daran, wie um seine Kehle zu weiten, dann klatschen sie in die Hände und tanzen vor ihm. Genau so machen sie es, wenn sie mit jemandem feiern und fröhlich sein wollen; einer nimmt dann einen vollen Becher und, begleitet von zwei anderen, einen zur Linken und einen zur Rechten, nähert er sich dem Auserwählten singend und tanzend. Aber sobald der die Hand ausstreckt, um den Becher entgegenzunehmen, wird dieser schnell zurückgezogen. Dies wiederholen sie drei- oder viermal, bis der Eingeladene so erregt ist und so begierig zu trinken, daß sie ihm endlich den Becher geben. Und während er trinkt, singen und klatschen sie in die Hände und stampfen mit den Füßen.

Während des Essens fragte ich den Minister, welche Empfindungen er angesichts der Zerstörung der Klöster und der Unterdrückung des Buddhismus hege.

«Es muß eine schreckliche Zeit für die Mongolei gewesen sein», meinte ich.

Der Minister blickte mich nachdenklich an. «Ich bin mir nicht sicher, daß ich mit Ihnen übereinstimme», sagte er. «Die Chinesen haben den Buddhismus in der Mongolei eingeführt, um unseren Bevölkerungszuwachs aufzuhalten. Sie haben die Entstehung und das Wachstum zölibatärer Lamagemeinschaften gefördert, damit es für sie um so leichter war, uns unter Kontrolle zu halten. Zum Glück für die Mongolen haben sich die Russen der Sache angenommen, die Klöster zerstört, so daß sich bei uns die Verhältnisse normalisiert haben und die Bevölkerung wieder wächst.» Er grinste. «Natürlich müssen Sie wissen, daß ich in Moskau ausgebildet wurde; Sie müssen also damit rechnen, daß ich Meinungen wie diese vertrete.»

Es schien nicht der geeignete Moment zu sein, um ihn daran zu erinnern, daß unter den Russen annähernd einhunderttausend Mongolen umgebracht worden waren.

«Es ist für die Mongolen im Augenblick außerordentlich schwierig», sagte er. «Wir befinden uns in einem Zustand vollkommener geistiger Erschütterung.»

«Wie meinen Sie das?»

«Es ist noch nicht lange her, da brachte man uns bei, daß die Russen und der Kommunismus sehr gut seien und die Amerikaner und der Kapitalismus sehr schlecht. Jetzt erklärt man uns das komplette Gegenteil. Es macht die Sache nicht leicht für uns.»

«Ist die Religion denn nicht wichtig für die Menschen?» fragte ich.

Er lachte. «Nicht für sehr viele», antwortete er. «Heute ist Geld der Gott der Mongolen. Das ist alles, woran wir jetzt glauben.»

Als ich nach diesem Abendessen mit dem freundlichen Minister zu meiner schwer gesicherten Wohnung zurückgefahren wurde, kam ein Wagen, der von der unsteten Hand eines betrunkenen Fahrers gelenkt wurde, mit Vollgas auf der falschen Straßenseite auf uns zu. Der Chauffeur des Ministers wich gerade noch rechtzeitig genug auf den Gehsteig aus, um einen Frontalzusammenstoß zu vermeiden.

Der Minister, der während dieses Zwischenfalls vollkommen ruhig geblieben war, tat ihn danach mit einem Lachen ab und sagte: «Wenn man Nomaden in Betonklötze steckt, dann muß es solches Verhalten zur Folge haben. Nehmen Sie zum Beispiel meine Mutter. Sie hat den besten Teil ihres Lebens in einem *ger* in der offenen Steppe verbracht. Wenn sie länger als eine Woche bei mir in meiner Wohnung bleibt, wird sie schwindlig und bekommt Nasenbluten.»

Zwanzig Minuten später fielen die Lichter unseres Wagens aus. Unser Fahrer manövrierte uns durch dunkle Straßen, fuhr in einen Hof, schloß eine Garage auf, öffnete die Garagentür und tauschte dann unser Fahrzeug gegen dasjenige ein, das in der Garage stand.

Am nächsten Morgen stellte ich fest, daß meine kompletten Reisedokumente im Kofferraum des ministeriellen Wagens eingeschlossen waren. Ich nahm ein Taxi ins Ministerium, um dem Minister vom meinem Problem zu berichten, stellte dort aber fest, daß er bereits außerhalb der Stadt unterwegs war. Mir sank das Herz. Die Russen warteten darauf, mich mit zum Flughafen zu nehmen, um dort noch den Aeroflotflug nach Moskau um 10.30 Uhr zu erreichen. Es gab nur einen Flug pro Woche, und mir stand bereits die Schreckensvision vor Augen, eine Woche lang in Ulan Bator herumzugammeln.

Ich befand mich bereits in einem Zustand der Verzweiflung, als ich plötzlich den Chauffeur des Ministers erblickte, der am Steuer eines Lieferwagens offenbar einem Nebenjob nachging. Ich rannte auf die Straße, machte ihn auf mich aufmerksam, und nach fünf bangen Minuten, in denen ich versuchte, ihm das Problem zu erklären, fuhren wir Richtung Innenstadt Bator los. Alles kam wieder ins Lot. Paß, Flugscheine und Rubel lagen noch unberührt im ministeriellen Kofferraum. Ich ging mit einer Zeitreserve von zwanzig Minuten an Bord des Flugzeugs nach Moskau. «Sie werden wiederkommen», hatte der Minister gesagt. «Meine Mutter war eine Schamanin, und sie hat sehr genau in die Zukunft geschaut. Ich weiß, daß Sie wiederkommen werden.»

Wo Mensch und Wüste aufeinandertreffen

Wenn der Geist sich weitet,
entspannt sich der Körper.

Chinesisches Sprichwort

Ich atmete tief durch und drehte mich um, um die ausdruckslosen Gesichter der chinesischen Delegation zu mustern. Was verbarg sich dahinter? Hatten die Chinesen meinen Beitrag verstanden? Schliefen sie? Einer von ihnen konnte offenbar Englisch. Sein Beitrag über «die ökonomische Reform der nomadischen Lebensweise in der Provinz Xinjiang, China» hatte die Konferenz zwar kaum entflammt, aber er war jedenfalls in passablem Englisch gehalten worden. Ich wandte mich wieder ab. Hinten in der Halle sah ich, daß ein Mikrofon der BBC in meine Richtung gehalten wurde. Ich mußte es jetzt tun.

«Wie verständlich geworden sein sollte», begann ich zögernd, «ist die Lage für das Wildkamel in der Mongolei außerordentlich ernst und gibt uns Grund zu großer Besorgnis. Unglücklicherweise haben wir keinerlei Kenntnis vom gegenwärtigen Status des wilden Zweihöckrigen Kamels jenseits der Grenze in China.»

Ich blickte mich in der dicht besetzten Konferenzhalle um und wandte mich dann wieder den drei brillentragenden, in dunkle Anzüge gekleideten Chinesen zu, die reglos mit verschränkten Armen drei Sitzreihen links von mir saßen.

«Deswegen appellieren wir an unsere chinesischen Kollegen, uns zu gestatten, die vier Gebiete der Provinz Xinjiang zu besuchen, in denen es noch Wildvorkommen des Zweihöckrigen Kamels geben soll. Wenn wir dazu in die Lage versetzt würden, könnten wir sicherstellen [...]»

Anschließend applaudierten die drei Chinesen höflich. Immerhin schliefen sie nicht, überlegte ich, während ich mich hinsetzte. Aber ob mein verhaltener Appell verständlich genug gewesen war, hätte ich nicht sagen können. Immerhin war das Gebiet um den Lop Nur für Ausländer gesperrt, seit es 1950 als Testgebiet für Nuklearwaffen gebraucht wurde. Warum sollte man es für einen ausländischen Freund der Wildkamele 1994 öffnen?

Mein Beitrag war der letzte der Konferenz gewesen. Der Leiter dieser Tagung über «Biodiversität und wirtschaftliche Entwicklung in Zentralasien» erhob sich, zog ein letztes Fazit und wünschte uns eine gute Heimreise. Im Gänsemarsch verließ die chinesische Delegation den Konferenzsaal im Palast der Kinder in Ulan Bator.

Das geschah genau ein Jahr nach dem Tag, an dem der mongolische Minister für Natur und Umwelt mir vorhergesagt hatte, daß ich in sein Land zurückkehren würde – aber es war nicht die Wüste, die mich von meinem Schreibtisch bei der unep zurückgerufen hatte. Es war die warmherzige, großmütige Nancy Nash, die in Hongkong tätige Naturschützerin, unep-Beraterin und Begründerin des preisgekrönten Projekts zur buddhistischen Naturbetrachtung, die meine Einladung eingefädelt hatte, damit ich an der Konferenz die Aufmerksamkeit auf die Wildkamele lenken konnte. Sie kam jetzt zu mir, gewissermaßen dampfend vor unverbrauchter Energie.

«Halten Sie Ihre Finger gekreuzt. Ich habe den chinesischen Professor beobachtet, während Sie Ihren Appell ausgesprochen haben. Er mag unergründlich gewirkt haben, aber er hat alles begriffen. Ich weiß, daß er einen guten Ruf genießt und daß man in Beijing große Stücke auf ihn hält.»

«Aber ich greife nach den Sternen, Nancy. Der Professor müßte einen direkten Draht zu Deng Xiaoping persönlich haben, wenn er für mich die Erlaubnis erwirken will, das Gebiet des Lop Nur zu besuchen.»

Nancy, die ihren buddhistischen Glauben mit einer gesunden Dosis Realismus verbindet, nahm meinen Arm.

«Die Dinge in China sind in schneller Entwicklung. Überall liegen Veränderungen in der Luft. Wer weiß? Ihr Appell hat vielleicht eine

Saite angeschlagen, die genau in diesem Augenblick in Beijing nachklingt. Ich habe das Gefühl, daß Ihr Weg zu den Kamelen nicht hier enden wird. Schauen Sie sich doch nur an, wie Sie es geschafft haben, in die Mongolei zurückzukommen, gegen alle Wahrscheinlichkeit und ohne jede Hilfe von Ihren Vorgesetzten bei der UNEP. Irgend jemand ist irgendwo auf Ihrer Seite.»

Abends um zehn Uhr klopfte es dann zögerlich an die Tür meines Hotelzimmers. Eingedenk Debbies Erfahrungen vom vergangenen Dezember öffnete ich vorsichtig. Ein jüngeres Mitglied der chinesischen Delegation stand nervös im Flur.

«Prof. Yuan würde Sie gern kennenlernen», sagte er leise. «Könnten Sie auf sein Zimmer kommen?»

Ich nickte und folgte ihm die kahle Treppenflucht hinauf in den nächsten Stock zu Zimmer 302. Das Hotel Bayan Gol war durchaus nicht das ansehnlichste, wenn man Weltstandard zugrunde legt, aber es war doch das beste in der Mongolei. Der Techniker Cai klopfte laut an die Tür des Professors.

«Herein, herein», rief eine muntere Stimme. Die Tür flog auf, und ich wurde in Prof. Yuan Guoyings Zimmer gezogen. Ein Fernseher flackerte in einer Ecke des muffigen Raumes, dessen Fenster dicht geschlossen und teilweise mit Streifen von ausgefranstem, karminrotem Stoff bedeckt waren. Aus irgendeinem Grund roch es nach Kohlenstaub. Der Fernseher war auf volle Lautstärke gedreht. Auf dem Bildschirm fiel Japan gerade in die Mongolei ein; überall explodierten Bomben und Granaten. Prof. Yuan, ein kleiner, rundlicher, energisch wirkender Mann von Mitte fünfzig machte keinerlei Anstalten, den Kriegslärm zu unterbrechen. Er trug ein ärmelloses Unterhemd und ein lebhaft pinkfarbenes Handtuch um die Hüften. Scharfe, helle Augen blinzelten hinter einer randlosen Brille. Ich schüttelte die mir entgegengestreckte Hand.

«Mir hat Ihr Beitrag über die Kamele gefallen», sagte er. «Das war sehr interessant.»

«Vielen Dank.»

«Ich interessiere mich sehr für die Wildkamele. Letztes Jahr habe ich eins gesehen – von der neuen Ölstraße aus, die in der Wüste Taklamakan in Bau ist. Unglücklicherweise durchschneidet diese Straße genau den westöstlichen Wanderweg der Kamele.» Er gab mir ein Farbfoto, auf dem ein Kamel zu sehen war, das sich gerade über den Kamm einer gewaltigen Sanddüne davonmachte.

«Sie können sich sehr glücklich schätzen», sagte ich. «Ich habe noch keins gesehen.»

«Setzen Sie sich, setzen Sie sich», sagte der Professor und drückte mich auf sein Bett. Er zog eine halbzerfetzte Karte der Provinz Xinjiang hervor und breitete sie neben mir auf dem Bett aus. Vier Kreise waren auf die Karte gezeichnet worden. Einer davon schloß das nukleare Testgebiet Lop Nur ein.

«Wir vermuten die Kamele hier, hier und...» Der Professor zeigte auf die vier Kreise. «In der Taklamakan sind sie von der Entwicklung der Ölförderung stark bedroht. Aber hier, hier und hier» – er deutete auf den Lop Nur, das Gebirge Arjin Shan und das Grenzgebiet zur Mongolei – «kommen sie noch vor.»

«Haben Sie eine Vorstellung, wie viele es noch gibt?»

«Vielleicht achthundert, vielleicht tausend. Da bin ich mir nicht so sicher. Die letzte wissenschaftliche Untersuchung wurde Anfang der achtziger Jahre durchgeführt.»

«Von den Professoren Gu und Gao.»

Prof. Yuans Gesicht hellte sich auf. «Sie kennen beide?»

«Ich habe ihren Bericht gelesen», erwiderte ich. «Die UNEP besitzt ein Exemplar davon.»

«Ich bin froh, daß Sie ihn gelesen haben. Er wird uns bei unserer Expedition sehr von Nutzen sein.»

«Bei *unserer* Expedition, Professor?»

Prof. Yuan grinste jungenhaft. «Ich möchte Sie einladen, im nächsten Jahr nach Xinjiang zu kommen und sich zur Erforschung des Status des wilden Zweihöckrigen Kamels in China einer Gruppe von Wissenschaftlern meines Instituts anzuschließen.»

Ich starrte ihn ungläubig an. «Erlaubt es Ihre Position denn, eine solche Einladung auszusprechen?» fragte ich.

«Ja, natürlich», sagte er abrupt und zeigte damit, daß ihm diese taktlose Frage geradezu peinlich war. «Sonst würde ich es ja nicht tun.»

Hinter mir war der laute Knall einer Explosion zu hören. Der Professor rückte seine Brille zurecht, die ihm ein Stück die Nase hinuntergerutscht war. «Ich liebe alte Kriegsfilme», sagte er mit einem Lachen. «Vor allem, wenn die Japaner verlieren.»

Ich wandte meinen Blick vom Fernseher ab und kehrte in die Wirklichkeit zurück, legte meinen Finger auf Lop Nur, jenen geheimnisvollen See, der sich schon so vielen früheren Entdeckern unnahbar gezeigt hatte. Dann sah ich zu dem Professor auf.

Er las meine Gedanken. «Ja, die Einladung schließt einen Besuch im

Gebiet des Lop Nur ein», sagte er. «Es trägt den Namen Gashun Gobi, und die Kamele dort sind für uns von besonderem Interesse. Es ist das einzige Gebiet auf der ganzen Welt, wo sie nicht in Kontakt mit Hauskamelen stehen. Diese Population ist genetisch noch unverfälscht.»

Eine weitere Explosion wurde übertönt von furchtbarem Kreischen und Schreien. Ich ignorierte den lockenden Ruf des Fernsehers. Wenn ich Prof. Yuan richtig verstanden hatte, dann umfaßte seine Einladung einen Besuch nicht nur der drei keiner Beschränkung unterliegenden Gebiete, in denen das Zweihöckrige Kamel noch in freier Wildbahn lebte, sondern auch des normalerweise verbotenen vierten Gebiets, des Lop Nur.

«Ist der Aufenthalt dort denn unbedenklich?» fragte ich.

«Ja. Lao Zhao, der unser Führer sein wird, war letztes Jahr mit einem Geigerzähler dort. Die Strahlenbelastung liegt deutlich unterhalb der Gefahrenmarke. Außerdem finden heutzutage nur noch unterirdische Nukleartests statt, so daß Sie sich keine Sorgen zu machen brauchen. Trinken Sie ein Bier.»

Ich lehnte dankend ab, und der Professor wandte seine ganze Aufmerksamkeit dem flackernden Bildschirm zu. Unser Gespräch war zu Ende. Ich war zu aufgeregt, um noch gradlinig denken zu können. Es hatte funktioniert. Ich hatte eine Einladung nach China erhalten, und zwar im Anschluß an unsere Kamelfunde in der Mongolei.

«Vielen Dank, Professor. Ich kann Ihnen gar nicht sagen, wie dankbar ich bin.»

«Keine Ursache. Mir hat Ihr Beitrag gefallen. Ich werde die Einladung an die UNEP schicken. Die Expedition wird zwei Monate dauern; im März oder Anfang April nächsten Jahres brechen wir auf. Das ist die beste Zeit, weil es dann weder zu heiß noch zu kalt ist. Allerdings müssen wir in dieser Zeit mit Sandstürmen rechnen.» Er hielt einen Moment inne. «Wird Ihnen die UNEP die Erlaubnis erteilen mitzukommen?»

Ich zögerte nicht. «Ja, mein Vertrag läuft im März aus. Damit wird es keinerlei Probleme geben.»

Ich ging zur Tür.

«Wir werden für Lebensmittel, Fahrzeuge, Benzin und Ausrüstung sorgen. Wir werden alles organisieren.» Er wartete einen Moment ab und lächelte. «Sie werden das Geld auftreiben.»

«Wieviel?»

«Dreißigtausend Dollar.»

Ich betrachtete sein strahlendes Gesicht und seine blitzenden

Augen. Dreißigtausend Dollar waren eine hübsche Stange Geld. Weit, weit mehr als der Betrag, den meine Freunde in der Abteilung gegen die Ausbreitung der Wüsten bei der UNEP für meine Expedition 1993 zusammengekratzt hatten.

«Ich werde mein Bestes tun, aber ich benötige sobald wie möglich eine formelle schriftliche Einladung.»

«Die Einladung wird vom Institut für Umweltschutz der Provinz Xinjiang ausgestellt sein. Ich bin dessen stellvertretender Direktor. Sie wird meine Unterschrift tragen und Ihnen über die nationale Agentur für Umweltschutz in Beijing übersandt werden.»

NEPA war ein Partner der UNEP und hatte auch einen Vertreter in Nairobi. Eine Einladung über die NEPA würde eine wichtige Hilfe sein, wenn es darum ging, Mittel und Unterstützung der UNEP zu bekommen.

Wir schüttelten uns die Hände, ich rannte die Treppen hinunter und nahm dabei immer drei Stufen auf einmal. Ich klopfte gleich an Nancys Tür. Keine Antwort. Ich wußte, wo sie sein würde, und rannte drei weitere Treppen hinunter.

In der Hotelbar unterhielt sich Nancy Nash, die in einen blauen Ladakh-Umhang gekleidet und mit einem Glas Fruchtsaft in der Hand auf ihrem Hocker saß, angeregt mit zwei Delegierten der Konferenz: Frank Roseby, einem angegrauten australischen Schafzüchter, der ein Forschungsprojekt in Xinjiang leitete, und einer hinreißend schönen Umweltaktivistin, Tracy Worcester, die die BBC überzeugt hatte, sie nach Ulan Bator zu schicken, um über die Konferenz zu berichten. Die Luft war schwül und stickig, und nur die Hälfte der Glühbirnen schien zu funktionieren. An Getränken konnte man zwischen Fruchtsaft, Bier oder Wodka Marke Dschingis Khan wählen, aber der Barmann hatte für den Abend bereits aufgegeben und war auf seiner Theke zusammengesunken, den Kopf auf den verschränkten Armen. Frank Roseby hatte auf der Konferenz einen Vortrag über «Weideaufsicht in nicht eingezäunten Gebieten» gehalten. Daran mußte ich jetzt denken, als mir ein Pärchen auffiel, das – in eine noch schwach beleuchtete Nische gedrückt – eifrig mit der Erforschung von Körperzonen befaßt war, die man gewöhnlich auch für fest eingezäunt hält. Ein Berg von einem Mann, die Arme fest um ein winziges mongolisches Mädchen geschlossen, versuchte, zum ungleichmäßigen Rhythmus von Pink Floyd vorwärts und rückwärts zu schlurfen.

«Ich habe die Einladung, Nancy.»

«Ich wußte, daß Sie sie bekommen würden», erwiderte sie. «Habe ich Ihnen nicht gesagt, daß Ihr Weg zu den Kamelen hier nicht enden würde?»

Frank weckte den schlaftrunkenen Barmann, und bei einem mit Dschingis versetzten Fruchtsaft erklärte ich, was sich in Zimmer 302 zugetragen hatte.

«Ein Grund zum Feiern», sagte Frank, während mein Glas nachgefüllt wurde.

Ich sah mich in der Bar um. Das mongolische Mädchen hatte ihren Tanzpartner aufgegeben. Ihrer Unterstützung beraubt, war er auf dem Boden in sich zusammengesunken und lag – alle viere von sich gestreckt – auf der winzigen Fläche, die als Tanzboden diente. Tracy hatte ihre Aufmerksamkeit ganz einem dicklichen Mann in hellblauem Sweatshirt zugewandt, der drauf und dran schien, ihr einen Heiratsantrag zu machen. Pink Floyd dröhnte immer weiter, und der Rest der Nacht schmolz in einem feuchten Wodkanebel dahin.

Im vorausgegangenen Dezember hatte sich Debbie auf dem berüchtigten Sonntagsmarkt von Ulan Bator ein paar Hundefellstiefel gekauft und diese Erfahrung lebhaft beschrieben. Die Temperatur hatte minus fünfundzwanzig Grad betragen, den Marktplatz hatte dickes Eis bedeckt. Der Platz war von einer drei Meter hohen Mauer umgeben und hatte sich innerhalb dieser Mauern als mit Betrunkenen und Glasscherben übersät erwiesen. Debbie war ständig ausgerutscht, ein paarmal auf dem Hosenboden gelandet, bevor sie schließlich die Stiefel hatte erstehen können, die ihr später erfrorene Zehen ersparten.

«Es ist keine angenehme Erfahrung», hatte Debbie gesagt, «aber man muß sie einmal gemacht haben!»

Da ich keine Erfahrung, ganz gleich welcher Art, verpassen wollte, beschloß ich, mir noch die Zeit zu nehmen, einen Besuch auf dem Markt einzuschieben, bevor ich nach Nairobi zurückkehrte. Obwohl Debbie mich vor dem Gedränge gewarnt hatte, war ich nicht darauf vorbereitet, auf dem winzigen Platz mehr als zehntausend Mongolen, möglicherweise ein Drittel der Einwohner Ulan Bators, zusammengepfercht zu finden. Eine enge Öffnung in der Mauer diente sowohl als Eingang als auch als Ausgang, und sowohl das Hinein- als auch das

Hinauskommen war während der Stoßzeit ein gewichtiges Unternehmen. Ohne es zu wissen, traf ich zur Zeit höchster Betriebsamkeit ein. Nachdem ich vier mongolischen Städtern in schwarzen Lederjacken begreiflich gemacht hatte, daß ich versuchte, mich vorwärts- und nicht rückwärtszubewegen, hakte ich mich bei zweien von ihnen ein und ließ mich mit durch das Mauerloch ziehen. Befand man sich erst einmal auf dem Marktplatz, hatte man nur noch eine Möglichkeit: mit dem menschlichen Strom im Uhrzeigersinn eine Platzrunde zu drehen. Wenige Glückliche hatten genug Raum erobert, um ihren billigen Modeschmuck in der Nähe der Mauer auf dem Boden auszubreiten, aber zum Zentrum des Marktes hin blieb den Händlern nichts anderes übrig, als ihren Platz zu behaupten und ihre Ware mit hocherhobenen Händen über ihren Köpfen zu schwenken. Ich wurde hilflos vorbeigeschoben an Messerverkäufern, Hutverkäufern, Stiefelverkäufern, Topfverkäufern und Händlern, die Gazellenfelle feilhielten, Hundefelle und selbst die Felle des hochgradig gefährdeten Schneeleoparden. Die Segnungen der freien Marktwirtschaft feierten – das war unübersehbar – überall fröhliche Urstände. Ein Mann, der einen runden, grauen Stein emporhielt, versuchte, diesen als Dinosaurierei zu verkaufen. Es gab keine Marktordnung und offensichtlich keine offizielle Aufsicht. Taschendiebe müssen sich hier wie im Paradies gefühlt haben, aber da der durchschnittliche mongolische Lebensstandard nicht hoch ist, gab es andererseits sicherlich nicht viel zu holen.

Der Strom von Menschen drehte sich weiter. Es war unmöglich, sich in irgendeiner anderen Richtung zu bewegen als die Menge. Wenn eine Runde um den Platz vollendet war, begann die Schlacht um das Entkommen. Ich schaffte meinen Rückzug gerade noch, indem ich mich bei zwei alten Männern einhakte, die strahlend bunte *dels* und die für die Mongolei typischen Hüte trugen. Zusammen mit mir in meinem alten Tweedjackett müssen wir eine denkwürdige Dreifaltigkeit abgegeben haben. Aber immerhin öffnete uns die sowohl den Mongolen als auch den Briten eigene Achtung für «altes Tuch» einen Pfad. Dieser Sonntagsmarkt ist bestimmt nicht der geeignete Ort für irgend jemanden, der Probleme mit Klaustrophobie hat. Später entdeckte ich noch eine bleibende Erinnerung an diese besondere Erfahrung: Die Innenseite meiner Jackentasche war mit einem scharfen Messer säuberlich aufgeschlitzt worden.

Im April darauf, immer noch in meinem alten Tweedjacket und mit neunzehntausend Dollar, die mir ein Loch in die Hosentasche brannten, befand ich mich mitten in einer anderen aufgeregten Menge. Glücklicherweise jedoch waren wir diesmal nicht alle in der gleichen Richtung unterwegs. Es handelte sich um Pilger aus Islamabad, die unterwegs nach Mekka waren; mein Weg dagegen führte nach Norden über den Hindukusch nach Urumqi, der Hauptstadt der Provinz Xinjiang, wo Prof. Yuan mich erwartete. Ich hatte es geschafft, einen Teil der finanziellen Forderungen des Professors zu erfüllen, und wir hatten bereits vor meiner Ankunft vereinbart, daß die Expedition eben gemäß der Höhe des Betrages zurechtgestutzt werden würde.

Mit meinem großen, altmodischen Zelt aus Kenia, dem wurstförmigen Ausrüstungssack und den khakifarbenen Seesäcken – alles aus Zelttuch – schien der Versuch, die Gewichtsgrenze einzuhalten, auf geradezu lächerliche Weise nutzlos. Aber mit den genauen Bestimmungen zum Gewicht gab sich Xinjiang-Airways, die wohl bald meine Lieblingsfluglinie sein würde, gar nicht erst ab. Die lästige Beschränkung auf ein Stück Handgepäck im Passagierraum wurde ebenfalls vollkommen ignoriert. Meine uighurischen Mitreisenden schienen sich sogar der Existenz eines abgetrennten Gepäckabteils überhaupt nicht bewußt zu sein. Alles, was sie dabeihatten, war «Handgepäck», und infolgedessen waren die Sitze des Flugzeuges mit hohen Stapeln von Schachteln, Körben, Teppichen, prallgefüllten, von Kamelhaarschnur zusammengehaltenen Koffern, Fernsehern, Stereoanlagen und anderen unverzichtbaren glitzernden elektronischen Geräten des modernen Lebens gefüllt. Der ausgesprochen puritanische Anstrich meines Reisegepäcks, des Tweedjacketts und meines grünen Urwaldhutes stachen dagegen deutlich ab.

Ich schätze, daß mir wegen meiner eher exzentrischen Erscheinung von der weltmüden chinesischen Stewardeß ein Platz vorne im Flugzeug zugewiesen wurde. Ihr Gesichtsausdruck ließ ganz klar erkennen, was sie von meinen Mitreisenden im allgemeinen und dem Volk der Uighuren im besonderen hielt.

Der Mann mir gegenüber auf der anderen Seite des Ganges hatte so viel Elektronik dabei, daß ihm nichts anderes übrigblieb, als auf dem Boden zu sitzen. Von der unüberhörbaren Aufforderung, die Sicherheitsgurte anzulegen, schien niemand die geringste Notiz zu nehmen, am allerwenigsten die Stewardeß. Sie würde jedenfalls nicht vorführen, wie man die Gurte anlegte, solange die Hälfte der Passagiere entweder hoch oben auf ihrem Gepäck thronte oder auf dem Boden saß. Und außerdem bedurften ihre Fingernägel dringend ihrer Aufmerksamkeit.

«Was machen Sie beruflich?» fragte ich das attraktive Mädchen, das den Platz neben mir erhalten hatte.

«Ich bin ein kasachisches Model», erwiderte sie mit einem freundlichen Lächeln. «Ich bin auf dem Weg nach Beijing. Und Sie?»

«Ich suche nach Wildkamelen», sagte ich.

Sie schenkte mir noch ein freundliches Lächeln und wandte sich dann ab, um aus dem Fenster zu schauen. Sie wird wohl jeden Tag Leute treffen, die nach Wildkamelen suchen, dachte ich bei mir. So etwas muß in diesem Teil der Welt ebenso häufig sein wie Models von einem Laufsteg in Kasachstan.

In diesem Augenblick stellte irgend jemand von der Crew Popmusik an, und zwar, wie es schien, mit beinahe voller Lautstärke. Als wir abhoben, stöhnte eine chinesische Sängerin in trostloser Eintönigkeit «Love me baby». Unter uns strahlten majestätisch die schneebedeckten Berge des Himalaja.

«K2, K2», sagte das Model aufgeregt, als wir an dessen steilem Gipfel vorüberflogen.

Als die Berge schließlich den Sanddünen der Taklamakan Platz machten, war ich es, der kaum seine Aufregung für sich behalten konnte. Die unwegsamen und verbotenen Wüsten Xinjiangs, in die einzudringen ich Genehmigung erhalten hatte, breiteten sich endlos in alle Himmelsrichtungen aus. Ich erinnerte mich, einmal gelesen zu haben, daß die Landfläche dieser Wüsten siebenmal der Größe Schwedens entspricht.

Als unsere Stewardeß mit den Lunchpaketen kam, bat meine Gefährtin um fünf Stück davon. Diese Mahlzeit für fünf Personen verstaute sie dann in einer weißen Plastiktasche.

«Reisen ist in China sehr schwierig», sagte sie lachend, als sie meinen verwunderten Gesichtsausdruck bemerkte. «Viele Aufenthalte, viel Warterei. Das ist meine Versicherungspolice gegen zukünftige Lebensmittelknappheit.»

Die Wüsten wurden schließlich abgelöst von dem spektakulären Tian-Shan-Gebirge, dem Rückgrat Xinjiangs, das von Ost nach West verlaufend die Provinz Xinjiang gewissermaßen in einen nördlichen und einen südlichen Teil teilt.

«Gleich werden Sie Urumqi sehen», sagte das Model, dessen Name, wie ich mich inzwischen vergewissert hatte, Aischa lautete. «Kein schöner Ort. Viel Industrie. Zuviel Rauch.»

Das strahlende, klare Sonnenlicht, das jede einzelne schneebedeckte Gletscherspalte des Tian Shan deutlich konturiert hatte, wurde plötzlich durch Dunst gefiltert. Während das Flugzeug in Sinkflug überging, konnte ich durch den Smog unzählige Batterien hoher Backsteinschornsteine mit lang ausgezogenen Fahnen schwarzen Rauchs erkennen, die wie zufällig hingestreut unter uns lagen.

«Viel Umweltverschmutzung in Urumqi», rief Aischa und schlug sich auf die Brust. «Die Leute müssen ständig husten.»

Mildred Cable und Francesca French, die zu Beginn unseres Jahrhunderts Xinjiang bereisten, hatten diesem Gefühl noch wirkungsvoller Ausdruck verliehen als meine frischgebackene kasachische Freundin.

> In dieser Stadt gibt es nichts Schönes, keinen Stil, keine Würde und nichts von architektonischem Interesse. Das Klima ist brutal, zu keiner Jahreszeit angenehm, und übertreibt es in jeder Hinsicht. Während des Winters herrschen ständig schwere Schneestürme, aber der Schnee darf nicht auf den flachen Lehmdächern liegen gelassen werden, damit nicht beim ersten Tauwetter das Wasser in die Häuser läuft. Er wird deshalb auf die Straßen geschaufelt und von den Passanten zu einer harten, glatten Oberfläche flachgetreten, die über mehrere Monate des Jahres hinweg jeden Fußweg außerordentlich beschwerlich macht. Während des Winters ist es für die Hausbewohner am bequemsten, Müll und Abfall jeder Art einfach auf die Straße zu werfen, wo der ständige Schneefall die Abfälle rasch bedeckt. Wenn es dann aber taut, steht man vor einem unbeschreiblichen Misthaufen, und die ganze Stadt stinkt. Einen Frühlings- und einen Herbstmonat über sind die Schlammlöcher auf den Straßen derart tief, daß manchmal Haustiere darin versinken, und nur noch die athletischsten Männer können sich zu Fuß fortbewegen, weil es dazu jetzt nötig ist, von einem Schrittstein zum nächsten zu springen. Die sommerliche Hitze ist noch schlimmer als die winterliche Kälte, und die schmutzigen, staubigen Straßen sind voller erschöpfter, krank wirkender Menschen […] Aus dergleichen Gründen lebt niemand gern in Urumqi, niemand trauert einem Aufenthalt in der Stadt nach, und sie ist voller Menschen, die nur des-

wegen da sind, weil sie keine Erlaubnis erhalten, die Stadt zu verlassen, und ohne Erlaubnis dürfen sie es nicht.

Seit die Kommunisten an der Macht sind, hat sich der Zustand der Straßen sehr gebessert, und es gibt auch nicht mehr so viel Müll in den Straßen. Aber die Stadt ist ständig schwer belastet, weil andauernd minderwertige Kohle verbrannt wird, die Menschen wirken erschöpft, und das Wetter hat sich natürlich nicht geändert.

Zentralasien ist seit undenklichen Zeiten ein Kriegsschauplatz gewesen. Verschiedene Völker haben miteinander um das riesige Gebiet gekämpft, das unter dem Namen Dsungarei und Ost-Turkestan bekannt wurde, bis die Chinesen es unter dem gemeinsamen Namen Xinjiang («Neue Grenzgebiete») zusammenfaßten. 1759 geriet das Gebiet unter Kaiser Qianlong an China. 1867 entriß der bekannte Eroberer Yakub Beg die Provinz der chinesischen Herrschaft und regierte Xinjiang von Kaschgar aus. Neun Jahre später eroberte China die Provinz unter dem fähigen und energischen Zuo Zongtang zurück, und Yakub Beg beging Selbstmord. Zuo Zongtangs Erfolg war beachtlich. Er hatte eine Fläche von 1 250 000 Quadratkilometern erobert, und seine Nachschublinie war 2 500 Kilometer lang.

Als China 1911 zur Republik wurde, wurde Yang Zengxin, ein Beamter alter Schule, zum Generalgouverneur von Xinjiang bestellt und schlug mit Energie und Tatkraft eine Reihe von Rebellionen in der Provinz nieder.

Während der ersten Jahre unseres Jahrhunderts, als das «große Spiel» zwischen Rußland und Großbritannien im Gange war, bildete Xinjiang eine strategisch wichtige, zwischen der Mongolei und dem Himalaja gelegene Pufferzone, die die Russen nach ihrer Revolution möglicherweise hätten erobern und der UdSSR einverleiben können. Der Grund, warum sie es nicht taten, hing mit Yangs Wachsamkeit, Schlauheit und Feingefühl zusammen. Dann wurde er bei einem Bankett im Jahre 1928 ermordet, und sein Nachfolger Jin Shuren, ein Mann von einfacher Herkunft, provozierte in seiner Provinz durch eine Mischung von Mißregierung, Habgier und Unterdrückung Rebellion und Krieg. Innerhalb von fünf Jahren hatte er die Provinz verkrüppelt und ließ sie verwüstet zurück. Er brach auch alle formellen Beziehungen mit Beijing ab.

Damals herrschte galoppierende Inflation, die Pächter wurden grausam besteuert und von Jins Horden schurkenhafter Soldaten, die überall Verwüstung hinterließen, ausgebeutet. Unzufriedenheit und Gesetzlosigkeit griffen um sich. Rebellion lag in der Luft. Der Funke, der sie aufflammen ließ, sprang in Hami über, wo seit drei Jahrhunderten ein machtloser uighurischer König regiert hatte. Jin schaffte dessen Monarchie ab und betrieb eine Landwirtschaftspolitik, in deren Verlauf das beste landwirtschaftlich nutzbare Land von seinen Gefolgsleuten konfisziert wurde. Als ein junger Steuereintreiber in Hami eine uighurische Frau verführte, brach die Rebellion los – unter dem Banner des Islam. Jins verrohte Truppen unterdrückten die Rebellion mit barbarischer Grausamkeit.

In dieser Situation appellierten die Führer der Uighuren und anderer muslimischer Minderheiten an einen jungen muslimischen, chinesischen General, Ma Zhongyin, ihnen zu Hilfe zu eilen. Er scharte etwa fünfhundert Männer um sich und legte mitten im heißen Hochsommer die durch eine wasserlose Wüste führende Straße von Anxi nach Hami zurück – ohne entsprechende Vorräte. Die Auseinandersetzungen tobten in ganz Xinjiang bis Januar 1933, als der Krieg seinen Höhepunkt erreichte, die muslimischen Uighuren und die übrigen mit ihnen verbündeten Völker Urumqi angriffen und jeden Chinesen umbrachten, den sie antrafen. Tore und Türen wurden verbarrikadiert, und dank der soldatischen Qualitäten einiger weißrussischer Emigranten konnten die Kräfte Ma Zhongyins abgewehrt werden. Am 21. Februar griffen sie erneut an, und am nächsten Tag waren heftige Kämpfe in den westlichen Vororten der Stadt im Gange. Niemand wurde verschont. Gefangene wurden eher zu Tode gefoltert als erschossen, und sechstausend Einwohner von Urumqi fanden den Tod. Aber Mas Truppen konnten ihre Eroberung nicht halten. Nach vierundzwanzig Stunden wurden sie von Verstärkung unter weißrussischer Führung aus der Stadt vertrieben. Während der dreißiger und vierziger Jahre waren Instabilität, religiöse und rassische Spannungen, Kriege und Terror die traurige Plage von Urumqi und dem größten Teil von Xinjiang. Dann kam es nach einem Zwischenspiel der nationalistischen Regierung Chinas zu weiteren heftigen Kämpfen, bis schließlich die Kommunisten an die Macht gelangten. Das hatte relative Stabilität zur Folge, obwohl sich die Kulturrevolution in Xinjiang mit besonderer Härte auswirkte.

Mit dem Zusammenbruch der UdSSR und dem Aufstieg des islamischen Fundamentalismus ist es an Beijing, wieder einmal ein wachsames Auge auf die entlegene Provinz und die Intrigen in deren Hauptstadt Urumqi zu halten.

Auf dem Flughafen von Urumqi empfing uns ein ganz anderer Anblick und andere Gerüche, als es bei meiner Ankunft in Ulan Bator der Fall gewesen war. Ernste Beamte sahen uns gefühllos zu, während wir uns – einer geschlagenen Armee nicht unähnlich – mit unseren Paketen, Kartons und Leinwandsäcken eine lange Flucht von Stufen hinaufkämpften. Es gab keine Gepäckwagen und keine Hilfe, ganz gleich welcher Art; die Treppenstufen schienen dazu gemacht, ein Höchstmaß an Unbequemlichkeit zu bieten. Wenn man schließlich oben ankam, mußte man dank einer zweifachen Kehre in der Treppe in Kauf nehmen, daß das Gepäck, das man zurückgelassen hatte, nicht mehr zu sehen war. Das wiederum führte zu einem verzweifelten Spurt an den Fuß der Treppe, um es dort abzuholen, bevor es verschwand; währenddessen war aber das Gepäck oben nicht mehr zu sehen. Wir wurden von einer scheinbar endlosen Armee junger Männer und Frauen in ordentlichen Uniformen und mit stählernem Blick ohne jedes Lächeln oder Wort des Willkommens an Chinas Hintertür abgefertigt. Der Kampf um Einlaß nach China dauerte Stunden, bis endlich die letzte genaue Prüfung von Visa, Paß, Gepäck und Kamera erfolgt war. Ich verstand inzwischen, warum das kasachische Model sich Notrationen eingepackt hatte.

«Warum bringen Sie neunzehntausend US-Dollar mit nach China?»

Die junge Frau mit dem weißgepuderten Gesicht und den hellroten Lippen blickte mich unverwandt an.

«Ich bringe sie mit, um eine wissenschaftliche Expedition zu finanzieren.»

«Ah», nickte sie. «Wissenschaftlich. Sind Sie wissenschaftlich?»

«Ja, sehr», erwiderte ich.

«Seit wann sind Sie wissenschaftlich?»

«Seit sechs Wochen.»

«Neunzehntausend Dollar für sechs Wochen.»

«Ja», sagte ich, ohne mit der Wimper zu zucken. «Für viele Leute, ein ganzes Team. Vom Umweltschutzinstitut Xinjiang.»

Ich zeigte ihr meinen Einladungsbrief. Sie wiederum zeigte diesen ihrem männlichen Kollegen. Er rief seinen Vorgesetzten. Sie berieten, starrten mich an und berieten wieder. Schließlich hob das Mädchen den rechten Arm. *Rums* erhielt ich den offiziellen Stempel der Zulassung. Ich war in China.

«Herzlich willkommen, Doktor, herzlich willkommen.» Prof. Yuan schüttelte mir enthusiastisch den Arm. «Das ist mein Sohn, Xiao Yuan, und Herr Li, ein Expeditionsteilnehmer.»

Ich schüttelte ihnen die Hände. Sie nahmen mein Gepäck und schleppten mich zu einem chinesischen Jeep.

«Hier entlang, Doktor, bitte.»

«Kein Doktor. Ich bin kein Doktor.»

Prof. Yuan tat, als habe er nicht gehört oder verstanden.

«Aha. Viel Gepäck dabei, Doktor.»

Song, der Fahrer, saß in frischem weißem Hemd und gut gebügelter blauer Baumwollhose am Steuer des Jeeps. Er zog gierig an einer Zigarette und musterte geringschätzig mein Gepäck, das hinten im Fahrzeug verladen wurde. Dann staubte er den Beifahrersitz mit einem geblümten gelben Tuch ab. Ich stieg ein, und los ging's, die Beijing Road North entlang.

Die Beijing Road North führt vom Zentrum Urumqis ungefähr fünfzehn Kilometer weit in den Norden der Stadt. Die beiden Fahrbahnen waren durch einen Mittelstreifen getrennt, längs der Straße standen Pappeln, und gesäumt war sie von bröckelnden rechteckigen Büroblocks aus Beton und langen Reihen von blauweiß gedeckten Ziegelbauten, in denen sich Läden und Restaurants befanden. Ein großer Teil dieser Architektur im Stil der fünfziger Jahre weicht derzeit schnell neuen Hochbauten; diese Änderung wird selbst in dieser entlegenen Ecke Norwestchinas durch die Änderungen vorangetrieben, die die Marktwirtschaft mit sich gebracht hat. Ein die Brust zusammenziehendes Gemisch aus Kohlenrauch und den Abgasen billigen Benzins überzieht die Beijing Road North und deren Umgebung mit einem trüben Dunst. Das Sonnenlicht wird ständig gedämpft, der Himmel erscheint selten blau, und Ruß setzt sich in jedem Riß und jeder Spalte ab, bis er schließlich alte wie neue Bauten mit einem zähen schwarzen Belag bedeckt.

Der schlichte Zweckbau des Instituts für Umweltschutz der Provinz Xinjiang bildet eine Seite eines viereckigen Blocks, der direkt an der Beijing Road North eine große Innenfläche umrandet. Wohnblöcke für die Institutsmitglieder nehmen die Nord- und Südseite dieses großen Innenhofs in Anspruch; die Größe der einzelnen Wohnungen variiert ganz nach der Position des Bewohners. Östlich des Platzes liegt hinter einer verfallenen Ziegelmauer das Hotel der Akademie der Wissenschaften, dessen Zweck darin besteht, Wissenschaftler und Beamte, die die Einrichtung besuchen, aufzunehmen. Ebenfalls ein Zweckbau nach vorgegebenem Standard, ist es drei Stockwerke hoch und verfügt über drei verschiedene Typen von Unterbringungsmöglichkeit: für VIP mit Bad; für Semi-VIP ohne Bad; und für das Fußvolk vier Eisenbetten in einem Zimmer mit einer metallenen Schüssel. Heißes Wasser für alle drei Kategorien fließt von neun Uhr bis elf Uhr abends – falls der Kohleboiler seinen Dienst tut, anderenfalls wird heißes Wasser in Thermosflaschen zur Verfügung gestellt – entweder als Getränk oder zum Abwaschen des Rußes. Benutztes Toilettenpapier von den Gemeinschaftstoiletten muß in einem Drahtkorb deponiert werden und darf nicht etwa mit runtergespült werden, und einem Aushang zufolge darf man kein Wasser auf dem Flur verschütten. Jedes Stockwerk wird von drei Mädchen beaufsichtigt, die sicherzustellen versuchen, daß diese und weitere Regeln streng beachtet werden. Ich erhielt ein Zimmer für Semi-VIP ohne Bad, weil, wie der Professor bemerkte, «unser Budget knapp ist. Sie haben ja nur elftausend Dollar mitgebracht.»

Am Abend brachte Prof. Yuan unseren Führer mit auf mein Zimmer – Mr. Zhao Ziyong, kettenrauchender Zoologe, ehemaliger Wildkameljäger, selbsternannter Ausrotter des letzten wilden Prschewalski-Pferdes und Goldmedaillengewinner als «Nummer neun der chinesischen Entdeckungsreisenden aller Zeiten».

Der knapp sechzigjährige Zhao hatte schwarzgefärbtes Haar, einen selbstbewußten Blick, ein schiefes Grinsen und einen erstaunlich schwachen Händedruck. Er trug einen Regenmantel aus Gabardine, und sein Hosenlatz war falsch geknöpft, so daß seine Hose sich oben aufbauschte. Der dicke Wollpullover unter dem Regenmantel hatte Löcher in beiden Ellbogen. Auf mich machte er den Eindruck eines schlauen, liebenswerten Gauners, eines Experten in Sachen Überleben, der sich immer auf seinen Witz gestützt hatte und durch geschicktes Wegducken und Drehen alle Turbulenzen der letzten drei Dekaden überstanden hatte. Unglücklicherweise lag sein Vater im Sterben, und nachdem er uns durch die Gashun Gobi geführt hatte, würde er nach Urumqi zurückkehren müssen.

«Lao [der alte] Zhao ist der einzige Mensch in ganz China, der uns durch die Gashun Gobi bringen kann. Ich würde gar nicht erst in Erwägung ziehen, es ohne Lao Zhao zu versuchen.»

Prof. Yuan hatte offensichtlich großen Respekt für Zhao, der sich gerade damit beschäftigte, seine zweite Zigarette anzuzünden. Ich brachte meine Dankbarkeit zum Ausdruck, Zhao verbeugte sich leicht, lächelte noch etwas unentschlossen, und dann gingen die beiden wieder.

Am nächsten Morgen ging der Professor, der darauf erpicht war, meine Dollars in die Landeswährung einzutauschen, mit mir zur Niederlassung der Bank of China, die mitten im Zentrum der Altstadt lag. Die von einer Mauer mit massiven Holztoren eingeschlossene Altstadt war von General Ma Zhongyin in den dreißiger Jahren wiederholt bestürmt worden und schon vor langer Zeit ganz der Zerstörung anheimgefallen. Kein einziges Gebäude aus der Zeit vor dem Beginn der kommunistischen Herrschaft in den fünfziger Jahren war stehen geblieben.

Vor der Bank blickte uns eine Rotte habgieriger, durchtrieben wirkender uighurischer Geldwechsler hoffnungsvoll nach, als wir raschen Schritts in dem Bankgebäude verschwanden. Wir stiegen eine silbermetallene Treppe hinauf, quetschten uns in eine enge Kabine und warteten geduldig, während ein teilnahmsloses Mädchen, das kaum zwanzig sein mochte, Berechnungen auf ihrem Rechenbrett anstellte. Das Rechenbrett machte klick-klack, die Berechnungen wurden überprüft und nochmals überprüft und Empfangsbestätigungen auf Durchschlagpapier abgestempelt. Ein Aufseher stempelte sie noch einmal. Vierzig Minuten später händigte uns das Mädchen, ohne zu lächeln oder irgendein Gefühl zu zeigen, ein Bündel frischer Banknoten nach dem anderen durch die schmale Öffnung in der Mauer. Auf unserer Stirn bildete sich Schweiß, wenn wir an die uighurischen Wechsler dachten, die draußen vor der Bank warteten; Bündel auf Bündel stopften wir in unsere immer weiter ausgebeulten Taschen. Es bedurfte keines Hinweises von einem von uns, um den Rückweg im Laufschritt anzutreten. Wir liefen die glatten Stufen hinab, drückten die schweren, von vielen Fingern fleckigen Steppvorhänge vorm Eingang beiseite und sprinteten an den Geldwechslern mit ihren habgierigen Gesichtern vorbei.

Song, unser Fahrer, wartete mit der Zigarette im Mund nicht allzuweit entfernt auf uns; er vertrieb sich die Zeit, indem er lässig imaginäre Staubflecken auf der Motorhaube seines Wagens mit einem großen gelben Staubtuch abwischte. Er war heute anders gekleidet, in ein schmuckes hellblaues Hemd und wiederum einwandfrei gebügelte, beigefarbene Hosen. Ich erkannte ihn kaum noch als unseren Fahrer. Er schien viel zu schön, zu pedantisch und selbstgefällig, um uns durch eine der furchterregendsten Wüsten der Welt zu fahren. Ich kletterte durch die geöffnete Tür des Jeeps und hätte mich nicht gewundert, die scharfe Spitze eines uighurischen Messers im Rücken zu spüren.

«Zu wenig Geld», meinte Prof. Yuan, als wir wieder zu Atem gekomen waren.

«Zu wenig?»

Er seufzte. «Zu wenig für sechs Wochen. Wir können nur einen Jeep mitnehmen, nicht zwei. Zu wenig Geld.»

Ich biß mir auf die Lippen. Es war schon schwierig genug gewesen, die neunzehntausend Dollar von der UNEP zu bekommen. Der Professor hatte gewußt, wieviel ich mitbrachte. Ich fürchte, daß es mir zu diesem Zeitpunkt egal war, ob wir einen Extrajeep mitnahmen. Ich wollte davon nichts wissen. «Ich werde Sie um sieben Uhr abends abholen», sagte Prof. Yuan, als er mich am Hotel absetzte. «Herr Xie Zhiqiang, stellvertretender Leiter des Instituts für Umweltschutz, wird uns ein Abschiedsessen geben, bevor wir morgen aufbrechen.»

Ich nahm ein Bad auf afrikanische Art in einer roten Plastikschüssel, in die ich Wasser aus den Thermosflaschen gefüllt hatte. Genau um sieben Uhr abends klopfte der Professor an meine Tür.

Song fuhr uns in raschem Tempo ins Zentrum der Altstadt und setzte uns vor einem mit blauen und weißen Ziegeln gedeckten Bau ab, den eine Kette von bunten Lichtern und herabhängende gelbe Fahnen schmückten. Durch schwere rote Vorhänge betraten wir das Restaurant und wurden von einem nervösen, stark geschminkten Mädchen in leuchtendrotem chinesischem Kleid mit Stehkragen und geschlitztem Rock zu einem Raum geführt, wo ein großer runder Tisch für zwölf Personen gedeckt war. Herr Xie, ein Mann mittlerer Größe mit intelligenten Augen, war bereits da, um uns willkommen zu heißen. Die Lachfältchen in seinen Augenwinkeln wiesen auf einen guten Humor hin. Die Falten um seine Mundwinkel dagegen deuteten die etwas härteren Aspekte seines Charakters an.

«Befand sich das *yamen* (Verwaltungsbüro) der alten Regierung hier in der Nähe?» fragte ich Herrn Xie. Xiao Yuan, der Sohn des Professors, dolmetschte für mich.

Herr Xie blickte mich mit einem vagen Lächeln an. «Nun, warum wollen Sie das wissen?» fragte er.

«Ich glaube, daß ein früherer Gouverneur von Urumqi, General Yuan Guoying, eine ungewöhnliche Methode hatte, seine Gäste in dem alten *yamen* zu unterhalten», erwiderte ich.

Herr Xies Augen blitzten, und er bemerkte auf chinesisch etwas zur Prof. Yuan. Dann wandte er sich wieder zu mir und rief mit einem Lachen: «Machen Sie sich keine Sorgen. Wir werden Ihnen während der Mahlzeit nicht den Kopf abschneiden.»

Er bezog sich auf ein berüchtigtes Vorkommnis im Jahre 1916, als General Yuan all jene zu einem Festessen geladen hatte, die in Verdacht standen, seinen Sturz zu planen. Als seine Gäste volltrunken waren, verließ er die Halle für einen Augenblick und kehrte mit einem Soldaten zusammen zurück. Während draußen die Kapelle weiterspielte, befahl er dem Soldaten, seine Gäste einen nach dem anderen zu enthaupten. Es dauerte zwölf Jahre, bis das chinesische Sprichwort: «Wer auf einem Fest mordet, dessen eigenes Blut soll auf einem Fest vergossen werden», in Erfüllung ging. Im Jahre 1928 wurde der General von seinem Außenminister Fan Yaonan erschossen, während er auf einem Bankett anläßlich der Abschlußveranstaltung der russischen Sprachschule einen Toast auf einen sowjetischen Beamten ausbrachte.

«Ich war mir sicher, daß Sie das nicht vorhatten», erwiderte ich schelmisch. «Ich dachte bloß, daß man sich besser in acht nimmt, wenn man in Urumqi speist.»

«Im alten China ja, im neuen China nein», sagte Herr Xie und brachte die Unterhaltung zu einem abrupten Ende. «Das *yamen* der alten Regierung war gleich nebenan», fügte er dann ruhig hinzu.

Das Essen nahm den gleichen Verlauf, den chinesische Festessen meist nehmen, mit zahlreichen Trinksprüchen, zu denen *maotai* hinuntergespült wurde, ein scharfer Schnaps, den man wunderbar als Ersatz für Methylalkohol verwenden kann, während ein Gang nach dem anderen aufgetragen wurde. Dampfende Schüsseln mit Suppe, mit Hammel, Rindfleisch, Huhn, Ente, Fisch, Krabben und Gemüse jeglicher Art folgten einander in kurzer Zeit. Ein langes weißes, fleischiges Objekt, sorgfältig geschnitten und in Form einer Blume angeordnet, das aussah und auch schmeckte wie der Schlauch eines Fahrradreifens, weckte meine Neugier.

«Was ist das?» fragte ich Xiao Yuan, während ich es, stolz auf mein Können, mit meinen Eßstäbchen hochhielt.

«Der Penis eines Stiers», flüsterte er. «Eine große Delikatesse.»

Herr Xie hatte meinen Blick schon aufgefangen und bat Xiao Yuan, mir zu erzählen, daß mich dieses Gericht aufbauen würde, für den Weg in die Gashun Gobi.

Als ich schon glaubte, die mehr als üppige Mahlzeit wäre nun zu Ende, wurde ein Brenner mit einer Gasflasche auf den Tisch gestellt. Es folgte ein noch brodelndes Gericht, und der Ehrengast wurde gebeten, damit den Anfang zu machen. Xiao Yuan murmelte mir zu, daß man mir große Ehre erweise. Es handelte sich um Hund.

Murmelnd brachte ich eine Entschuldigung allen geliebten Hündinnen namens Sally hervor, die ich im Laufe der Jahre gehalten hatte, fischte mit meinen Stäbchen auf der Platte herum und zog schließlich ein winziges Hinterbein hervor. Wieso es in meinem Magen blieb, während ich ins Hotel zurückkehrte, weiß ich nicht. Ich wünschte es jedenfalls die ganze Nacht hindurch zum Teufel.

Am nächsten Tag verließen wir Urumqi bei anhaltendem Regen. Unser zweites Fahrzeug, das für meine mechanisch ungeschulten Augen nicht sehr vertrauenerweckend wirkte mit seinen hölzernen Aufbauten und zwei abgefahrenen Reifen, war zweifellos im Namen der Kostensenkung zu reduziertem Preis angemietet worden. Außer all unseren Lebensmitteln, Wasser, Benzin, Zelten und anderer Ausrüstung transportierte es auch Herrn Li. Mir sagte man, Herr Li begleite uns in seiner Eigenschaft als Chefbotaniker. Er war von mittlerem Wuchs, hatte ein langes eckiges Gesicht und schmale kluge Augen, die hinter dicken Brillengläsern funkelten. Er sprach beinahe fliessend Deutsch, da er in der ehemaligen DDR studiert hatte. Gott weiß, was er dort studierte. Ich bezweifle, daß es sich dabei um Botanik handelte, denn ich entdeckte im Verlauf unserer Fahrt, daß seine Kenntnisse der Wüstenpflanzen über minimale Ansätze nicht hinauskamen. Der Professor berief sich häufig auf ihn, und ich spürte, daß er dem Professor in der Parteihierarchie wahrscheinlich übergeordnet war. Vielleicht war er mitgeschickt worden, um ein Auge auf uns zu halten. Als ich ihm einmal eine winzige Ikone zeigte, die mir ein Russe geschenkt hatte, damit ich sicher durch die Gobi käme, warf er sie ärgerlich zu Boden. «An solchen Unfug sollten Sie nicht glauben», sagte er auf eine Weise, die nahelegte, daß er gewohnt war, Abweichler auf den rechten Weg zurückzubringen. Der Fahrer des Lastwagens, Xiao Kegang, pflegte ständig zu spucken; er war ein kräftiger Mann mit Schwielen an den Händen und machte selten viele Worte. Später fand ich heraus, daß er auch ein beachtlicher Schachspieler war, der den intelligenten Herrn Li oft austrickste.

Auf unserem Weg aus der Stadt heraus verwandelte der erbarmungslose Regen den Schmutz zu beiden Seiten der Straße in dicken schwarzen Morast. Slums von Ziegelbauten, eingehüllt in eine undurchdringliche Dunstglocke von Industrieabgasen, waren umgeben von weiten Flächen, die mit durchweichtem Müll bedeckt waren. Einige der Häuser in den Slums waren verwüstet, und an der Straße lagen öfter zum Verkauf aufgestapelte rostige Fensterrahmen mit zerbrochenen Scheiben und Türen. Streifen der Plastikfolie, die die Bauern benutzten, um ihre Saat vor Spätfrösten zu schützen, hingen in den Pappeln am Weg.

Zum Essen hielten wir in einem Fernfahrerrestaurant an, das gemütlich zwischen drei oder vier gleichartigen Etablissements in einem langen rechteckigen, einstöckigen, weißgekachelten und mit Parteislogans bedeckten Bau lag. Der Fahrer Song, der offenbar an die Mahlzeiten ähnlich hohe Ansprüche stellte wie an die Sauberkeit seines Jeeps, suchte das Essen aus. Seine verwöhnte Art erstreckte sich allerdings nicht auf seine Tischmanieren, und in echt chinesischem Stil fegte er seine abgenagten Knochen und andere unerwünschten Bestandteile der Speisen vom Teller einfach auf den Boden. Als ich mich allerdings einmal in mein rot und weiß getupftes Taschentuch schneuzte und es wieder in meine Tasche steckte, verzog er angeekelt sein Gesicht.

In der Turfansenke soll sich der tiefste Landpunkt der Erde befinden. Von dieser Senke aus, dreihundertachtzig Kilometer von Urumqi entfernt, wollten wir durch Salzwiesen nach Süden in die völlig kahle Wildnis der Gashun Gobi fahren, um dort nach den letzten genetisch reinen Herden von Wildkamelen zu suchen. Nördlich der Turfansenke erhebt sich der schneebedeckte Gipfel des Bogd Ola (des Gottesberges) zu einer Höhe von über fünftausendvierhundert Metern; er ist der östlichste Hochgebirgsteil des Tian Shan. Inmitten dieser unerbittlichen Landschaft liegt die Stadt Turfan mit den sie umgebenden Dörfern auf einer Insel fruchtbaren Landes in einer Wildnis von Sand; das fruchtbare Land wird von Sandstürmen von unglaublicher Wildheit heimgesucht und geht zur Wüste hin in Sand- und Kieselflächen über. Die Trennlinie zwischen Wüste und fruchtbarem Land ist so klar wie die zwischen Meer und Küste.

Die Fruchtbarkeit verdankt das Land der bemerkenswerten Bewässerungstechnik, die als *karez*-System bekannt ist. Lange Reihen mit Gebilden aus aufgeworfener Erde erstrecken sich über die Weiten Turfans, als seien dort gigantische Maulwürfe am Werk gewesen. Jeder Hügel hat ein Loch in der Mitte, und diese Öffnung führt nach unten zu einem unterirdischen Kanal. Die wasserführenden Kanäle in der Tiefe leiten den geschmolzenen Schnee aus den Gebirgen auf die ausgetrockneten Felder, die der Bewässerung harren. Je näher man ans Gebirge kommt, desto tiefer ist der *karez,* an seinem Anfangspunkt vielleicht bis zu fünfzehn Meter tief unter der Erdoberfläche. An seinen letzten Verzweigungen fließt das Wasser in den Kanälen fast auf dem Niveau der Erdoberfläche und ist immer noch so kühl, als hätte es gerade erst die Berge verlassen.

Wir kamen an einem *karez* vorbei, der gerade ausgebessert wurde. Vier Männer arbeiteten unter einem der Hügel, hoben Erde aus, die ein Esel mit einem flaschenzugähnlichen Gerät nach oben zog. Der Unterhalt eines *karez*-Systems ist sehr teuer, aber Turfan bringt eine so phänomenal reiche Ernte an Früchten, Weintrauben, Rosinen, Korn und Baumwolle hervor, daß sowohl der zeitliche als auch der finanzielle Aufwand gerechtfertigt zu sein scheinen.

Die Gashun Gobi, die sich im Süden und Osten des Gebirges Kuruk Tagh südlich von Turfan erstreckt, ist eins der abweisendsten und feindseligsten Gebiete der Erde. Die Winter sind dort bitterkalt, die Sommer übermäßig heiß, und im Herbst und Frühjahr wird die Wüste von Sandstürmen heimgesucht, denen kein Autolack standhält. Ein Luftbild dieser Wüste würde eine heiße, trockene Wüste voller Dünen und bunter Felsen zeigen, die nur unterbrochen wird von monotonen, gewellten Kieselflächen und einigen Ketten hoher Berge, deren Vorgebirge langsam in niedrige Felsformationen übergehen. Diese ganze Steinwüste kennt keinen Schatten und ist unter einer gnadenlosen Sonne glühender Hitze ausgesetzt. Nachts dagegen, wenn sich die Dunkelheit über die Wüste gesenkt hat, weicht die Gluthitze plötzlicher Kälte, die vom Boden ausgeht; darüber liegt eine Schicht wärmerer Luft. Aber bald wird auch diese Schicht von der durchdringenden Kälte aufgelöst.

In den Gebieten der Gashun Gobi, in denen noch Leben existieren kann, kommen eine Anzahl kleiner Tiere, etwa die Gerbille, Springmäuse und einige Insekten, aus ihren Verstecken hervor, sobald sich die Nacht senkt. Die Hitzestunden des Tages verbringen sie schlafend in einer von Tunneln durchzogenen Welt unter der Erdoberfläche, deren Öffnungen häufig an der geschützten Seite winziger Sandhügel zu finden sind, wie sie am Fuß eines Pflanzenbüschels oder niedrigen Busches angehäuft werden. Während der Nacht bewegen sich diese Geschöpfe unermüdlich, lautlos und unsichtbar über den Sand. Nach dem Sonnenaufgang ist die Wüste mit aller Art Spuren dieser Nager und verschiedener Insekten gezeichnet. Aber dieses auf die Nachtzeit beschränkte Leben gibt es in immer weniger Gebieten, weil die Windstärken zunehmen, die Gobi trockener wird und selbst die kleinsten Lebensformen gezwungen werden, sich weiter zurückzuziehen.

Viele Menschen haben diese Wüste betreten und sind niemals zurückgekehrt. Zu denen, denen dies in jüngerer Zeit widerfuhr, gehören Prof. Pen Jiamu von der Akademie Xinjiang, der am 17. Juni 1980 spurlos verschwand, und fünf Schürfer auf der illegalen Suche nach Mineralien, die mit ihrem Fahrzeug im Juli 1990 verschwanden. Im Juni 1996 starb ein chinesischer «Entdecker», der unseren Spuren zur alten Stadt Lou Lan folgte, an Austrocknung.

Wir merkten bald, daß die Gashun Gobi die mongolische Gobi vergleichsweise mild erscheinen läßt. Es gibt keine Fahrwege durch diese gewaltige Wüste und mancherorts nicht die geringsten Reste von Vegetation oder tierischem Leben. In dieser Wüste liegt der berühmte wandernde See Lop Nur, der inzwischen wegen der Aufstauung des Flusses Tarim etwa achthundert Kilometer weiter westlich ganz trockengelegt ist. Der Tarim führt das Schmelzwasser vom Pamir und anderen zentralasiatischen Gebirgen und bringt damit Leben in Teile der öden Wüsten Xinjiangs.

Der Lop Nur wird immer mit dem großen schwedischen Entdeckungsreisenden Sven Hedin in Verbindung gebracht werden. Sechzehnhundert Jahre lang hatte der See sein Bett in zwei getrennten Senken nordöstlich von Charkhlik (Ruoqiang) und war für die westliche Welt erst durch den russischen Reisenden Oberst Nikolai Nikolajewitsch Prschewalski im Jahr 1876 entdeckt worden. Er fand heraus, daß der Tarim nicht genau ostwärts floß, sondern nach Südosten abbog, um im südlichen Teil der Wüste einen Doppelsee zu bilden, der ein Grad nördlich desjenigen Ortes lag, der schon seit alten Zeiten auf chinesischen Karten als Lop Nur verzeichnet ist.

Prschewalskis Entdeckung sorgte in der geographischen Welt für außerordentliche Aufregung. Als das erste Telegramm mit der Geschichte seiner Entdeckung um die Welt gekabelt wurde, schrieb der Geograph Dr. E. Behm:

> So ist schließlich doch die Dunkelheit, in der der Lop Nur verborgen lag, gelichtet, und wir werden den See auf den Karten bald so zeichnen, wie er wirklich ist. Aber wer hätte geahnt, daß es südlich davon ein hohes Gebirge [den Arjin Shan] gibt? Unsere Vorstellungen von der Wüste Gobi werden eine gewaltige Umwälzung erfahren.

Aber es war Hedin, dem die endgültige Revolution der Vorstellungen vom Lop Nur vorbehalten blieb. 1900 marschierte er nach Tomenpu, einer Verzweigung des Konche Daria, eines Nebenflusses des Tarim, und entdeckte, daß ein altes Flußbett von dort aus nach Osten führte. Mit Kamelen als Packtieren folgte er diesem ausgetrockneten Flußbett, welches die Uighuren Kuruk Daria oder «trockenen Fluß» nannten, über fünfhundert Kilometer, bis er plötzlich in den aufgelassenen Ruinen der Stadt Lou Lan stand, einer ehemals wichtigen Station der mittleren Seidenstraße. 1901 kehrte er noch einmal nach Lou Lan zurück und erforschte die Gegend südlich der alten Stadt, wo er das gewaltige ausgetrocknete Becken eines Sees fand. Er schloß aus diesen Entdeckungen, daß sich etwa im Jahre 330 der Lauf des Tarim geändert haben mußte und infolgedessen auch die Lage des Lop Nur. Nachdem der Tarim viele Jahrhunderte lang nach Osten geflossen und den See, der sein Ende bildete, im nördlichen Teil der Wüste gefüllt hatte, hatte der untere Tarim oder der Teil davon, der als Kuruk Daria bezeichnet wird, sein altes Bett verlassen und sich in südöstlicher Richtung ein neuen Weg durch die Wüste gebahnt, im südlichen Teil der Gashun Gobi, und dort zwei neue Seen gebildet. Es waren diese beiden Seen, die Prschewalski entdeckt hatte. Etwa zur gleichen Zeit trockneten sowohl der alte Flußlauf als auch dessen Endsee aus, und die Stadt Lou Lan wurde von ihren Einwohnern aufgegeben und der Vergessenheit anheimgegeben.

Marco Polo, der die Wüste Lop südlich des Sees im Jahre 1274 durchquerte, wußte weder, daß der See existierte, noch daß der Tarim dessen Bett von Norden nach Süden verlegt hatte. Er reiste entlang der südlichen Seidenstraße, da die mittlere Seidenstraße durch Lou Lan seit langem aufgegeben war. Noch merkwürdiger aber ist, daß die Chinesen weder in alter noch in neuester Zeit begriffen, daß dieser See vor zweitausend Jahren unter dem Namen Puchang-See bekannt war und über einen langen Zeitraum hinweg von einem Bett in ein anderes verlagert wurde.

Hedin kam zu dem Schluß, daß der See wie ein Pendel etwa alle eintausendsechshundert Jahre seine Position veränderte, da jeder Zufluß im Laufe der Zeit durch den Wind, den Wüstensand und Fäulnisstoffe verlandete. Und während dieser Prozeß langsamer Auffüllung des Flußbettes im Süden im Gange war, wurde die Sandwüste nördlich davon von den außerordentlich heftigen nordöstlichen Stürmen langsam abgetragen, senkte sich das Niveau der Wüste in den nördlichen Teilen der Gashun Gobi langsam.

Die Wirkung, die dieser Wechsel zwischen Nord und Süd schließlich haben mußte, war die Rückkehr des Flusses und des Sees in ihre alten, vormals ausgetrockneten Betten. 1901 sagte Hedin voraus:

> Im Licht des Wissens, das wir nun über die Meereshöhen in der Wüste Lop besitzen, ist es nicht besonders gewagt festzustellen, daß der Fluß eines Tages seinen Lauf wieder in das alte Bett des Kuruk Daria verlagern wird [...] Es ist nur eine Frage der Zeit, wann das Gelände rund um den unteren Tarim herum so voller angeschwemmter Ablagerungen ist, daß der Fluß in sein nördliches Bett zurückkehren muß.

Es widerfährt einem Mann selten, daß eine unbeweisbare Theorie, die er aufgestellt hat, noch zu seinen Lebzeiten bewiesen wird, aber im Jahre 1921, dem nämlichen, da Baron Ungern-Sternberg in der Mongolei wütete, füllte sich der alte Kuruk Daria plötzlich mit Wasser. Der Zufluß des damaligen Lop Nur dagegen war versandet, und Hedins Pendel schwang herum, genau wie er es vorhergesagt hatte. Er war natürlich überwältigt, und 1934 kehrte er im Alter von fünfundsechzig Jahren nach Xinjiang zurück und befuhr mit dem Kanu den inzwischen rasch dahinströmenden Kuruk Daria. So kam er auf den neugebildeten Lop Nur, fing dort Fisch, erlegte Wildschweine an dessen Küsten und sagte voraus, daß dieses Gebiet die neue Kornkammer Zentralasiens sein würde. Er sah selbst die Wiederbelebung Lou Lans als großes zentralasiatisches Handelszentrum voraus, das durch eine Straße und möglicherweise durch eine Eisenbahn verbunden sein würde:

> Als der Fluß und der See etwa 330 n. Chr. ihr Bett verlegten, war die Seidenstraße abgeschnitten, Lou Lan wurde aufgegeben und ver-

gessen. Jetzt hat das Wasser wieder zu seinem alten Lauf zurückgefunden, und vor unseren Augen entfalteten sich neue Aussichten von historischer Bedeutung. Die Dürre, das Schweigen des Todes und das Vergessen hatten diese Region sechzehn Jahrhunderte lang umfangen, aber jetzt wird ihr plötzlich wieder Leben eingehaucht, und es war unserer Expedition vorbehalten, die Glieder der Kette zu verbinden. Hinter uns lagen zweitausend Jahre, in denen der Lop Nur lediglich den Chinesen bekannt war, und vor uns – wir werden schwindelig angesichts der unzähligen noch im Schatten liegenden Jahre, die kommen werden und in denen neue Verkehrsadern – Autostraßen, Eisenbahnen, strategische Straßen – im Herzen Asiens geschaffen werden würden, neue Siedlungen und Städte in dem Wüstengebiet emporwachsen würden, das eintausendsechshundert Jahre lang so arm gewesen war, daß es nicht einmal Skorpione und Eidechsen eine Heimstatt bieten konnte. Nur die Wildkamele waren dann und wann von den salzhaltigen Quellen im Kuruk Tagh aus dorthin gewandert – aber jetzt, da das Wasser zurückkehrt und sich bald die ersten Menschen einstellen werden, müssen diese wandernden Wüstenschiffe mit Bestürzung die Grenzen ihrer alten Freistätte gekappt und verschoben sehen.

Was Hedin nicht voraussehen konnte, war die Entwicklung der Atombombe. Und natürlich auch nicht, daß die Chinesen den Kuruk Tagh und das Gebiet des Lop Nur als nukleares Testgelände auswählen würden. Und ebensowenig, daß aus diesem Grund der Tarim viele Kilometer weiter stromaufwärts außerhalb des Testgebietes für Bewässerungsprojekte aufgestaut werden würde.

1976 trocknete der Kuruk Daria nach seiner kurzen Wiederbelebung nach eintausendsechshundert Jahre langem Schlaf abermals aus. Und so gab es auch keine Wiederbelebung der alten Stadt Lou Lan. Sowohl der neue als auch der alte Lop Nur sind verschwunden, und die Prophezeiung eines grünen Hinterlandes ist zunichte geworden.

Auf den Spuren Sven Hedins fand unsere Expedition den Lop Nur wieder von «Dürre und dem Schweigen des Todes» umfangen. Der Fisch ist lange verschwunden, die Wildschweine sind geflohen. Der Kuruk Daria war völlig trocken, und die Pappeln, die entlang seiner Ufer für die kurze Zeit von fünfzig Jahren gegrünt hatten, waren verwelkt und abgestorben. Es hatte eine totale Rückwendung zu dem Zustand stattgefunden, wie Sven Hedin ihn von seinem ersten Anblick des Flusses zur Jahrhundertwende in Erinnerung gehabt hatte:

Ich rief mir den Anblick des Flußbettes ins Gedächtnis, breit, tief, gewunden, aber ausgetrocknet, mit totem Holz an den Ufern. Die abgestorbenen Bäume standen da wie Grabsteine auf einem Friedhof, grau, gespalten, tot seit tausendsechshundert Jahren und so trocken, als wären sie aus Lehm. Kein Leben, kein einziger Tropfen Wasser im Flußbett, wo einst ein mächtiger Strom floß und der Wüstenwind in den Wipfeln grünbelaubter Pappeln murmelte.

Der einzige Nutznießer dieses geographischen Umschwungs ist jenes geheimnisvolle «wandernde Wüstenschiff», das wilde Zweihöckrige Kamel. Denn wenn die Wüste grün geworden wäre, hätte das Kamel die Flucht ergriffen und es gäbe keinen Bestand von Kamelen mehr in der Gashun Gobi.

Es gibt kein Süßwasser in der Gashun Gobi, nur salzhaltige Quellen. Kein Mensch, nicht einmal die zähen Nomaden, können in diesem völlig kahlen Gebiet von über tausendsiebenhundertfünfzig Quadratkilometern Fläche überleben. Der einzige Bewohner dieses weiten Raumes ist das wilde Zweihöckrige Kamel. Weit entfernt von jeder Möglichkeit des Kontakts mit Hauskamelen und an die Aufnahme von Salzwasser vollkommen angepaßt, wandern die Kamele von Wasserstelle zu Wasserstelle, von denen manche über einhundert Kilometer auseinanderliegen.

Der Abend dämmerte bereits, als wir das Dorf Tikar erreichten, das am äußersten Rand der fruchtbaren Gebiete der Turfansenke liegt. Die untergehende Sonne, ein hellroter Ball, der hinter einem Dunstschleier hing, ließ das Dorf unwirklich und geisterhaft erscheinen. Pferdegezogene Karren klapperten die Schotterstraßen hinunter. Die großen Lehmbauten erweckten den Eindruck von Wohlhabenheit und waren in gutem Zustand. Viele hatten hohe, neu eingebaute, hölzerne Doppeltüren. Die Quelle dieses offensichtlichen Wohlstands, die Weintraube, wuchs überall. Im dunstigen Licht sah man die frischgrünen Blätter der Reben aus kleinen bewässerten Fleckchen im Dorf sprießen. Durch offene Türen sah man sie mitunter auch in den Innenhöfen der Häuser wachsen, die sowohl ihren Besitzern als auch deren Einkommensquelle sehr willkommenen Schatten spendeten. Ein exquisiter, zarter Duft, der von den Blüten der Reben ausging, hing in der dunstigen Abendluft. Der Gegensatz zur toten Gleichförmigkeit der grauen, armseligen Wohnblocks in Urumqi und zu den Umweltgiften, die uns entlang der Hauptstraße, der wir gefolgt waren, umgeben hatte, hätte nicht schärfer sein können.

In Turfan gedeiht Wein aller Art, aber am reichsten gedeiht eine kleine, süße, kernlose Traube. Sie ist auch der beste Exportartikel, und Rosinen aus Turfan werden in ganz Nord- und Zentralchina gegessen. Diese gefeierten Reben werden mit kurzem Rebstamm und sehr langen Rebzweigen kultiviert, die sich in alle Richtungen rund um die Häuser erstrecken und von aufrechten Pfosten gehalten werden.

In der Nähe eines jeden Hauses in Tikar befand sich ein geräumiger Bau aus sonnengetrockneten Lehmziegeln, die so auf Lücke gemauert sind, daß die ganze Wand eine Art Sieb bildet, durch die der Wind streichen kann. Es sind Trocknungshallen, die jedes Jahr nur einige Wochen lang benutzt werden. Während dieser kurzen Zeit stehen sie voller Pfosten mit vielen Querhölzern, an denen Tausende der Trauben hängen. Der Zug der von der Sonne aufgeheizten Luft durch die Wände reicht aus, um die Früchte zu trocknen. Setzte man die Trauben direkt der Sonne aus, würden sie sowohl ihre Farbe als auch ihr Aroma einbüßen. Der gefürchtete, sengend heiße Wind, der durch die Senke weht, ist genau das, was für die Trocknung gebraucht wird, die in einer Woche oder zehn Tagen abgeschlossen ist.

Während der langen Sommermonate ist das Gebiet um Tikar eines der heißesten der Erde; die Temperatur erreicht dort fünfundfünfzig Grad Celsius im Schatten. Zwischen Mai und August ziehen sich viele der Einwohner unter die Erdoberfläche zurück, obwohl sich ihre Häuser durch lange Veranden und großzügige, luftige Räume auszeichnen. In den meisten Innenhöfen befindet sich eine Öffnung, die über eine Treppenflucht zu einer tief in die Erde eingegrabenen Wohnung führt. Diese verfügt über bequeme Räume und einen *kang*, eine erhabene, als Bett oder Sitzgelegenheit benutzte Lehmplattform, die während der frostkalten Wintermonate von unten mit Holzkohle, Holz oder getrocknetem Tierdung beheizt werden kann. Viele Menschen des Ortes essen und schlafen bei sehr heißem Wetter unterirdisch und kommen erst bei Sonnenuntergang nach oben. Diese unterirdischen Wohnungen sind nicht gesund, da sie über unzureichende oder gar keine Belüftung verfügen, und die plötzliche Kälte in einem solchen Erdloch kann, wenn man vorher geschwitzt hat, leicht zu Fieber führen.

Die Uighuren sind seit Jahrhunderten im Norden Xinjiangs ansässig, einem Gebiet, das zu Zeiten Dschingis Khans als Uighuristan bekannt war. Sie sind seßhaft, also keine Nomaden, und betreiben Landwirtschaft, Handwerk und Handel. Sie übertreffen die Chinesen in Xinjiang zahlenmäßig, und die Provinz trägt dieser Tatsache offiziell Rechnung, indem sie dem Uighurischen in der Provinz den gleichen Rang einräumt wie dem Chinesischen und die Provinz als autonome uighurische Region bezeichnet. Die Uighuren partizipieren allerdings nicht zu gleichen Teilen an der politischen Macht. In dem Dorf Aksupe, das wir viel später besuchen sollten, wurde ein junger chinesischer Dorfhauptmann aus fünf Kandidaten gewählt, die allesamt chinesisch und von der Provinzregierung vorgeschlagen worden waren. Der arme Mann sprach kein Wort Uighurisch und kam sich sehr isoliert vor.

In den Tagen Sven Hedins hatten sich die Menschen in der Provinz größerer lokaler Selbständigkeit erfreut und wurden von uighurischen Dorfältesten, *beg* genannt, beaufsichtigt. Zur Zeit halten die Provinz und auch die Zentralregierung ein wachsames Auge auf die Uighuren, damit nicht die neuerdings unabhängig gewordenen Nachbarn Xinjiangs, die aus der ehemaligen Sowjetunion hervorgegangen sind, dem Volk der Uighuren ebenfalls separatistische Ideen in den Kopf setzen. Der islamische Fundamentalismus ist eine weitere machtvolle Kraft im Untergrund, die von den wachsamen Machthabern sorgfältig beobachtet wird.

Tikar – der Name bedeutet übersetzt «letztes Gebet» – ist die letzte menschliche Siedlung vor der Gashun Gobi. Viele ihrer jetzigen uighurischen Einwohner sind in den sechziger Jahren aus dem fünfhundert Kilometer entfernten Sringar, wo damals das nukleare Testgelände entstand, hierher umgesiedelt worden. Zhao hatte Freunde in Tikar, und es war nicht ausgeschlossen, daß darunter auch Nachfahren derjenigen Führer waren, die Sven Hedin in Sringar angeheuert hatte. In der Vergangenheit hatten die Einwohner von Tikar auch Wildkamele gejagt, und ich hätte gerne gewußt, ob sie ihren traditionellen Wintersport inzwischen aufgegeben hatten.

Lao Zhao nahm uns mit zum Haus seines Freundes Torde Ahun. Der dickliche Mann von etwa sechzig Jahren, der eine schwarzweiße, flache Kappe und einen traditionellen uighurischen Umhang trug, bat uns höflich in sein palastartiges Haus. Wir hockten uns auf seinen großen *kang*, der mit bunten Decken aus heimischer Produktion bedeckt war.

«Als ich zum ersten Mal hier war, konnten sie sich nur Strohmatten leisten», sagte Zhao mit einem kehligen Lachen. «Schaut sie euch heute an, sie sind alle sehr reich geworden.»

Kichernd, mit frischen Gesichtern und runden Augen musterten uns Mädchen jeder Größe und jeden Alters in Kopftüchern, langen Kleidern und dicken, heruntergerutschten Strümpfen aus einer Türöffnung heraus. Sie waren hübsch, hätten beinahe Europäerinnen sein können und wären in Mitteleuropa nirgendwo aufgefallen. Sie stachelten sich gegenseitig an, bis sich schließlich die Mutigsten in dunkle Ecken des Raumes vorwagten; ihre heruntergerutschten Strümpfe deuteten an, daß es hier noch einen gewaltigen Markt für Strumpfhalter gab. Sie starrten uns (vor allem mich) an, während wir uns über Hühnchen, Hammel, Reis, gesäuertes Brot und Tomaten hermachten. Mit Eßstäbchen kämpften wir uns durch die verschiedenen Gänge, so gut wir konnten, bis wir uns endlich gesättigt auf den *kang* zum Schlafen ausstreckten.

Am nächsten Morgen fanden wir zu jedermanns Freude heraus, daß es sich bei Torde Ahuns Großvater um Sven Hedins berühmten Führer Ordek handelte. Er war es gewesen, der im März 1900 von Hedin mit einem Pferd in die Wüste geschickt worden war, um dort ihren einzigen Spaten, den sie zurückgelassen hatten, zu holen. Ein Sandsturm brach aus, und Ordek verlor die Orientierung. Und auf seinem Irrweg durch die gewaltige Ödnis westlich des ausgetrockneten Lop Nur traf er auf einen Turm aus Lehm und die Ruinen einer Anzahl von Häusern, in denen sich noch schöne Holzschnitzereien befanden, die halb begraben im Sand lagen. Ordek hatte die alte Stadt Lou Lan gefunden, die vor über eintausendsechshundert Jahren aufgegeben worden war. Irgendwie schaffte er es, zu Hedins Karawane zurückzufinden. Hedin begriff sogleich die Bedeutung von Ordeks Fund und auch den Wert von Ordek selbst, denn später bemerkte er kryptisch: «Er gab nicht auf, bis er den Spaten gefunden hatte.»

Später wurden wir einem Verwandten Tordes namens Sadiq vorgestellt, einem Neffen eines der Fährleute der Expedition von 1934. Sadiq, ein stiller, ernster Muslim, der den Ehrgeiz hatte, eine Pilgerfahrt nach Mekka zu unternehmen, war vollkommen überwältigt, als ich ihm die Fotokopie einer Skizze zeigen konnte, die Hedin von seinem Onkel angefertigt hatte. Dann klopften wir uns lange gegenseitig auf die Schultern, waren ausgelassener Stimmung und machten viele Gruppenfotos.

Sadiq konnte sich aber noch einer anderen Sache rühmen. Er war 1994 mit einer Geldstrafe von zwanzigtausend Yuan (zweitausend

Dollar) belegt worden, weil er in der Gashun Gobi ein Wildkamel geschossen hatte. Später stellte sich dann heraus, daß Zhao, unser Führer, in Tikar als Held galt, weil er 1972 in der Gashun Gobi zwei Kamelfohlen gefangen und lebend aus der Wüste geschafft hatte – eine unglaublich schwierige Sache. Eines dieser Fohlen, ein Hengst, lebt immer noch im Zoo von Beijing. Was, fragte ich mich, hatte dieser Mann sonst noch getan?

Das Zwischenspiel mit den Uighuren von Tikar hatte unsere Abreise verzögert, und es wurde fast Mittag, bevor wir schließlich das Dorf verließen. Sobald es hinter uns lag, änderte sich die Szenerie dramatisch. Wir begaben uns in ein wüstes, leeres Becken grauen Staubs, das sich rasch in völlig totes Gelände von unglaublicher Ödnis verwandelte; ein Gelände, in dem kein Säugetier, kein Vogel, kein Insekt überleben konnte und kein einziges isoliertes Fleckchen mit Pflanzenwuchs mehr zu finden war. Da erst begriff ich die Bedeutung, die das bemerkenswerte Bewässerungssystem *karez* für das uighurische Volk hatte, ohne das in der Turfansenke kein Leben möglich wäre.

Aber obwohl das Staubbecken, das wir durchquerten, völlig frei von permanentem Leben war, hinterließen doch Lastwagen und Traktoren auf ihrem Weg vom Norden nach Süden ihre Spuren dort. Achtzig Kilometer südlich von Tikar wurden zwölf Eisenerzminen betrieben, und von dort fuhren mit Erz beladene Lastwagen nach Turfan zurück. Aber als wir die Minen hinter uns hatten, waren wir in der vollkommen toten Umgebung ganz auf uns selbst gestellt. Wir fuhren Richtung Kuruk Tagh, der die Nordgrenze des Wildkamelgebiets und zugleich des chinesischen Atomwaffentestgeländes bildet.

Nach einer Fahrt von zweihundertsechsundzwanzig Kilometern kamen wir zur Oase Wanwan Quan. Sie war von in der Abendsonne rostrot glühenden Bergen umgeben, dem Katara Tagh oder den Roten Bergen. Wir waren damit wieder im Land der Lebenden angelangt, und bei der Salzquelle der Oase sahen wir sieben Kropfgazellen und sammelten Kameldung ein. Lao Zhao führte uns in ein nahegelegenes Tal, wo wir auf einem steinigen Kamm mitten in einem ausgetrockneten Flußbett unser Lager aufschlugen. Nachdem wir damit gerade fertig waren, tauchten wie aus dem Nichts zu unserer Verwunderung zwei Männer mit einer Schubkarre auf. Offenbar hatten sie tief im Kuruk Tagh illegale Schürfausrüstung bewacht. Vierzig Tage lang hatten sie dort verbracht, in Furcht vor Wölfen und den verlorenen Geistern der Toten, die (wie sie glaubten) die Gobi heimsuchen, bis sie schließlich beinahe verhungert beschlossen hatten, zu den Eisenerzminen zurückzukehren – in der Hoffnung, daß sie von dort aus jemand nach Turfan mitnehmen würde. Einer der Männer hustete, als stände er schon mit einem Bein im Grab, wogegen ich ihm eine Dosis Whisky verabreichte. Als sie sich mit ihrer klapprigen Schubkarre langsam von unserem Lager entfernten, fragte ich mich, wie sie es wohl schaffen wollten, lebend durch das furchtbare Land zu gelangen, das vor ihnen lag.

Der Abend war kalt, und die Nacht wurde noch kälter. Die Temperatur fiel auf minus vier Grad Celsius, und ich zitterte in meinem leichten kenianischen Schlafsack, bis ich, da ich ohnehin nicht schlafen konnte, vor mein Zelt trat. Der Himmel war klar, und in der trockenen Wüstenluft glitzerten von einem Horizont zum anderen unzählige Sterne vor dem samtschwarzen Himmel. Die Milchstraße erschien nicht als weißlicher Dunst wie im Westen, sondern als ein phosphoreszierender Schauer von Myriaden von Sternen. Wüstenreisende entwickeln sich meist zu großen Sternguckern, die, wenn nicht Dunst die Sicht behindert, den Blick von einer niedrigen Horizontlinie zur anderen über den ganzen wolkenlosen Himmel genießen können. Wenn der Mond aufgeht, zeigt sich die Wüste in ihrem hinreißendsten Gewand – die strengen Linien der Felsen und Berge werden weich, und noch über die härtesten Formen legt sich ein subtiler Charme. Der Vollmond kann eine kahle Wildnis in eine Welt der Träume verwandeln. Ich hoffte inständig, daß diese zauberhafte Szene in ihrer zarten Intensität nicht dem Glühen exzessiver Strahlung zu verdanken war.

Das Tor zur Hölle

Einfaches Essen, Wasser als Trank
und der angewinkelte Arm als Kissen –
so mag das Glück kommen.

Chinesisches Sprichwort

«Die Stiefel, Lao Zhao. Das verstehe ich nicht. Warum hat er seine Stiefel hiergelassen?»

Zhao zuckte die Achseln und deutete ein Lächeln an. Wir standen im Versteck eines Jägers, das in eine Sanddüne gegraben und so ausgerichtet war, daß man von dort aus alles sehen mußte, was sich der Salzquelle Karwa Bulag von Westen her näherte. Eine Anzahl gut erkennbarer Kamelwechsel zogen sich nach Westen in die unwirtliche Steinwüste in Richtung mehrerer Gruppen zerklüfteter Hügel hin, die mit vielfarbigen, in der Nachmittagssonne glitzernden Kieseln gesprenkelt waren.

Zhao hatte gerade ein paar Schnürstiefel, Taschenlampenbatterien und eine Peitsche ausgegraben – dazu die Unterkiefer zweier ausgewachsener Wildkamele. Der Ansitz war, wie nur allzu deutlich zu erkennen, ergiebig gewesen.

«Vielleicht hat er so heiße Füße bekommen, daß er seine Stiefel ausziehen mußte», sagte Xiao Yuan lachend.

«Was meinen Sie damit?» fragte ich. «Ich dachte, die Uighuren jagten im Winter.»

Xiao Yuan deutete auf einen Haufen abgebrannter Holzkohle. «Das tun sie, aber erst gräbt der Jäger ein Loch in den Sand, füllt es mit Holzkohle, zündet sie an, bedeckt sie mit einer Metallplatte und legt sich dann mit dem Gewehr zur Hand auf die Lauer, bis ein Kamel aus der Wüste kommt, um zu saufen.»

«Und dann kann er kaum vorbeischießen», sagte ich. «Das Kamel ist ein stehendes Ziel.»

«Natürlich, selbst ich könnte eines erlegen», sagte Xiao Yuan ein wenig zu enthusiastisch.

Ich rief mir noch einmal das kahle Land in Erinnerung, durch das wir vier Tage lang gefahren waren – die trockenen, kahlen, rostfarbenen Hänge des Kuruk Tagh, durchzogen von Schluchten, die wir eine nach der anderen auf unserer ergebnislosen Suche nach Wildkamelen erkundet hatten. Und wieder überkam mich der ernüchternde Gedanke, daß sich dieses Gebiet, die westliche Grenze des Wildkamelvorkommens, nur dreißig Kilometer nordwestlich der Stelle befand, wo China unterirdische Nukleartests durchführte und wo wir nach dem zynischen Ratschlag einiger Witzbolde nach dreihöckrigen Kamelen Ausschau halten könnten. Ich dachte an die scheinbar endlose Weite der kieselübersäten Wüste, die wir auf unserem Weg nach Südwesten durchquert hatten, und an die von Kamelspuren durchzogene, isoliert emporragende Bergkette darin. Ich dachte an die Erregung, die uns alle ergriffen hatte beim Fund einer mit frischem Kamelmist gefüllten Vertiefung im Sand, in der kurz zuvor ein Kamel gerastet haben mußte, und an die folgende fruchtlose sechsstündige Suche nach diesem einsamen umherziehenden Kamelhengst. Meine Gedanken schweiften zu dem Lager, das wir in einer trockenen Schlucht aufgeschlagen hatten, und zu einem anderen auf einem kieselübersäten, rostfarbenen und den kalten Westwinden ausgesetzten Hang. Während all dieser Stunden der Suche zu Fuß oder im Jeep hatten wir nicht eine einzige Wasserstelle, sei sie nun süß oder salzig, zu Gesicht bekommen. Und jetzt, da wir endlich diese schlammige, salzverkrustete Oase inmitten Büschel trockenen Grases und Tamarisken erreicht hatten, stießen wir auf diesen grausamen Beweis für Wilderei.

Ich kehrte Lao Zhao und seiner allzu offenkundigen Anerkennung des Geschicks der Kameljäger den Rücken. Im Sand waren die Spuren eines Eselkarrens deutlich erkennbar; ich folgte ihnen bis zu der

Quelle hin, wo Prof. Yuan in einem Tamariskenstrauch nach Spuren der Wildkamele suchte. Dort blieb ich einen Augenblick stehen und unterdrückte ein Gefühl der Traurigkeit und Verzweiflung, das meine chinesischen Kollegen anscheinend nicht verstehen konnten.

Meine Träumerei fand ein abruptes Ende. Irgend etwas mir feindlich Gesinntes kroch mir am Bein herauf. Als ich zu Boden blickte, sah ich eine Unmenge bedrohlicher Zecken aus allen Richtungen über den salzverkrusteten Sand auf mich zukrabbeln. Als ich mich zurückzog, änderten die Zecken ihren Kurs; sie folgten den Vibrationen, die meine Schritte erzeugten.

Ich lief zurück zu der Sanddüne. Lao Zhao brüllte vor Lachen und deutete beziehungsreich auf seine Leistengegend. Hastig ließ ich meine Hosen fallen und pflückte mir zwei fette Eindringlinge, die sich bereits in Position gebracht hatten, von der Haut – gerade noch rechtzeitig, bevor sie ihre Kiefer in einen warmen, feuchten Teil meines Leibes bohren konnten. Sie waren groß, viel größer als jede andere Zecke, die ich bis dahin gesehen hatte. Verglichen mit der kleinen Pfefferzecke der afrikanischen Ebenen waren sie gewaltig.

«Darum tragen wir das hier», sagte Xiao Yuan und rollte ein Hosenbein auf, um darunter ein Paar wollener langer Unterhosen zum Vorschein zu bringen. «Sowohl Schutz vor Zecken als auch vor der Kälte.»

Lao Zhao hielt eine brennende Zigarette hoch und machte mich wohlgestimmt darauf aufmerksam, daß er mit dem glühenden Ende gern eine Antizeckenoperation vornehmen wolle, falls ich dergleichen benötige.

«Lao Zhao sagt, das gute sei, daß die Zecken sich nur am Salzwasser wohl fühlten und überall sonst in der Gobi nicht überleben könnten. Wäre es anders, brauchten wir alle fünfzig Zigaretten pro Tag.»

Also mußten die armen Kamele auch noch die Zecken ertragen, dachte ich voller Ingrimm. Nach einem Marsch von vielleicht hundert Kilometern, um Wasser aufzunehmen, erreicht ein Kamel schließlich eine wenig appetitanregende Salzquelle. Meist muß es dann auch noch eine harte, salzige Kruste durchbrechen, bevor es den wenig schmackhaften Schlamm aufschlürfen kann. Während es damit beschäftigt ist, ist es einer Invasion blutdurstiger Zecken ausgesetzt, deren Lebenszyklus vom Eintreffen der Kamele abhängig ist. Und wenn das Kamel wirklich einen schlechten Tag hat, wird es erlegt von einem ebenfalls blutdurstigen uighurischen Wilderer, der über einer heißen Wanne mit

Holzkohle in seinem Ansitz lauert. Das ist ein Leben. Die mongolische Gobi mit ihren Süßwasserquellen und ohne Jäger war demgegenüber ein Paradies.

Wir fuhren weiter an niedrigen, aber dennoch bemerkenswerten Hügeln entlang, die im abnehmenden Licht schwarz und tief orangefarben aufstrahlten. Das ganze Gelände um die Hügel herum war mit kleinen Kieseln von ähnlicher Farbe bedeckt. Man findet in der Gobi Steine jeder Farbschattierung: in Pinkrosa, Limonettengrün, Pfirsichfarben, Lila, Dunkelrot und tiefem Pechschwarz, das – von Sonne, Wind und Sand poliert – aussieht wie mit einer Schuhbürste bearbeitet. Eine der auffälligsten Farben vieler Hügel ist Rost; es gibt aber auch hohe, zerklüftete Gipfel in Grüntönen, so daß man sie von weitem für flechtenbewachsen halten könnte. Andere Hügel sind mit Splittern von Weiß überzogen, als habe ein Schneesturm sie wunderbarerweise mit feinem Puderschnee überstäubt. Unter dem hellblauen Himmel hinterlassen diese merkwürdigen Fels- und Steinformationen den Eindruck eines gigantischen, kolorierten Felsgartens.

Am Abend lagerten wir auf einem exponierten und windigen Kamm. Während der Wind um unser schweres weißes Küchenzelt heulte, brachte ich einigen von unserem Team in einer mit dickem Zigarettenrauch geschwängerten Atmosphäre das Pontonspiel bei. Die unter dem Kommunismus lang unterdrückte Spielleidenschaft der Chinesen kam in dieser merkwürdigen Umgebung voll zur Geltung, und die Süßspeisen, die den Einsatz bildeten, wechselten in rascher Folge den Besitzer. In einer Ecke des Zelts saß der Professor, bemühte sich, die Triumph- oder Verzweiflungsrufe der Spieler zu überhören, und summte sich selbst etwas vor, wobei er rhythmisch vorwärts und rückwärts schwankte. In einer anderen Ecke saß Lao Zhao, die Zigarette zwischen Daumen und Zeigefinger, zusammengesunken im Sand und sah dem Spiel mit halbgeschlossenen Augen zu. Nichts würde einen von ihnen dazu bringen können, sich am Spiel zu beteiligen. Mir ging durch den Kopf, daß sie wohl alt genug waren, um an vorderster Front in der Kulturrevolution gekämpft zu haben.

Der Wind frischte auf.

«Es hieß im Radio, daß wir hier einen Sandsturm bekommen würden», sagte Xiao Yuan und raffte seine Gewinne zusammen.

«Wann wird er die Gashun Gobi erreichen?» fragte ich.

«Das ist nicht genau zu sagen», erwiderte Xiao Yuan. «Wir könnten ganz davon verschont bleiben oder bald mittendrin stecken.»

Die rauchgeschwängerte Luft war fast unerträglich geworden. Unser Fahrer Song, der in weißen Handschuhen spielte, rauchte mit Lao Zhao um die Wette. Mein Kopf wurde schwer von all dem Rauch, so daß ich mich zurückzog und die Spieler ihrem Spiel überließ. Die Nacht war finster, die Sterne lagen hinter Wolken und Staub verborgen. Die Klappe meines Zeltes flatterte hin und her. Als ich sah, wieviel Sand und Kieselgrieß meinen Schlafsack und meine anderen Habseligkeiten bedeckte, schalt ich mich selbst einen Dummkopf, mein Zelt nicht ordentlich verschlossen zu haben.

Am nächsten Morgen ging aus dem Gesichtsausdruck des Professors klar hervor, daß sich eine Katastrophe ereignet haben mußte. Er hockte neben dem rechten Hinterrad unseres Lastwagens.

«Was ist denn los, Professor?»

Prof. Yuan erhob sich. «Kommen Sie und sehen Sie es sich an», sagte er. «Ein paar Blätter der Feder des Lastwagens sind gebrochen.»

Er hatte recht. Drei der Federblätter über dem rechten Teil der Hinterachse waren gesprungen.

«Wenn die anderen Blätter ebenfalls brechen, wird der Lastwagen umkippen», fuhr der Professor fort. «Und wenn das geschieht, dann stecken wir in der Klemme.»

Eine schwere Klemme in der Tat. Wir hatten noch nicht die Hälfte der Strecke zurückgelegt, die uns tief in die Gashun Gobi führen sollte, und waren bereits über einhundertfünfzig Kilometer von jeder menschlichen Siedlung entfernt. Die Chinesen hockten sich zusammen und debattierten erregt. Die Stimmen wurden lauter. Einwände wurden zum Schweigen gebracht. Einmal schrie man sich sogar an.

Die Debatte hatte, soviel war erkennbar, zu keinem Ergebnis geführt. Der Professor kam zu mir und sagte: «Wir möchten, daß Sie entscheiden. Wir haben die Situation miteinander besprochen, kommen aber zu keiner Entscheidung. Unser Fahrer Song will zurückfahren, und unser Fahrer Xiao Kegang will weiterfahren.»

«Was meinen Sie denn, was wir tun sollten, Professor?» fragte ich.

Der Professor runzelte die Stirn. «Ich meine, daß wir Sie fragen sollten, um zu einer Entscheidung zu gelangen.»

Es war wirklich eine wichtige Entscheidung. Ich kannte grob die Entfernung, die wir zurückfahren mußten, um nach Tikar zu gelangen, aber ich hatte keine Vorstellung, wieviel weglose Wüste noch vor uns lag, und auch nicht, welche Verhältnisse wir dort antreffen würden.

«Sind wir denn etwa auf halbem Wege?» fragte ich.

«Nein, so weit werden wir erst in zwei Tagen sein», erwiderte er. «Die Wüste wird immer übler. Wir haben noch fast tausend Kilometer vor uns, bevor wir die Straße zur Oase Dun Huang erreichen.»

«Ist es möglich, die Feder zu reparieren?»

Der Professor rief den Fahrer des Lastwagens, Herrn Xiao, herbei, der mit schwerem Draht und einer Eisenstange beladen an uns herantrat.

«Wir können versuchen, die Feder damit zu reparieren», sagte der Professor.

Ich atmete tief durch. Nachdem ich schon so weit gekommen war, wie konnte ich da umkehren?

«Dann lassen Sie uns den Lastwagen reparieren und weiterfahren», sagte ich.

«Es ist ein großes Risiko. Auf dem Lastwagen befinden sich all unsere Nahrungsmittel, unser gesamtes Wasser und Benzin. Wenn er nicht mehr weiterkann, können wir auch nicht mehr weiter.»

«Könnte man vielleicht den Jeep alleine losschicken, um Hilfe zu holen?»

«Herr Song ist nicht verläßlich.»

Ich sah ihn an. «Sie haben um eine Entscheidung gebeten», sagte ich.

Über zwei Stunden lang hämmerte der Fahrer Xiao auf das Ende der Eisenstange ein, um sie zur Verstärkung zwischen die gebrochenen und die noch intakten Federblätter zu zwängen. Danach band er alles sorgfältig mit dem Draht zusammen. Als er zum Schluß mit seinem Werk zufrieden war, wandte er sich an den Professor und nickte.

«Wir fahren», sagte der Professor. Wir luden die restliche Ausrüstung auf und stiegen dann selbst ein.

Unser Weg führte uns ins Zentrum der Gashun Gobi, das etwa zweihundertfünfzig Kilometer von jeder menschlichen Siedlung entfernt liegt und wegen dieser Abgeschiedenheit für potentielle Jäger uninteressant ist. In der Nähe waren im Juli 1990 auch die fünf Schürfer mit ihrem Fahrzeug verschwunden. Auf einer wüsten, mit kohlschwarzen Kieseln bedeckten Ebene, die von blaugesäumten Bergen umgeben war, zeigte der Fahrer Song auf etwas, das etwa einen halben Kilometer entfernt ungewöhnlich hell glänzte. Als wir es erreichten, stellte sich heraus, daß es sich um die Reste einer Raumkapsel handelte. Sie war limonengrün lackiert, maß knapp zwei Meter in der Höhe und bestand aus unglaublich hartem Metall; ihr Äußeres war senkrecht gefurcht.

«Da drüben ist noch mehr!» rief Xiao Yuan.

Wir fanden schnell heraus, daß die Wüste hier voller Weltraumschrott lag. Aber Lao Zhao hatte bereits etwas anderes entdeckt, ein etwa fünf Meter langes, rundes Schwermetallrohr.

«Genau das brauche ich, um mein altes Ofenrohr in Urumqi zu ersetzen», sagte Lao Zhao und schleppte es zum Fahrer, damit der es oben auf unserem provisorisch reparierten Lastwagen festband. Außerdem banden wir ein zwei Meter langes schiefes Metallteil an die Seite unseres Lastwagens – für den Fall, daß wir noch eine «Ersatz»-Feder brauchten. Ich schraubte mir ein Metallstück von der Kapsel als Andenken ab. Unglücklicherweise landete es letzten Endes auf der Müllkippe der Gemeinde Ashford, nachdem einer meiner Freunde es im Dunkeln glühen zu sehen meinte.

Die Reste der Rakete, zu der es gehörte, lagen in einer Wildnis von unvorstellbarer Verlassenheit verstreut. Nichts, was ich früher in der mongolischen Gobi oder wir bei unserer Anreise durch die Gashun Gobi gesehen hatten, konnte sich damit auch nur entfernt vergleichen. Ein Reich des Todes umgab uns; kein Tier, keine einzige Spur, nicht einmal der Schädel irgendeines alten Wildkamels, das sich hierhergeschleppt hatte, um in Einsamkeit zu sterben. Gelegentlich sahen wir in irgendeiner Rinne ein vertrocknetes Grasbüschel. Bruchstücke pechschwarzen Schiefertons überzogen die Hügel in der Umgebung. Sie waren scharf, und bei dem Versuch, einige der höheren Gipfel zu besteigen, rutschten wir, glitten aus und rissen uns Hände und Kleider auf. Der Wind frischte auf, so daß wir gezwungen waren, uns mit einer Hand an den scharfrandigen Felsen festzuhalten, während wir mit der anderen unsere Feldstecher oder Spektive festhielten. Tief, tief unter uns breitete sich wie ein gigantischer Irrgarten eine vergessene, in Unordnung geratene und blaßblau angehauchte Welt aus. Es gab keine Fahrzeugspuren, die darauf hingedeutet hätten, daß andere je dieses Gebiet durchquert hatten. Hier und da glänzten zerbrochene Scherben von Weltraumschrott in der Sonne, einer Sonne, die ständig genau über uns zu stehen schien. Es gab keinen Schatten. An einer Stelle fanden wir etwas alten Kamelmist auf dem Boden, ausgetrocknet, hart und von der sengenden Wüstensonne zu einem schmutzigen Grau ausgebleicht.

«Der ist mehr als vier Jahre alt», sagte Lao Zhao grimmig.

Was hatte diese Wildkamele bewegt, sich in die Hölle selbst zu begeben? Auf viele Kilometer gab es kein Wasser. Zum Glück für uns hatten sich die Höllentore an einem ruhigen Tag geöffnet. Wenn der gefürchtete, heulende Wüstensturm den Schmelzofen auch noch anheizte und den Sand, den Ton durch Rinnen und Schluchten und um die Hügel wirbelte, um ein scheinbar endloses Inferno zu schaffen, dann konnte hier nichts überleben, nicht einmal das geheimnisvolle, geisterhafte Wildkamel.

Wir kehrten zu unseren Fahrzeugen zurück und fuhren achtzig Kilometer weiter, bis wir eine Salzquelle erreichten, wo wir unser Lager aufschlugen. Lao Zhao drängte darauf, daß wir eine kleinere Quelle in ungefähr fünfzehn Kilometer Entfernung besuchten, wo, so war er sich sicher, wir mit unserer Suche bestimmt Erfolg haben würden. Also brachen der Professor, Xiao Yuan und ich zusammen mit Lao Zhao zu einer abendlichen Erkundungsfahrt im Jeep auf. Allerdings war, wie sich herausstellte, die Quelle völlig ausgetrocknet. Neben den unverwechselbaren Spuren eines Kamels, die erkennen ließen, daß es hier vergebens nach Wasser gesucht hatte, gab es keine Anzeichen der Gegenwart von Kamelen in jüngerer Zeit. Eine ziehende Schwalbe, die vielleicht von dem Sandsturm hierher verfrachtet worden war, lag verkrustet im trockenen Salz. Nur ein Tamariskenstrauch, dessen hell purpurfarbene Blütenstände sich verzweifelt zu blühen bemühten, deutete in dieser windgepeitschten Arena der Trostlosigkeit auf etwas Leben hin. Lao Zhao wurde langsam nervös, weil der Erfolg ausblieb, und bestand darauf, mit uns eine weitere Salzquelle zu suchen, die er 1985 zuletzt besucht hatte. Wir verloren die Orientierung, landeten schließlich auf einer endlosen Fläche getrockneten, aufgerissenen Schlamms, verliefen uns noch einmal und fanden erst lange nach Einbruch der Dunkelheit in unser Lager zurück. Lao Zhao kam zu dem bitteren Schluß, daß das gesamte Gebiet infolge der Trockenlegung des Lop Nur immer trockener wurde. Die Quelle, die wir nicht gefunden hatten, war auf unseren Satellitenkarten von 1991 noch klar zu erkennen. In den vier Jahren seither mußte sie verschwunden sein.

Während unserer hoffnungslosen Suche sah ich meinen ersten *yardang*, diese Überbleibsel alter Sedimente, die sich einstmals auf dem Grund von Seen oder Meeresbuchten abgelagert hatten. Sie werden im Verlauf zahlloser Jahrtausende durch die erosiven Kräfte der Winde und Stürme freigelegt. Dabei entstehen hohe, freistehende Säulen geschichteten Sediments, die merkwürdige und wunderbare Formen bilden, manche Wachtürmen oder Pagoden nicht unähnlich, andere, die wie der Tisch eines Riesen wirken, wieder andere, wie in unserem Fall, die schräg überhängen, geneigt wie der Turm von Pisa und dazu verurteilt, scheinbar auf die gerissenen Schlammflächen zu ihren Füßen zu stürzen.

In jener Nacht kam der lang vorhergesagte Sandsturm endlich über uns. Als die Windstärke zunahm, gaben die Chinesen widerstrebend die zeitraubende Prozedur auf, ihre Nudeln frisch zuzubereiten, und nahmen statt dessen mit unseren Trockenrationen für den Notfall vorlieb. Diese reicherten wir mit kochendem Wasser an und schlürften sie dann zu kleingeschnittenem, gepfeffertem Eselfleisch. Nach einem Zug aus der *maotai*-Flasche rannten wir aus der Wärme unseres Küchenzeltes in den heulenden Sturm hinaus, um die Befestigung unserer Zelte zu überprüfen. Als ich später in meinem Zelt lag, hatte ich den Eindruck, der Sturm der Stärke sieben, der über Hunderte von Kilometern Wüste hinwegfegte, tobe all seine Energie auf den wenigen Quadratmetern Stoff meines Zeltes aus. Das anfänglich wilde Schlagen war nur die Ouvertüre zu einem großen Chor, und als trotz der vorsichtshalber zur Verstärkung der Zeltbefestigung aufgehäuften Steinhaufen die Leinen an einer Seite des Zeltes plötzlich freikamen, verwandelte sich die relative Ordnung darin blitzartig in ein unüberblickbares Chaos.

Alles wurde von losen Leinwandenden durchgeprügelt, und alles war voller Staub. Meine chinesischen Kollegen hatten natürlich mit den gleichen Problemen zu kämpfen. Und niemand von uns konnte seine arg gebeutelte Festung verlassen, um einem anderen zu helfen. Jeder war in dieser tobenden Masse von feinem Kies und Sand auf sich selbst gestellt. Nachdem ich mich vergewissert hatte, daß Messer und Taschenlampe in Reichweite lagen, hüllte ich meinen Kopf in ein großes Tuch – ein kümmerlicher Versuch, mir den Staub aus den Augen, den Ohren, aus Nase und Mund zu halten –, zog den Schlafsack fest um mich zusammen, zog die Knie an und harrte der Dinge, die da kommen sollten. Der volle frontale Angriff hielt die ganze, sehr kalte Nacht über an, aber bei Tagesanbruch ließ der Wind nach, und im dunstigen Licht des frühen Morgens sah ich, daß das Zelt des Professors verschwunden war, er selbst lag zusammengerollt in der Kabine des Lastwagens. Lao Zhao war noch unter einer chaotischen Masse zerrissener und wild schlagender Zeltbahnen begraben. Einer nach dem anderen tauchten wir auf, bis zur Unkenntlichkeit grau von Staub; wir spuckten aus, wir räusperten uns, wir husteten. Alle, außer Lao Zhao, der unter den wogenden Fetzen zerrissenen Tuchs und verdrehten Metalls weiterschnarchte.

Wir hatten Glück. Der Sturm hatte keine achtundvierzig Stunden gedauert; es war ein *sarik-buran* gewesen, ein gelber Sandsturm, und nicht der gefürchtete schwarze, der eine noch furchtbarere Erfahrung sein kann.

Am nächsten Morgen erstarb der Wind. Am Horizont erhob sich eine schlanke Spirale von Sand, wurde umhergewirbelt, glitt über den Boden und löste sich dann himmelwärts auf. Dann erwachte der Wüstenboden plötzlich überall zum Leben, und ringsum entsprangen diese «Staubteufel», in denen Sand und Steine spiralig nach oben gesaugt werden. Man hat bei diesen umherwirbelnden Säulen von Sand den Eindruck eines unsichtbaren Wesens, das sich hinter einer Schicht von Staub versteckt. Manche dieser Spiralen drehen sich links-, andere rechtsherum. In Zentralasien – ebenso wie in Afrika – glauben viele Menschen, daß in den Staubteufeln verlorene Seelen wohnen, ewig rastlose Geister, die die Wüste in ihrer verzweifelten Suche nach Ruhe und Seelenfrieden aufwühlen.

«Das da ist der Mann, und das andere ist die Frau», sagte Xiao Yuan lachend und zeigte auf zwei Staubteufel, die miteinander zu tanzen schienen und sich immer wieder umeinander drehten. «Man kann sie daran unterscheiden, wie sie ihr Staubkleid um sich schlagen, rechts- oder linksherum.» Das «Paar» bewegte sich auf uns zu, bog aber glücklicherweise seitwärts ab, bevor es allzu nahe kam.

Wir brachen unser Lager ab und fuhren weiter. Ich lernte, daß die Straße aus der Hölle heraus mit rotem Schiefer «gepflastert» ist. Sie führt sechzig Kilometer weit, bis sie auf die mittlere Seidenstraße trifft, die seit dem Pendelumschwung des Lop Nur vor tausendsechshundert Jahren nicht mehr benutzt wird und inzwischen unbrauchbar geworden ist.

Obwohl die Seidenstraße der Seidenherstellung und -verarbeitung in China ihren Namen verdankt, gelangten Informationen darüber nur sehr zögernd in den Westen. «Die seidenwebende Ceres» war die Bezeichnung, unter der man in Rom von China sprach, aber die Kunst der Seidenherstellung blieb außerhalb Chinas unbekannt, bis eine chinesische Prinzessin, die in das Königreich Khotan südwestlich des Lop Nur verheiratet wurde, einige Seidenwurmeier in ihrer Frisur versteckt mitbrachte und daraus in Khotan, wo es einen reichen Bestand von Maulbeerbäumen gibt, Seidenraupen züchtete. So wurde das Geheimnis der chinesischen Seide enthüllt, und Khotan wurde das Zentrum der zentralasiatischen Seidenindustrie. Die mittlere Seidenstraße, die nördlich des Lop Nur entlang und durch Lou Lan führte, entwickelte sich zu einer belebten Handelsstraße. Seidenstoffe wurden von Kaufleuten und Adligen hochgeschätzt, weil sich darin keine Läuse festsetzten oder ihre Eier legen konnten. Wolle, Baumwolle, Filz oder Samt waren potentielle Brutstätten für Läuse. Ich fragte mich, ob seidene Unterhosen die monströsen Zecken wohl beeindruckt hätten.

Schließlich erreichten wir die südwestliche Küstenlinie des Lop Nur. Das Bett des Sees dehnte sich vor uns bis zum Horizont aus, bedeckt mit endlosen Wellen von *shor*, einem Salzschlamm, der im ausgetrockneten Zustand ziegelhart wird und sich in einzelnen Rücken und Kämmen durchschnittlich einen Meter hoch emporschiebt. Selbst ein allradgetriebener Wagen wird in dem übelriechenden Treibsand von Schlamm schnell stillstehen und darin versinken. Die Kämme und Rücken, die vom *shor* geformt werden, bestehen aus Salz und Lehm. Sie haben eine gewisse Ähnlichkeit mit einem erst tiefgepflügten und dann überfrorenen Acker. Es sollte noch ein Jahr dauern, bis wir selbst die gräßlichen Risiken vor Augen geführt bekamen, die jeder Versuch, eine Fläche von *shor* zu durchqueren, zur Folge haben muß.

Im Dezember 1930, als zwei Mitglieder von Sven Hedins Expedition – der Schwede Nils Horner und sein chinesischer Assistent Herr Chen – die Stelle erreichten, an der wir jetzt standen, hatten sie einen starken Anreiz weiterzugehen. Sie wußten, daß am anderen Ende des gewaltigen Sees, der jetzt mit *shor* gefüllt war, das Frischwasser des sich neu bildenden Lop Nur plätscherte und hinter jener Küste die geheimnisvolle Stadt Lou Lan lag. Sie waren seit vierzehn Tagen unterwegs, ohne frisches Wasser zu finden, so daß der Wunsch weiterzugehen geradezu überwältigend wurde:

> Am 8. Dezember 1930 [...] brachen wir von der Stelle auf, die einst ein in den See hineinreichender Landvorsprung gewesen war, und machten uns auf den Weg über die trockene, harte, holprige Salzkruste des alten, großen Lop Nur. Obwohl der Grund unter unseren Füßen hart, trocken und fest war, hatten wir dennoch das Gefühl, uns auf See zu begeben. Wir folgten einem west-nordwestlichen Kurs, der uns nach Lou Lan führen sollte, der Ruinenstadt; allerdings mußten wir damit rechnen, auf unserem Weg auf Hindernisse zu stoßen – das Wasser des neuen Sees. Aber der neue See war genau das,

was wir suchten und unbedingt erreichen wollten. Alles war immer noch so hoffnungslos trocken, wie nur etwas sein kann – steinhartes Salz. Wie auf See hatten wir nur den Kompaß, um unsere Richtung zu bestimmen; irgendwelche Orientierungsmarken gab es nicht.

Wir konnten natürlich ebenfalls zu Fuß über dieses wüste Land marschieren, nur mit dem Kompaß als Orientierungshilfe, aber wir wußten, daß es für uns das Süßwasser, nach dem Horner gesucht und das er so dringend benötigt hatte, nicht geben würde. Fünfundsechzig Jahre nach Horners Marsch war der Lop Nur trocken.

Wir ließen die Küste des Lop Nur hinter uns und befanden uns unmittelbar in der großen Wüstenebene Da Ping Tai, einem konturenlosen Ödland, das mit schwarzen Kieseln bedeckt war und über das unser Weg uns schließlich zu einem weiteren *shor*-See führte. Dort hatte man in den neunziger Jahren versucht, Salz zu gewinnen. Wir lagerten für die Nacht an einer Salzquelle, die gnädigerweise der Aufmerksamkeit der Salzarbeiter entgangen war. Über der weißen Salzkruste schoß ein Paar Schafstelzen *(Motacilla flava)* dahin, und später am Abend mußten wir Lao Zhao davon zurückhalten, Jagd auf einen Trupp Steppenflughühner *(Syrrhaptes paradoxus)* zu machen.

Die Nacht wurde sehr kalt, die Temperatur fiel auf minus sieben Grad Celsius. Das Wasser in der Salzquelle gefror, und auch die Borsten meines Rasierpinsels waren steifgefroren. Die ganze Nacht über kam ich in meinem Schlafsack aus dem Zittern nicht heraus. Das einzig Heiße an mir war meine Leiste, da eine Zecke beschlossen hatte, dort ihr Lager aufzuschlagen.

Am nächsten Morgen fuhren wir, nachdem wir unsere steifen Glieder aufgetaut hatten, weiter ins Aqike-Tal, das das Akademiemitglied Sokolow 1958 als das Zentrum des Wildkamelgebiets bezeichnet hatte. Eine kleine Bergkette, die sich von Ost nach West zieht, schirmt dieses Tal nach Norden hin vom Lop Nur ab, und im Süden verhindert der Kum Tagh, eine nicht zu unterschätzende, fünfhundert Kilometer lange Barriere von Sanddünen, die Wildkamele der Gashun Gobi daran, sich mit ihren Vettern aus der Wüste Lop zu vermischen. Es ist die Lage dieser Sandberge, die dazu geführt hat, daß die Kamele in der Gashun Gobi ein genetisch reiner Bestand geblieben sind.

Wir lagerten bei Shang Shi Chan (Süßwasserquelle), der ersten Wasserstelle mit Süßwasser seit sieben Reisetagen. Vor zweitausend Jahren war diese Quelle eine wichtige Wasserstelle der mittleren Seidenstraße gewesen und hatte bis zu tausend Männern samt ihren Kamelen und Pferden ausreichend Wasser gespendet. Heute dient sie als Wasserversorgungsstelle für Männer, deren Tun – Wilderei und illegale Goldsuche – für die Wildkamele verhängnisvoll ist. Wir fanden in der Nähe der Quelle wieder ein verendetes Wildkamel und den unvermeidlichen Ansitz eines Jägers. Die Quelle war zu weit entfernt, um für die Jäger von Tikar noch von Interesse zu sein. Sie würden sich in ihren Eselskarren niemals so weit nach Süden vorwagen. Die Jäger hier müssen von der Oase Dun Huang im Osten gekommen sein. Das war eine neue und beängstigende Entwicklung.

Der Wind frischte wieder auf Sturmstärke auf, als wir ein weiteres Wasserloch erreichten, an dem Lao Zhao einige Jahre zuvor ein Wildkamel erlegt hatte. Er zeigte uns mit einem besorgniserregenden Grad von Begeisterung seinen damaligen Ansitz. Gelegentlich fragte ich mich, ob dieser alte Wilderer wirklich der pflichttreue Wildhüter war, der zu sein er vorgab. Ein paar graue, eisenharte Kothaufen deuteten auf die Anwesenheit von Kamelen hin, aber sie waren älteren Datums. Nach fünfzig Kilometern erreichten wir wiederum eine Wasserstelle, Chang Bai Shan (die langen weißen Berge). Inzwischen tobte ein ausgewachsener Sturm. Wir schlugen hastig unser Lager auf und sahen zu unserem nicht geringen Schrecken, daß zwei weitere Federblätter über dem rechten Hinterrad des Lastwagens gesprungen waren. Jetzt war nur noch eine intakt. Und was noch furchtbarer war: Auch auf der linken hinteren Seite waren zwei der Federblätter gebrochen. Fahrer Xiao reparierte die Federn notdürftig mit Metallteilen von der Weltraumrakete, aber wir alle wußten, daß der Wagen mit seinen defekten Federn auf beiden Seiten nur allzu leicht umstürzen konnte.

Der Sturm schikanierte die Zelte die ganze Nacht über mit Sand und feinem Kies. Am nächsten Tag betrug die Sicht unter einhundert Meter. Wir quälten uns durch den Staub- und Sandnebel über eine teigartige Oberfläche grauen salzigen Schlamms zu einer zweiten Salzquelle vor. Diese war ebenfalls ausgetrocknet. Inzwischen kochte das Kühlwasser des Jeeps alle zwanzig Minuten, so daß wir jedesmal anhalten, Wasser nachgießen, den Motor dem Wind aussetzen und ihn abkühlen lassen mußten. Während der letzten paar Tage und während wir uns immer weiter von jeglicher Zivilisation entfernten, war das zunehmend rebellische Verhalten des Fahrers Song langsam zum Problem geworden. Wie die Maschine drohte er ständig überzukochen. Während der immer häufigeren Stops, machte er durch Vorführungen ausgesuchter Gereiztheit eindeutig klar, was er von der Expedition, seinen Mitreisenden, der Gobi und nicht zuletzt den Wildkamelen hielt. Das erwies sich als sehr ermüdend.

Lao Zhao dagegen schien zunehmend niedergeschlagen. «Die Kamele haben sich davongemacht», sagte er verdrießlich und sog den Rauch seiner Zigarette tief ein. Er hatte das Gefühl, als Führer der Expedition rapide das Gesicht zu verlieren.

Am nächsten Tag ließen der Professor und ich den Lastwagen im Lager und fuhren mit dem Jeep – am Steuer dessen säuerlicher, bockiger Fahrer – in das Aqike-Tal. Im Norden des Tales waren deutlich Spuren illegaler Schürfer zu sehen, die – ermutigt durch die Lockerungen der Regeln, die solche Aktivitäten unterbanden – dort nach Gold gesucht hatten. Wir fanden zwei illegale Minen; eine davon verfügte sogar über eine tiefe und eigens zu dem Zweck angelegte Grube, das Wasser aufzunehmen, das man mit Lastwagen herschaffte. Im letzten Jahr war ein Wildkamel in diese Grube gestürzt und ertrunken.

Wir näherten uns dem Punkt, an dem es für uns kein Weiterkommen mehr gab. Hinter einem zwanzig Kilometer breiten See furchteinflößenden *shors* glänzten die Sanddünnen des Kum Tagh und kündeten nichts Gutes an. Sowohl der Professor als auch ich hätten den See gern überquert, aber nicht in so weiter Entfernung von unserem Versorgungsfahrzeug und auch nicht mit einem so unberechenbaren Fahrer am Steuer. Wir fuhren den gleichen Weg, den wir gekommen waren, wieder zum Lager zurück, fest entschlossen, eines Tages hierher zurückzukehren und dieses *shor* zu überqueren. Am nächsten Morgen brachen wir früh unser Lager ab und machten uns langsam auf den Weg nach Osten zur Oase Dun Huang. Wir hatten noch fast dreihundert Kilometer über die pfadlose Gobi vor uns, und der Zustand der Federn des Lastwagens beschäftigte uns alle ständig. Nachdem wir langsam die nächste mit schwarzen und weißen Kieseln übersäte Ebene durchquert hatten, zeichnete sich eine weitere Barriere von Sanddünen ab, die sich von Nord nach Süd erstreckt und die östliche Grenze des Kamelgebiets darstellt. Wir hatten ihr Verbreitungsgebiet jetzt von Nordwesten nach Südosten durchquert. Wir hatten gesehen, daß sie konstantem Druck durch Jäger und Schürfer ausgesetzt waren, aber kaum Anzeichen ihrer unmittelbaren Gegenwart gefunden. Und was noch ärgerlicher war, wir hatten kein einziges lebendiges Tier gesehen.

In den frühen dreißiger Jahren hatten diese von Nord nach Süd verlaufenden Sanddünen für Sven Hedin eine undurchdringliche Barriere dargestellt, als er mit seiner Expedition in zwei Fords versucht hatte, Lop Nur von Osten aus zu erreichen; er war gezwungen gewesen, den Versuch abzubrechen. Wir hatten mehr Glück. Lao Zhao kannte die genaue Lage der einzigen Lücke in der 150 Kilometer langen Dünenkette. Nachdem wir durch diese Bresche gestoßen und eine weitere Stunde gefahren waren, erreichten wir die Teufelsstadt, die ihren Namen zu Recht trug. Unzählige *yardangs*, die einem gewaltigen Muster großer und kleiner Bauten ähnelten, lagen wie in einem regelmäßigen «Straßengitter» vor uns. Der Fahrer Song brachte eilig sein Schutzamulett gegen Teufel an, ein hellrotes Staubtuch, das er an der Antenne seines Jeeps festband.

Drei weitere Stunden ging es durch die hier völlig kahle Gobi.

«He, was machen Sie da?» rief ich, als ich sah, daß Lao Zhao plötzlich hinten im Jeep nach seinem Gewehr suchte.

Lao Zhao rief dem Fahrer Song etwas zu, der das Tempo drosselte.

«Dort, sehen Sie dort», sagte Xiao Yuan und ergriff meinen Arm. Ich blickte in die von ihm gewiesene Richtung und sah zwei Kropfgazellen bei ein paar Grasbüscheln ungefähr fünfundsiebzig Meter von uns entfernt.

«Nein, Lao Zhao», rief ich, als er mit dem Gewehr in der Hand aus dem Jeep stieg.

«Lao Zhao sagt, es mache hier nichts. Wir sind jetzt nicht mehr im Kamelgebiet», sagte Xiao Yuan.

«Und wenn wir nicht mehr in der Provinz Xinjiang wären», brüllte ich. «Die Kropfgazelle ist eine geschützte Art, und wir sind allem Anschein nach Naturschützer. Halten Sie ihn auf, Professor.»

Der Professor schritt ein. Lao Zhao ließ sein Gewehr sinken und stieg wieder in den Jeep. Er war zwar ein ausgezeichneter Führer, aber ich fragte mich doch, ob er jemals etwas anderes sein würde als ein leidenschaftlicher Jäger. Zwei Jahre später wiederholte sich die gleiche Szene mit einer anderen Gazelle in der Nähe des Arjin Shan. Nur daß Zhao diesmal abdrückte und ich einen Wutanfall bekam. Der Zwischenfall führte dazu, daß der Professor eine «Selbstkritik» kommunistischer Manier einberief, während deren der alte Schurke öffentlich seine Missetat eingestand. Aber ich kann mir nicht vorstellen, daß seine Verwandlung in einen Naturschützer lange angehalten hat.

Wir erreichten einen Fluß, den Shule He. Der Shule He, der von einer unterirdischen Süßwasserquelle gespeist wird, ermöglicht das Leben in der Oase Dun Huang und den diese umgebenden Siedlungen, bevor er sich in der Wüste verliert. Der Anblick klaren, frischen, fließenden Wassers nach der Durchquerung der kahlen Ödnis war für uns so umwerfend, daß wir alle unsere Kleider abwarfen und im Wasser planschten wie Kinder bei einem Ausflug an die See. Alle außer dem Fahrer Song, der sich nur das Gesicht wusch, die Socken und seinen Jeep.

«Dies hier ist Houken», sagte der Professor und deutete auf einige verfallene Lehmziegelbauten hin, um die herum noch tote Pappeln emporragten. Das ganze war einige Kilometer vom Fluß entfernt. «Hier haben früher immer einige Viehhirten gehaust, aber jetzt ist alles verlassen. Niemand lebt mehr hier.»

Aber damit lag der Professor falsch. Als wir aus dem Jeep stiegen, um die Ruinen von Houken zu besichtigen, kamen zwei schmutzige Hunde auf uns zugerannt.

«He, he, he», rief eine Stimme, und ein Riese von einem Mann in fadenscheinigem blauem Mao-Anzug trat aus einem baufälligen Haus hervor und kam zu uns herüber. Sein flaches, rundes Gesicht war von Wind und Sonne beinahe schwarz, und die dunkle Gesichtsfarbe wurde durch einen großzügigen Schopf schneeweißen Haars darüber noch zusätzlich betont. Als er begriff, daß ich ein rundäugiger Ausländer war, starrte er mich einen Augenblick lang ungläubig an und packte mich dann mit kraftvollen Fingern am Arm. Von Gefühlen erschüttert, hob er in leidenschaftlichem Ton an, seine Geschichte zu erzählen.

«Ich bin dreiundfünfzig Jahre alt», sagte er und stieß mir mit dem Zeigefinger auf die Brust. «Ich bin hier, seit ich fünfundzwanzig bin.» Seine unendlich traurigen Augen suchten meinen Blick. «Können Sie sich das vorstellen? Achtundzwanzig Jahre lang habe ich hier zugebracht, ohne Frau, ohne Familie.»

«Warum haben Sie sich entschlossen, hier zu bleiben?» fragte ich unschuldig – Xiao Yuan dolmetschte. «Es muß hier sehr einsam für Sie sein. Warum bringen Sie nicht auch Ihre Frau her?»

«Entschlossen! Entschlossen! Ich hatte keine Wahl», erwiderte er und straffte den Griff um meinen Arm. «Ich habe ein Verbrechen begangen», sagte er mit kehligem Lachen. «Mein Verbrechen bestand darin, daß mein Vater in Dun Huang Grundbesitzer war. Dafür hat China mich aus seinem Maul ausgespien.»

Ich wandte mich an Xiao Yuan. «Ist er wirklich gezwungen worden, hier am Rand der Wüste all die Jahre lang allein und ohne Familie zu leben?»

Xiao Yuan bestätigte, daß dem so sei.

«Ich habe nichts Böses getan. Überhaupt nichts Böses», sagte der alte Mann. «Ich war ein guter Kommunist. Ich habe die Partei unterstützt. Ich ...»

Der Professor verlor das Interesse und machte sich davon. Herr Li begab sich auf die Suche nach der begehrten Lakritze *(Glycyrrhiza glabra)*, welche, wie man ihm gesagt hatte, hier irgendwo wachsen solle. Lao Zhao lehnte am Jeep und betrachtete den alten Mann mit einem vergnügten Lächeln auf dem Gesicht. Der Fahrer Song starrte in den Seitenspiegel und begann, ein unerwünschtes Barthaar von seinem Kinn zu entfernen.

«Ich war der einzige Sohn meines Vates», fuhr der Verbannte fort. «Und hatte nichts getan, um die Machthaber gegen mich aufzubringen. Sie haben meinen Vater abgeholt und mich dann gezwungen, hier draußen zu leben.» Seine Augen wurden feucht. «Ich habe meinen Vater nie wiedergesehen. Zuerst war ich nicht vollkommen allein; andere, deren Väter in Dun Huang ebenfalls wichtig gewesen waren, wurden mit mir hergeschickt. Aber sie sind alle gestorben. Ich bin der einzige, der noch übrig ist, zusammen mit meinen Schafen, meinen Ziegen und dem gesegneten Wasser des Shule He.»

Er sah mich nachdenklich an, wollte verstanden werden. «Seit Jahren habe ich niemanden gesehen», schloß er mit einem grimmigen Lachen. «Ich bin einer der Vergessenen.» Sein Blick wurde noch intensiver. «Können Sie sich das vorstellen, Ausländer? Aber die Dinge bessern sich. Ich darf jetzt einmal alle zwei Monate in Dun Huang die wenigen noch übriggebliebenen Angehörigen besuchen, die sich an mich noch erinnern können.»

Meinen Arm immer noch fest im Griff, zog er mich zu seinem kleinen nur aus einem Raum bestehenden Lehmhaus. Xiao Yuan folgte uns widerwillig in die kleine Lehmhütte hinein, in der ein Holzbett, ein Stuhl, ein Schemel, ein Radio und ein Kocher aus Gußeisen standen. Hühner und Schafe liefen herein und hinaus, während wir dort einander gegenübersaßen.

Er schenkte mir aus einem zerbeulten, rußgeschwärzten Kessel, der über dem kleinen Herd sanft simmerte, eine Schale Tee ein. Als ich den Tee aus einer angeschlagenen Reisschale schlürfte, griff er wieder meinen Arm, wie um sich zu vergewissern, daß ich kein Teufel aus der Wüste war, kein Produkt seines verwirrten Geistes, keine Erscheinung aus einem verführerischen Traum. Nachdem er sich versichert hatte, daß ich echt war, bat er mich mit Tränen in den Augen, ihm zu gestatten, uns eine Mahlzeit zuzubereiten; aber inzwischen hatte Xiao Yuan eindeutig genug von diesen Gefühlsausbrüchen und hatte jede Sympathie für diese Geschichte verloren. Schließlich hatte der Einsiedler zugegeben, daß er der Sohn eines Großgrundbesitzers war. Er konnte von Glück sagen, daß man ihn nicht erschossen hatte.

«Mein Vater möchte weiterfahren», sagte Xiao Yuan ungeduldig. «Er möchte, daß wir noch vor Einbruch der Dunkelheit Yongmenguan erreichen.»

Der alte Mann zuckte mit den Schultern und lockerte seinen Griff um meinen Arm. «Ich verstehe, daß Sie keine Zeit haben, um mit jemandem wie mir zu reden», sagte er mit einer gewissen Schärfe. «Versuchen Sie, noch einmal herzukommen. Ich bin immer hier.»

Ich spürte die furchtbare Einsamkeit seines gottverlassenen Exils, als wir wieder in unsere Fahrzeuge stiegen. Wenn er nur gewußt hätte, daß ich gern die halbe Nacht dagesessen, mit ihm geredet und mir seine Geschichte angehört hätte, wenn es irgendwie möglich gewesen wäre. Mein Blick ruhte noch auf ihm, diesem Opfer der Kulturrevolution, wie er dastand, die Hände an den Hüften, und sich dunkel gegen die untergehende Sonne abzeichnete. Wie viele einsame alte Menschen, die Chinas Maul ausgespien hatte, waren wohl noch am Rand dieser schrecklichen Wüste zu finden?

Im krassen Gegensatz zu der tragischen Atmosphäre, die das Ruinendorf umgab, stand der schöne See, der sich ganz in der Nähe in der flachen Wüstenlandschaft gebildet hatte. Gespeist vom Shule He, glänzte er in den Strahlen der jetzt schnell sinkenden Sonne. Xiaos Finger müssen nach dem Abzug gezuckt haben, als wir auf der gekräuselten Oberfläche des Sees Enten sahen. Der See war an einem Ufer mit den trockenen Resten eines Wüstengrases bestanden, das auch als Viehfutter dient. In ausgetrocknetem Zustand geschnitten, ergibt es zusammen mit Lehm ein für manche Zwecke brauchbares Baumaterial. Man kann auch Körbe und Matten daraus flechten, Sonnensegel oder provisorisches Zaumzeug daraus machen. Beim Bau von Wüstenstraßen wird es häufig benutzt, um die Sanddünen zu befestigen, um eine Barriere gegen den vom Wind verfrachteten Sand zu bilden. An der neuen

Straße zu den Ölquellen in der Wüste Taklamakan ziehen sich beidseits über eine Strecke von fünfhundert Kilometern mit Wüstengras befestigte Dünen hin. Allerdings wächst das Gras schnell, und der Stengel wird bald hart, so daß selbst die Wildkamele Schwierigkeiten haben, ihn zu verdauen.

Die trockenen, befiederten Blüten des Grases, die im Licht der Sonne hellgold erschienen, wiegten sich sanft in der Brise und gaben einen geradezu magischen Hintergrund für das ab, was wir als nächstes erblickten. Mitten auf einem emporragenden Rücken hoch über dem See erhob sich majestätisch ein einzelnes, aus Lehmziegeln erbautes, ziegelrot glühendes Tor. Es war das zweitausend Jahre alte Jadetor aus der Han-Dynastie. Wir fuhren hinauf zu dieser Eingangspforte des alten China, das zugleich Ausgangspunkt der seit langem aufgegebenen mittleren Seidenstraße war. Wir hatten für unsere historische Nordsüddurchquerung der Gashun Gobi zwölf Tage gebraucht.

Im Jahre 399, während der Herrschaft des Kaisers An Di aus der Östlichen Jin-Dynastie, war der Priester Fa Xian zusammen mit mehr als zehn Schülern von hier aus nach Indien aufgebrochen. Seine Chronik beschreibt anschaulich das Land, das wir gerade durchquert hatten:

> Hinter dem Jadetor beginnt ein Wüstengürtel, die Heimat übler Dämonen, die heiße Winde aufrühren. Niemand hat sie je überlebt. Es gibt dort keinen Vogel am Himmel und kein Tier auf der Erde. Nichts beschränkt den grenzenlosen Ausblick. Wer in der Landschaft nach einem Orientierungspunkt sucht, findet dort nur die verbleichenden Knochen von Mensch und Tier als Wegmarken.

Wir waren mitten im Gebiet der üblen Dämonen gewesen, wo kein Tier außer den Wildkamelen existieren kann. Wir hatten gebleichte Knochen entdeckt und waren sowohl von heißen als auch von kalten Stürmen geschüttelt worden. Aber wir hatten es überlebt.

Im schwindenden Licht luden wir unsere Ausrüstung im Hof des Verwalters Cao Hai ab, eines gebückten, gelehrten Mannes, der neben dem Tor in einem bescheidenen Betonbau lebte. Sein Posten konnte nicht sehr begehrt sein, und ich fragte mich, ob er sich vielleicht ebenfalls irgendeinen kulturellen Fehltritt hatte zuschulden kommen lassen, der zu seiner Verbannung geführt hatte. Er lebte dort mit seinem dicklichen Sohn, einem Jugendlichen, der uns wenig hilfreich anglotzte, als wir in Dunkelheit und zunehmendem Wind mit unserem Zelt kämpften, das aufgeschlagen sein wollte. Im Verlauf des Abends bewirteten uns Cao Hai, dessen Sohn und der einzige weitere Einwohner von Yongmenguan, ein sonnenverbrannter Viehhirt mit wolligem Schopf, bei dem es sich ebenfalls um einen Verbannten handeln konnte, mit Hammel und *maotai.*

«Ich möchte Ihnen etwas geben», sagte Herr Cao, als der letzte Fetzen Hammelfleisch vom Knochen genagt war. Er ging in eine Ecke des schwach beleuchteten Raums und kniete neben seinem Holzbett nieder. Darunter zog er eine alte Pappschachtel hervor, wühlte darin herum und kam dann mit etwas in der Hand zu mir zurück.

Er verbeugte sich knapp und gab mir eine zweitausend Jahre alte Pfeilspitze. «Für Sie», sagte er, «um Sie an Ihre Durchquerung der Gashun Gobi zu erinnern. Ich glaube, daß Sie der erste Ausländer sind, von dem bekannt ist, daß er diese Durchquerung von Nord nach Süd mitgemacht hat.» Sein Sohn grinste derweil rührselig, und mir ging durch den Kopf, was Sven Hedin geschrieben hatte bei seinem Versuch, 1934 mit Fahrzeugen die Sanddünen im Osten der Teufelsstadt zu überwinden:

> Eine *terra incognita* erstreckte sich zu allen Seiten hin. Kein Europäer hatte jemals seinen Fuß dort hineingesetzt. Nach Westen lag die einzige, hier jemals benutzte Route vor uns – sechsundsechzig Meilen bis zu den Sandbarrieren, die die Gashun Gobi uns in den Weg gelegt hatte. Der Sand hatte uns geschlagen [...]

Der Vater des Jungen mochte Recht haben. Wie Sven Hedin auch geschrieben hatte: «*Desiderium terrae incognitae* hat mich zu tollkühnen Abenteuern verführt.»

Im weiteren Verlauf des Abends erzählte der Verwalter uns, daß sowohl Polizisten als auch Regierungsangestellte aus Dun Huang in die Wüste kämen, um aus «Sport» Wildkamele zu schießen. Daß erst vor einer Woche ein Jeep voller schießwütiger Polizisten das Jadetor passiert habe.

Ich wandte mich an den Professor. «Was können wir dagegen tun?»

Der Professor hatte bereits eine Antwort. «Wir müssen ein Schutzgebiet für die Kamele etablieren, mit strikten Kontrollen gegen illegalen Abbau von Bodenschätzen und die Jagd.»

Herr Cao nickte ernst. Sein Sohn kicherte und klatschte im Takt mit den Kopfbewegungen seines Vaters.

«Werden die Lokalregierungen damit einverstanden sein?»

«Ja, wenn wir internationale Unterstützung bekommen.» Prof. Yuan hielt kurz inne und lächelte. «Das ist Ihre Aufgabe», sagte er.

Am nächsten Morgen bemerkte ich, während ich mich im Schatten der alten Stadtmauer erleichterte, ein winziges grünes Ding, das vor mir zwischen den schwarzen Kieseln lag. Herr Cao bestätigte mir, daß es sich um eine Perle handelte, die ebenso alt war wie die Pfeilspitze und einstmals zur Halskette eines Mädchens gehört haben mußte. Ich spürte, daß das ein Omen war. Wir besuchten die beeindruckenden Reste des Lehmwalls, der die westlichste Grenze des Han-Reiches bildete. Der trockene Wüstenwind hat diese Anlage auf viele Kilometer erhalten, zusammen mit ihren Wachtürmen und Stapeln versteinerten Feuerholzes, mit dem die Alarmfeuer, die vor feindlichen Angriffen aus der Wüste warnen sollten, entzündet wurden.

Kurz darauf brachen wir – jetzt war nur noch ein Federblatt auf jeder Seite der Hinterachse des Lastwagens intakt – in Richtung Dun Huang auf. Der Lastwagen fuhr voraus, stieß schwarzen Rauch aus und wirbelte jede Menge Staub und Sand auf. Ich rechnete fest damit, daß jeder Augenblick sein letzter sein konnte, und rieb instinktiv die kleine russische Ikone, die ich stets in der Brusttasche meines Hemdes trug. Nach fünfundachtzig Kilometern waren für uns die Telegrafenmasten, die plötzlich einer nach dem anderen an der Straße standen und sich vor uns bis zum Horizont erstreckten, ein dramatisches Erlebnis. Beim Passieren jeden Mastes seufzten wir vor Erleichterung, da wir wußten, daß sie zu einer neugebauten Asphaltstraße nach Dun Huang führten. Als der Lastwagen endlich den kiesigen Sand der Gashun Gobi hinter sich hatte und gerade auf die glatte Oberfläche der neuen Straße rollte, gab es einen lauten Krach. Die letzten Blätter beider Federn brachen. Wie ein Tänzer, der sein Bestes im Solo gibt, kippte das Fahrzeug seitlich von der Straße herunter.

Im Schatten der Oase

Das Volk muß sein Denken
den geänderten Bedingungen anpassen.

Der Vorsitzende Mao

Der Fahrer Song saß in frisch gereinigten Kleidern in seinem Jeep, betrachtete im Rückspiegel sein glattes Gesicht, runzelte dann die Stirn und entfernte sorgfältig einige graue Haare von seinen Schläfen. Er hatte sich selbst erfolgreich davon überzeugt, daß er infolge der Entbehrungen, die wir in der Wüste hatten erdulden müssen, vorzeitig gealtert war. Als er mit dem Auszupfen fertig war, kratzte er sich mit dem Nagel des kleinen Fingers seiner linken Hand, den er absichtlich hatte lang werden lassen wie eine Vogelkralle, eine tatsächlich oder auch nur vermeintlich juckende Stelle. Ab und zu hielt er damit inne, um sich ein Staubkörnchen von seiner Hose mit den scharfen Bügelfalten zu schütteln oder kurz mit dem Staubtuch über seine glänzend schwarzen Lederschuhe zu wienern. Dieses selbstzufriedene Putzen war ausgelöst worden durch seinen Erfolg, dem Professor einen höheren täglichen Lohn abzupressen. Seine zu sorgfältig ausgewähltem Zeitpunkt vorgebrachte Forderung, der Streikdrohungen vorausgegangen waren, begründete er mit dem exzessiven Verschleiß und den Schäden, die sowohl seiner zarten Natur als auch seinem Jeep zugemutet worden waren und weiterhin wurden. Da in Dun Huang weder ein anderer Fahrer noch ein anderes Fahrzeug als Ersatz zu haben waren, blieb dem Professor keine Wahl.

In völligem Gegensatz zu ihm war der Fahrer Xiao, der mit seinen Arbeits- und Vertragsbedingungen ganz zufrieden schien, damit beschäftigt, ostentativ seine Kehle von Staub und Wüstensand zu befreien. «Botaniker» Li ließ sich davon anstecken, und selbst der eingebildete Fahrer Song räusperte sich und spuckte dann einmal zart durch die offene Tür seines Jeeps. Prof. Yuan eilte geschäftig im warmen Sonnenschein umher, summte laut vor sich hin und hielt damit nur von Zeit zu Zeit inne, um in spontanen Anfällen von Glück und Entzücken in die Höhe zu hüpfen. Der Frühling lag in der Luft. Eine sanfte Brise wehte delikate Düfte von Pfirsich- und Aprikosenblüten selbst auf den düsteren Betonhof unseres bescheidenen Hotels. Wir hatten zwei neue Federn kaufen können, unser Lastwagen war repariert, und der größte Teil unserer Mannschaft schien zufrieden zu sein.

Dun Huang ist eine geschäftige, lebhafte Landstadt, in der ein ganz anderer Geist herrscht als die Unerbittlichkeit der Wüste, die erbarmungslos das Weichbild der Stadt umschließt. Abseits des jüngst neu erbauten, modernen Zentrums und auch des rauchgeschwängerten Fleckenmusters wie zufällig verstreuter Industrieanlagen erstreckt sich die Oase mit landwirtschaftlicher Fläche von Nord nach Süd über zwanzig Kilometer. Inmitten des gemeinschaftlich genutzten Landes stehen einzelne, aus Lehmziegeln solide erbaute Höfe, die von dicken Lehmmauern umgeben sind.

Während der Han-Dynastie (206 v. Chr. bis 220 n. Chr.) deutete der Name Dun Huang («Loderndes Wachfeuer») auf die Wachtürme der Stadt und die Signalfeuer hin, mit denen ein Angriff von Barbaren aus der Wüste westlich der Oase angezeigt wurde. Später wurde der Name der Oase in Shazhou, «Stadt des Sands», geändert, aber nachdem die Stadt zerstört und eine neue an ihrer Stelle wieder aufgebaut worden war, kehrte man wieder zu dem alten Namen Dun Huang zurück. Die Wüstenstadt spielt in der chinesischen Geschichte eine wichtige Rolle; ihr Schicksal ergibt ein wechselhaftes und buntes Bild. Im Jahre 787 mußte sie sich den Tibetern ergeben, die dort bis zur Mitte des folgenden Jahrhunderts blieben. Von 919 an war die Stadt mehr als hundert Jahre lang faktisch unabhängig, obwohl sie noch die chinesische Oberhoheit formell anerkannte. Im Jahre 1035 fiel die Stadt an die Tanguten, 1227 an die Mongolen und 1524 an den mongolischen Khan von Turfan. Im Jahr 1725 richteten die Mandschuren dort einen Militärposten ein, und fünfunddreißig Jahre später wurde die Stadt vom mandschurisch regierten chinesischen Reich zurückerobert. Der Ort zog all diese militärischen Aktivitäten auf sich, weil er an der Kreuzung zwischen der alten Seidenstraße zwischen China und dem Westen und der Straße, die von Indien über Lhasa in die Mongolei und nach Sibirien verläuft, liegt.

Am Abend gingen wir zu dem belebten Marktplatz; wir wollten in einem chinesisch-muslimischen Restaurant essen. Der Vollmond hatte den Marktplatz in sein fahles Licht getaucht, der zusätzlich noch durch winzige bunte, elektrische Birnen erhellt wurde, die über den bedrängten Marktständen hingen. Nach jahrzehntelanger Unterdrükkung hatte chinesischer und zentralasiatischer Geschäftsgeist Dun Huang im Sturm erobert. Auf dem Markt wimmelte es von Händlern und Hökern, Jungen und Alten, Männern und Frauen. Sie boten hauptsächlich billige, fabrikgefertigte Haushaltswaren feil oder grellbunte Kleider, Blusen, Anzüge und Jeans. Die Jugend drängte sich erregt um große, mit grünem Tuch bespannte, privat betriebene Snookertische auf massiven, hübsch geschnitzten Holzbeinen. Die lebhaften Zuschauer brachen immer wieder in laute Anfeuerungsrufe aus und jubelten, wenn ein Spieler einen guten Stoß gelandet hatte; sie lachten aber auch hemmungslos, wenn jemand einen leichten Ball verfehlte. Gepflegt gekleidete Hostessen wandten sich an die Passanten, um sie zu überreden, exotische Teesorten zu kosten. An den Fleischerständen wiegten sich die gehäuteten, blutigen Karkassen von Schweinen und Schafen sanft im Wind. Äpfel, Melonen, Rosinen und Datteln beherrschten die Fruchtstände, und leuchtendrote Tomaten inmitten von reichlich Grünem lagen auf Tischen vor winzigen, in Blau gekleideten, geschwätzigen alten Weibern, deren faltige und runzlige Gesichter die Sonne gebräunt hatte. Schneider und Schneiderinnen, männliche und weibliche Sattler jeden Alters hockten und kauerten über ihren antiquierten, klappernden Nähmaschinen. Ich gab einer Alten mein abgerissenes Tweedjacket, und sie versah dessen durchgescheuerte und ausgefranste Kanten fachmännisch mit einer Umsäumung aus weichem braunem Leder.

Ein verwelkter alter Mann in einem fadenscheinigen Mao-Anzug drehte langsam einen rauchgeschwärzten Metallbehälter über einem offenen Feuer. In kurzer Abfolge kam es darin zu kleinen Explosionen, worauf er jedesmal den Behälter öffnete und dessen Inhalt – frisch gerösteten, flockig weißen Mais – auf ein Zeitungsblatt, das er vor sich ausgebreitet hatte, ausschüttete. Unbeteiligt sah er zu, wie zwei nach moderner Art rassig gekleidete Mädchen sich kurz bückten, um jeweils eine seiner Tüten mit frischem Popcorn zu nehmen. Sie waren beide gleich gekleidet – gelbe Halstücher und zarte türkisgrüne Seidenblusen, die in engen, marineblauen Röcken steckten. Aus ihren schwergepuderten, totenbleichen Gesichtern stachen die sorgfältig tiefrot gefärbten Lippen hervor, die fein nachgezeichneten schwarzen Augenbrauen und die schweren, glänzenden, falschen Augenlider. Es müssen Zwillinge gewesen sein, die sich nur minimal voneinander unterschieden. Jede hatte in ihrem sorgsam aufgetürmten Haar hinten einen Jadekamm stecken; die Frisuren selbst erinnerten an Bienenkörbe. Sie schwätzten aufeinander ein wie die Stare, als sie davongingen, und die hohen Absätze ihrer schwarzen Plastikschuhe klackerten lustig auf den grauen Pflastersteinen des Marktplatzes. Einige alte Frauen, die auf winzigen grünlackierten Holzschemeln beisammensaßen, wandten ihre Köpfe ab. Ihre in blaues Tuch gekleideten Ehemänner, die hinter ihnen im Schatten hockten, starrten den beiden Mädchen unbewegt nach. Ließen sie ihre Gedanken zurückschweifen in ihre eigene Jugend, als sie die vorderste Front einer Revolution gebildet hatten, die so viel Schrecken und Zerstörung in die entlegene Provinz Xinjiang getragen hatte? Starrten sie den beiden Mädchen mit Sehnsucht, Enttäuschung und Verzweiflung nach, oder bewegte sie etwas anderes? Was empfinden alte Menschen, wenn sie mit alldem konfrontiert werden, das man sie nicht nur zu verabscheuen und zu verachten, sondern auch zu zerstören gelehrt hatte? Ich dachte an den einsamen alten Verbannten in Houken, den das Leben an den Rand der Wüste gezwungen hatte, während sich seine Heimatstadt bis zur Unkenntlichkeit verwandelte. Die Snookerspieler, die Besitzer der Marktstände, der Popcornverkäufer und die beiden Zwillinge waren das Erscheinungsbild einer Gesellschaft, die vierzig Jahre lang unterdrückt worden war. Was dachten diese alte Männer und Frauen? Ihre ausdruckslosen Mienen verrieten nichts.

In dem schmutzigen, rauchgeschwängerten rückwärtigen Teil unseres Cafés arbeitete – ohne Oberhemd – pfeifend und schwitzend der Koch. Er schwang, zog und streckte dicke Streifen eines Nudelteigs, die, wenn er sie zu seiner Zufriedenheit geknetet hatte, von einem schmuddeligen Bengel übernommen wurden, der sie mit einem schreckenerregenden Haumesser in kleine Stücke teilte und in dieser Form in einen großen Eisenkessel mit kochendem Wasser warf. Popmusik schmetterte aus einem Ghettoblaster; er hing an einem nicht sehr vertrauenswürdigen Elektrokabel und nervte nicht nur die Besitzer des Cafés, sondern auch zwei fette, schläfrige Karpfen, die in einer glänzenden Emailleschüssel mit schmutzigem Wasser halbherzig ums Überleben kämpften. Wir hatten den lebhaftesten der zuvor schlaftrunkenen drei Fische für unser Essen ausgewählt.

Der Fahrer Song und Herr Li verfielen in eine hitzige Debatte über die Qualität der dampfenden Schalen mit Nudeln. Von einem der Nachbartische her lächelte uns ein gut verschleiertes, hübsches uighurisches Mädchen scheu zu. Der kettenrauchende muslimische Cafébesitzer mit dem nicht mehr vollständigen Gebiß wechselte fröhlich die eine oder andere spöttische Bemerkung mit unserem Professor, der bester Laune war, seit unser Lastwagen repariert und der schmerzhaft eiternde Daumen des Fahrers geheilt war. Herr Zhao, in erstaunlich elegantem Regenmantel mit passendem wasserdichtem Käppchen, legte die brennende Zigarette praktisch nicht aus der Hand. Er litt immer noch sehr unter seiner Unfähigkeit, uns eine Kamelbeobachtung zu ermöglichen. Unser wortkarger Lastwagenfahrer starrte den Fahrer Song düster an, der nach siegreicher Beendigung seiner Debatte mit Herrn Li seine Aufmerksamkeit abrupt dem uighurischen Mädchen zugewandt hatte. Herr Li aktivierte seine Verdauungssäfte, indem er tief in sich zum Ausspeien ansetzte, während gerade der Fischcurry zusammen mit einem Korb knusprigen Brotes, das vor Fett triefte, aufgetischt wurde. Die ganze Mannschaft leerte in einem lärmenden, fieberhaften Versuch, die Mägen so schnell wie möglich zu füllen, ihre Schalen. Ich hatte mit dem Ausgang dieses Wettkampfes, wer zuerst fertig würde, nichts zu tun. Wir spülten den Fisch, das Gemüse und die Nudeln mit einem Beijinger Spezialbier hinunter, während als Tafelmusik ein liebeskranker Jugendlicher aus dem Ghettoblaster jaulte.

Später schlenderten wir zu unserem Hotel zurück, vorbei an Schachspielern unter Paraffinlampen auf dem Pflaster, die in ihren Bemühungen von einer ganzen Reihe männlicher Zuschauer mit Ratschlägen und Ermutigungen begleitet wurden. Von Pferden gezogene Taxis mit bunten Sonnenverdecken, deren Gespanne mit Messingglöckchen und Schmuckgeschirr aufgezäumt waren, klingelten die Straße entlang und wetteiferten mit den Fahrradrikschas um Kunden. Beide Straßenseiten waren von Marktbuden gesäumt – Wahrsager, Fischstände, Dampfnudel- und Nudelstände. Den Hintergrund dazu bildeten Bauarbeiten, die die ganze Nacht hindurch fortgesetzt wurden mit Betonmischern, die sich vor dem unübersehbaren Gewirr von Bambusstangen eines chinesischen Baugerüstes drehten.

Dun Huang lebte und pulsierte in der milden Abendluft. Die Oasenbewohner machten einen entspannten und glücklichen Eindruck. Der Gegensatz zu der kahlen, trostlosen, unbewohnten, leblosen Wüste, die sich direkt außerhalb der Oase über tausendfünfhundert Kilometer erstreckte und die wir gerade durchquert hatten, hätte nicht schärfer sein können.

«Sind Sie Christ?»

«Ich glaube an einen Gott», erwiderte ich auf Prof. Yuans gezielte Frage.

«Ich hoffe, nicht allzu fest, sonst wird es nicht funktionieren.»

Wir waren in unserem Hotel angelangt, und der Professor riß gerade den verschmutzten, fadenscheinigen blauen Teppich vom Boden unseres Zimmers.

«Ich habe es einmal mit einem strenggläubigen Buddhisten versucht, und da hat es nicht funktioniert.»

Ich sah erstaunt zu, wie er den Teppich mit Gewalt vom Betongrund löste. Mit seinem Werk zufrieden, stand er schließlich auf. «Auf einem Teppich funktioniert es schon gar nicht», sagte er.

«Auf der Erde oder auf Beton, aber niemals auf einem Teppich.» Dann ging er ins Bad; ich hörte dort Wasser fließen.

«Das sollte reichen», sagte er, während er eine metallene Schüssel auf den nackten Beton stellte. «Denken Sie daran, Sie dürfen die Schüssel nicht mehr als dreiviertel vollmachen, und sie muß aus Metall sein. Mit Plastik geht es nicht. Jetzt fassen Sie mit am Tisch an.»

Nachdem er alles von dem großen Holztisch abgeräumt hatte, der zwischen unseren Eisengitterbetten an der Stirnseite des Raumes stand, stellten wir ihn vorsichtig mit der Tischplatte nach unten auf die Metallschale. Der Professor bückte sich, rückte den Tisch etwas zurecht, nickte und sagte: «Gut so.» Dann eilte er aus dem Schlafzimmer, um einige Augenblicke später mit seinem Sohn und dem Fahrer Xiao zurückzukehren.

«Und nun», erklärte er, «müssen Sie sich genau an das halten, was ich sage. Stellen Sie sich jeder an eine Ecke des Tisches und legen Sie den Mittelfinger Ihrer rechten Hand oben auf das jeweilige Tischbein.

Es muß der richtige Finger sein.» Das taten wir alle vier. «Und jetzt lassen Sie Ihre Gedanken leer werden und blicken Sie unverwandt auf den Nagel des Fingers, der das Tischbein berührt.» Wir befreiten uns von unseren Gedanken und starrten unsere Fingernägel an. «Drücken Sie nicht auf den Tisch, sondern berühren Sie ihn nur ganz leicht. Wenn er anfängt, sich zu drehen, dann gehen Sie mit.»

Nach einigen Augenblicken wackelte der Tisch und schien sich ein Stückchen nach oben zu bewegen. Und ganz plötzlich begann er sich im Uhrzeigersinn zu drehen, zuerst langsam und dann immer schneller.

«Laufen Sie mit, lassen Sie nicht los», rief der Professor.

Das Tempo wurde immer höher, bis wir schließlich alle rannten, um mit dem sich drehenden Tisch Schritt zu halten. Schließlich ließen wir gezwungenermaßen einer nach dem anderen los. Als wir den Tisch wieder von der Metallschüssel hoben, wirbelte das Wasser darin immer noch herum. Auf der Tischplatte war eine Stelle von der Größe der Schüssel feucht.

«Chinesische Magie», sagte der Professor lachend. «Sie verfügen über gute Kräfte. Kommen Sie, versuchen wir beide es alleine.»

Das taten wir, und es ging noch schneller als vorher. Der Tisch drehte sich mit atemberaubender Geschwindigkeit, und wir landeten beide schließlich auf unseren Betten, lachend und keuchend, als wir gar nicht mehr anders konnten, als die Tischbeine loszulassen.

Aber es hatte gar nicht den Eindruck von Zauberei gemacht. Es hatte sich völlig natürlich angefühlt. Als seien der Professor und ich die leitenden Medien für eine Energie, die zusammen mit Holz, Metall und Wasser den Tisch zu rotieren zwang. Ich habe seither die chinesische Magie des Professors in Kenia und England vorgeführt. Aber es funktioniert nicht immer, und es funktionierte auch nicht mit Herrn Li und dem Fahrer Song.

«Weil sie negative Gedanken haben», sagte der Professor.

● ● ●

Lao Zhao strich sich mit dem Zeigefinger quer über die Kehle. Es war nur allzu offensichtlich, was er damit andeuten wollte. Der Abt Wang hätte hingerichtet werden sollen, und es war völlig klar, daß Lao Zhao sich mehr als glücklich geschätzt hätte, die Exekution persönlich durchzuführen.

«Stein war ein Dieb», sagte der Professor. «Der größte ausländische Dieb, der je in China war. Er hat uns unser buddhistisches Erbe gestohlen und diesen Verräter Wang bestochen, ihm dabei behilflich zu sein.»

Lao Zhao nickte eifrig Zustimmung.

Wir befanden uns draußen vor den berühmten Grotten der tausend Buddhas, fünfzehn Kilometer südlich von Dun Huang. Wir hatten einen Ruhetag eingelegt, bevor wir unsere Reise durch die Wüste fortsetzten.

Oberflächlich betrachtet, hatten sie recht, und ich konnte kaum etwas gegen ihren Standpunkt einwenden oder Stein verteidigen. Es schien zwar merkwürdig, daß der nichtreligiöse Professor den Buddhismus und Relikte des «alten China» verteidigte, aber ich vermutete, daß es ihm in Wirklichkeit darum ging, die Selbstachtung seines Landes zu verteidigen. Schließlich war der Buddhismus vom fünften Jahrhundert an die meiste Zeit die dominierende Religion Chinas gewesen; erreicht hatte der Buddhismus das Land möglicherweise schon siebenhundert Jahre zuvor, als viele chinesische buddhistische Mönche sich auf fromme Pilgerfahrten zu den heiligen Stätten Indiens begaben, die mit dem Leben und Wirken des Gründers ihrer Religion in Verbindung standen.

Die Höhlen der tausend Buddhas umfassen Hunderte von Grotten, die in den Berg gehauen und voller buddhistischer Statuen und Malereien sind, die von Pilgerreisenden, Mönchen und Gelehrten im Laufe der Jahrhunderte geformt, gemalt oder finanziert wurden. Weil es sich bei Dun Huang um den Kreuzungspunkt zweier wichtiger Verkehrsverbindungen handelte, machten dort viele Reisende Rast und wurden im Laufe der Jahrhunderte zahllose Abteien und Klöster gegründet. Dort, wo Holz knapp und das Klima rauh ist, bietet sich eine Höhle als geeigneter Standort für ein religiöses Kunstwerk an. Der bemerkenswerteste all dieser Pilger war der bekannte chinesische Gelehrte und berühmte Reisende Xuan Zang. Da es ihm keine Ruhe ließ, daß einige Passagen in den heiligen Schriften, die er studiert hatte, miteinander unvereinbar waren, faßte Xuan Zang den kühnen Plan, sich genauere Kenntnisse zu verschaffen, indem er eine Pilgerreise nach Indien unternahm, um mit einer ganzen Bibliothek heiliger buddhistischer Schriften zurückzukommen.

Nach zahlreichen Abenteuern und unter Überwindung beachtlicher Schwierigkeiten erreichte er schließlich Indien, wo er mit der Gelegenheit belohnt wurde, sich ganz seinen Wünschen gemäß dem Studium des Buddhismus hinzugeben, und eine große Sammlung von Büchern zusammentragen konnte, die schließlich die autoritative Grundlage des Buddhismus in China bilden sollten. Fünfzehn Jahre später reiste er zurück nach China und durchquerte dabei auch die tückische Wüste Lop.

Später zog sich Xuan Zang zu einem Leben im Kloster zurück, wo er ungestört studieren und einige der sechshundertsiebenundfünfzig von ihm aus Indien mitgebrachten buddhistischen Werke ins Chinesische übersetzen konnte; dabei kamen ihm auch die einhundertsiebenundfünfzig Reliquien zustatten, die er in Indien gesammelt hatte.

Das Schicksal der Handschriften, Schrift- und Bildrollen, die er in den Grotten von Qian Fo Dong, den Höhlen der tausend Buddhas, deponiert hatte, blieb ein gut gehütetes Geheimnis, bis im Mai 1907 der Archäologe Sir Marc Aurel Stein die Bühne betrat. Stein, ein geborener Ungar und naturalisierter Engländer, drang in die Kammer einer der Höhlen ein, die über tausend Jahre verschlossen geblieben war. In dieser Höhle sollte er die bedeutsamste Entdeckung in der ganzen Geschichte der zentralasiatischen Archäologie machen.

Der für die Höhlen verantwortliche Priester war der Abt Wang Daoshi. Bei Steins erstem Besuch der Höhlen im März 1907 war der Abt Wang gerade auf einer Betteltour, aber dennoch gelang es dem Archäologen, ein Manuskript zu begutachten, das aus einer der versiegelten Kammern stammte. Aufs äußerste gespannt durch das, was er da sah, kehrte Stein im Mai zurück und setzte Wang mit Hilfe seines verschlagenen Sekretärs Jiang Siye unter Druck, die Kammern zu öffnen. Gutes Zureden, Diplomatie, die Berufung auf den Namen Xuan Zangs, der, wie es der glückliche Zufall wollte, Abt Wangs Namenspatron war, und vor allem das Klingeln von Geldsäcken erweichten Wang schließlich. Seine in aller Verstohlenheit veranlaßten Maßnahmen enthüllten bald, daß sich in den Höhlen Manuskripte auf uighurisch, sogdisch, runentürkisch, sanskrit und tibetisch befanden, und auch Texte in den ältesten bekannten Sprachen Zentralasiens wie dem Khotanesischen, dem Saka und dem Tocharischen. Es gab wunderbar ausgeschmückte Bilder und feine illustrierte Blockdrucke aus dem China des neunten Jahrhunderts. Die Gesamtzahl der Manuskripte und gedruckten Schriften belief sich auf nicht weniger als neuntau-

Expedition 1993

Mongolei, August 1993:
Festgefahren im Tuyn Gol.
Peter Gunin sinkt mit dem Gaz 66.

Fussabdruck eines Gobibären in der Oase Shara-Khulsny-Bulak. Es soll weltweit nicht mehr als fünfunddreißig Exemplare dieser Rasse geben.

Eine Einwohnerin Tikars läßt uns wissen, was sie von unserem Beschluß hält, in die Gashun Gobi vorzudringen.

In der Gashun Gobi. Der Kuruk Tagh (Trockene Berge) erstreckt sich in westliche Richtung.

Expedition 1993

Mongolei, August 1993:
Festgefahren im Tuyn Gol.
Peter Gunin sinkt mit dem Gaz 66.

Fussabdruck eines Gobibären in
der Oase Shara-Khulsny-Bulak.
Es soll weltweit nicht mehr
als fünfunddreißig Exemplare
dieser Rasse geben.

Die vorzeitliche Steinzeichnung eines Steinbockes und eines Schneeleoparden, die wir im Gebirge Tsagan Bogd fanden.

Wildes Zweihöckriges Kamel in der Wüste Gobi.

Expedition 1995

Ausblick über die schreckliche Wüste Lop. Die Sanddünen des Kum Tagh erstrecken sich in der Ferne über vierhundert Meilen von Ost nach West.

Tikar, März 1995: Sadiq, Neffe eines der Fährmänner Sven Hedins auf dessen Expedition im Jahre 1933, mit einem Bild seines Onkels.

Eine Einwohnerin Tikars läßt uns wissen, was sie von unserem Beschluß hält, in die Gashun Gobi vorzudringen.

In der Gashun Gobi. Der Kuruk Tagh (Trockene Berge) erstreckt sich in westliche Richtung.

Der Höhepunkt der Expedition gab Gelegenheit für eine einzigartige Aufnahme: Stute des wilden Zweihöckrigen Kamels mit ihrem sieben Stunden alten Fohlen.

Sanddünen in der Nähe der Oase von Dun Huang.

Yardangs – erodierte Gesteinssedimente in der Gashun Gobi.

Expedition 1996

Lou Lan: Ein Türsturz trotzt den Wüstenstürmen noch nach 1600 Jahren.

Kamelsuche: Xiao Yuan (links), Prof. Yuan (Mitte) und Xiao Zhao.

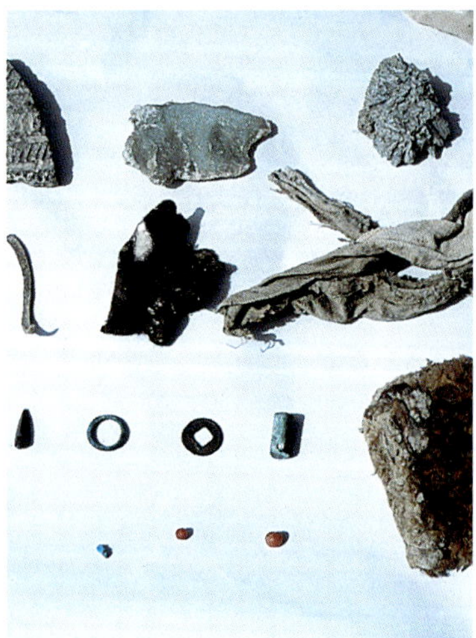

Fundstücke – Jade, Perlen, Ringe, Münzen, Kleiderfetzen – aus Tu-ying, die über 1600 Jahre alt sein dürften.

März 1996: Ein alter Uighure gibt uns Ratschläge, bevor wir uns zum zweiten Mal in die Gashun Gobi wagen.

Heimatsignal: Das Basislager für die Expedition nach Lou Lan. Prof. Yuan hat eine Glühbirne auf die Spitze des Masts gesetzt, die uns den Weg zurück weisen soll.

Liegengeblieben auf dem *shor* – der Morgen nach einer traurigen Nacht gegen Ende der Expedition von 1996.

Der Wachturm von Lou Lan, der immer noch auf Posten steht – eine von nur zwei Landmarken in der sonst einförmigen Wüste.

Expedition 1997

In den Vorbergen des Arjin Shan – rauhe Wege für unsere Kamele.

Ben, der junge verrückte Kamelhengst.

April 1997: Auf dem Weg über den Arjin Shan. Jasper Evans sieht zum ersten Mal seit dem Zweiten Weltkrieg Schnee.

Zwischenhalt in Arjin Shan bei Minus zehn Grad Celsius.

Unsere Hauskamele wagen sich in das Winterweidegebiet der Wildkamele.

Der Wanderweg der Wildkamele. Es ist deutlich zu erkennen, daß die Tiere in einer Einerreihe hintereinander herlaufen.

Schädel einer vierzehnjährigen Stute. Sie verendete wahrscheinlich aus natürlicher Ursache.

Die Lasttiere: Drei unserer Zweihöckrigen Hauskamele auf der Expedition von 1997.

Ahun, der Chef der Kameltreiber, über dem ausgetrockneten Seebett des Lop Nur.

Endlich zurück im Hongliugou-Tal. Wir hatten fast sechs Wochen in der Wüste zugebracht.

Basislager im Hongliugou. Südlich davon, meinte der Fahrer, habe er einen «wilden Mann» gesehen.

send. Es gab auch Seidenarbeiten, die den hohen Standard der Kunst des Seidenwebens lange vor der Han-Dynastie bezeugten. Wang akzeptierte inzwischen «maßvoll gereichte Gaben von Silber», und obwohl er zunächst noch unwillig gewesen war, die kostbaren chinesischen Schriftrollen abzutreten, schaffte Stein es schließlich, fünfzig davon zusammen mit vielen anderen wertvollen Texten und Bildern zu bekommen.

Stein gratulierte sich selbst zu dem Ergebnis seiner kunstvollen Bestechung, aber die Zeit für ihn, « [...] wahrhafte Erleichterung zu verspüren», kam erst, als alle vierundzwanzig Koffer mit den aus ihrem merkwürdigen Versteck geborgenen Schätzen von Manuskripten und die fünf weiteren voller Bilder und anderer Kunstzeugnisse aus der gleichen Höhle sicher im Britischen Museum deponiert waren.

Während der nächsten zwanzig Jahre gelang es den Chinesen und den Japanern, noch mehr Manuskripte aus Dun Huang zu erhalten; davon wurden allerdings viele gestohlen und schließlich irgendwo unter der Hand verkauft. 1920 verwüsteten Weißrussen die Höhlen, setzten einige von ihnen in Brand oder verschandelten die Wände mit Graffiti. Welche Schäden die Roten Garden angerichtet hätten, wenn die Manuskripte während der sechziger und siebziger Jahre noch in den Höhlen gewesen wären, darüber läßt sich nur spekulieren. Glücklicherweise blieben die Bilder und Skulpturen während der Kulturrevolution unberührt. Unter der Schutzherrschaft der UNESCO werden die Höhlen inzwischen gut betreut und sind geschützt. Die im Laufe der Jahrhunderte von zahllosen Pilgern glattgetretenen Pfade werden heute wohl mehr von neugierigen denn von religiösen Besuchern benutzt.

Es gibt unter den Wandmalereien Darstellungen aus dem frühen Leben Buddhas – die Wunder seiner Kindheit, die Szenen seiner jugendlichen Lebensfreude und Lustbarkeit, und die tragischen Ereignisse, die ihn zu seiner höheren Bestimmung führten. Die Bilder und Skulpturen sind größtenteils dank der Trockenheit des Klimas und der aufmerksamen Betreuung durch eine lange Folge frommer Mönche im Laufe der Jahrhunderte wunderbar gut erhalten. Die Wandbilder in den Höhlen selbst stellen religiöse Prozessionen dar; es befinden sich Bilder des Paradieses darunter und dazu kontrastierende Szenen des Bösen, die von Dämonen und Monstern wimmeln. Andere Bilder symbolisieren die verschiedenen Naturkräfte, die den Menschen zur

Hilflosigkeit verdammen; Sandstürme und andere katastrophale Naturereignisse vor dem Hintergrund eines düsteren, unheilverheißenden, wolkenschweren Himmels. Dort, wo keine Landschaft und keine andere pittoreske Szene gemalt wurde, ist der leere Raum mit dem Tausend-Buddha-Muster aufgefüllt, Reihe um Reihe feingezeichneter Buddhas, denen die Höhlen ihren Namen verdanken. In einer besonders großen Höhle befindet sich eine gewaltige Buddhafigur, die, so heißt es, von Abt Wang mit einigen der Spenden vergoldet wurde, die ihm durch Aurel Stein zukamen.

Meine chinesischen Begleiter waren nicht beeindruckt. Lao Zhao zeigte deutliche Zeichen von Langeweile. Fahrer Song entlockten die lebensgroßen Figuren Buddhas und seiner Gefährten nur ein Kichern, und Herr Li machte sich nicht einmal die Mühe, überhaupt den Rundgang durch die Höhlen zu unternehmen. Man hatte ihnen in jungem Alter beigebracht, diesen künstlerischen, religiösen Symbolismus als völlig wertlos anzusehen. Sie schätzten die alten Kunstwerke nicht höher ein als andere eine Wand, die mit Werbeplakaten zugekleistert ist. Daß es sich bei Wang um einen Verräter handelte, bei Stein um einen Erzdieb und daß Chinas Ehre verletzt worden war, war das einzige, was sie hier bewegte.

«Aber sicherlich haben doch Stein und die anderen Archäologen der Jahrhundertwende manches Kunstwerk von unschätzbarem Wert gerettet», gab ich zu bedenken. «Das zwanzigste Jahrhundert war doch in Xinjiang alles andere als friedlich, Professor. Sehen Sie sich doch nur die Zerstörungen an, die die Rebellion General Mas oder die Kulturrevolution, die muslimische Verdammung aller figürlichen Malerei, die Apathie und Unkenntnis der Bauern, die unüberlegten Bewässerungsprojekte angerichtet haben, von den Erdbeben ganz zu schweigen. Haben nicht diese Ausländer eure Kunstwerke für zukünftige Generationen gesichert?»

Ich vermied gewöhnlich jede kontroverse Diskussion. Soweit es Politik angeht, habe ich, solange ich in China bin, zu nichts eine Meinung. Als China seine Kriegsspielchen mit Taiwan betrieb, galt meine einzige Sorge den Kamelen. Aber nachdem er nun seine Antipathie gegen Stein so vehement zum Ausdruck gebracht hatte, wollte ich den Professor zwingen, sich zu erklären.

Der Professor sah mich geringschätzig an. Mein Argument war reichlich abgegriffen.

«Wessen Generationen? Welche Generationen? Westliche Generationen? Das ist alles nur Verschleierung», sagte er. «Ihr Leute aus dem Westen sagt, ihr hättet uns bestohlen, um diese Kunstschätze für die Zukunft zu bewahren. Dann denken Sie doch einmal darüber nach, wie viele unbezahlbare Dinge zerstört wurden, als ihr Briten im Zweiten Weltkrieg Berlin bombardiert habt und das Museum siebenmal direkt getroffen wurde. Was für eine Art von Bewahrung ist das? Und im übrigen, wer seid ihr denn, um unsere Kultur zu bewahren? Wenn wir unser Eigentum zu zerstören wünschen, dann haben wir absolut das Recht, es zu zerstören. Nein, die sogenannten Archäologen, die damals hierherkamen, waren Diebe. Schreckliche Diebe. Und Stein war der größte Dieb von ihnen allen.»

Lao Zhao nickte dazu energisch und fuhr sich noch einmal mit dem Finger über die Kehle; dazu murmelte er nur: «Wang.»

«Und was ist mit Sven Hedin?»

Der Professor hielt inne, um einen Augenblick zu überlegen. «Hedin war anders. Er hat dafür gesorgt, daß die Wüste auf die Landkarten kam. Er hat die weißen Flecken auf der Landkarte ausgefüllt.» Er lächelte. «Aber selbst Hedin hat ein wenig gestohlen. Er war ein kleiner Dieb. Wir vergeben Hedin.»

«Was sagt denn Herr Li dazu?» fragte ich. Er hatte sich wieder zu uns gesellt und erregt zu Xiao Yuan gesprochen.

«Er sagt, daß diese Höhlen schlecht sind und daß die Figuren und Bilder den Menschen schlechte Ideen eingeben. Daß sie allesamt zerstört werden sollten.»

«Aber hat uns die Geschichte nicht etwas zu lehren? Ich glaube, daß diese Kunstwerke, die unter Mühen von tiefreligiösen Menschen geschaffen wurden, uns allen eine ganze Menge zu sagen haben.»

Herr Li hatte für mich nur einen vernichtenden Blick übrig.

«Er glaubt, daß sowohl die Geschichte als auch die Religion einen sehr schlechten Einfluß auf die Menschen haben», übersetzte Xiao Yuan. «Sie sind beide irrelevant. Sie halten die Menschen nur davon ab, über das Wichtigste im Leben nachzudenken, nämlich die Zukunft.»

Der Weg von den Höhlen zurück führte uns durch eine würdige Allee von Pappeln, alten Oasenbäumen.

«Schauen Sie sich diesen Baum an», sagte der Professor, indem er abrupt das Thema wechselte und ein Blatt von einem knorrigen Zweig pflückte, unter dem Stein vielleicht auch schon gerastet haben mochte. «Seine Besonderheit ist, daß er auf dem Jungholz nur schmale, weidenblattartige Blätter trägt, während auf dem Altholz sehr große, gezähnte breite Blätter wachsen. Es ist der erste Baum, dessen Laub im Herbst verwelkt und abfällt, und deswegen nennen wir ihn *wutong*, ein Wort, das wir mit Traurigkeit und Kummer in Verbindung bringen.» Wir gingen weiter und kamen an eine Pappel, die völlig von schwarzen nackten Raupen bedeckt war, die sie mit großer Geschwindigkeit von ihren frischen grünen Blättern befreiten.

Der Professor wandte sich mir mit einem verschmitzten Lächeln zu, und seine Augen blinzelten hinter der dicken Brille. «Da», sagte der Professor, «genau das hat Stein mit Xinjiang gemacht. Er hat der Provinz ihre Schönheit geraubt.»

Am Nachmittag unseres Ruhetages fuhren wir zum Mondsichelsee einige Kilometer südlich von Dun Huang, der von Pappelhainen umgeben ist, die dort zwischen den Sanddünen des Kum Tagh wachsen – der langen Kette von Dünen, die sich von Dun Huang im Osten bis in den Süden des Lop Nur erstreckt und von dort aus weiter bis in die innersten Tiefen der Wüste Lop und der alten Stadt Miran. Diese beachtlichen Sanddünen erheben sich über die saftig grüne, fruchtbare Oase Dun Huang und erreichen Höhen zwischen einhundert und einhundertfünfundsiebzig Metern. Die Umrisse ihrer Kämme und Hänge ändern sich unter der Gewalt der jahreszeitlichen Winde ständig. Die scharfen Grate von Sand bewirken einen beeindruckenden Kontrast von Licht und Schatten. Die dem Sonnenlicht ausgesetzten Seiten spiegeln sehr intensiv das Licht zurück, während die im Schatten verbleibenden Flächen schwarz und düster wirken. Der Sand der Dünen von Dun Huang besteht aus den winzigsten Bruchstücken vielfarbigen Quarzes – blauen, grünen, roten, purpurfarbenen, grauen und weißen –, und diese Farbmischung verleiht den Sandhügeln ein Schillern, das seinerseits jeden kleinen Lichtwechsel verstärkt. Die Konturen der Dünen ändern sich auch von Jahreszeit zu Jahreszeit, da sich die Oberfläche schon unter dem Einfluß der leichtesten Brise ändert, und jeder Wind trägt den Kamm in einem feinen Sandschleier ab, der in der Nähe wieder abgelagert wird. Es scheint unglaublich, daß ein solch mächtiges Bollwerk nur aus lockerem Sand besteht.

Allerdings bilden diese eindrucksvollen Dünen bei zunehmend trockenerem Klima eine ständige Bedrohung von Dun Huangs Existenz, und einige chinesische Wissenschaftler behaupten, daß ohne Präventivmaßnahmen die Oase innerhalb der nächsten fünfzig Jahre vom Sand begraben werden wird.

Inmitten dieser gewaltigen sterilen Wildnis, die nicht einmal für das Wildkamel eine Heimat bietet, liegt ein wunderschöner mondsichelförmiger See. Seit Tausenden von Jahren wird er von einer Quelle gespeist, die auf wundersame Weise vom Wind vor Versandung geschützt wird. Diesen von nichts als Sand umgebenen See erwähnen viele alte chinesische Schriften als eine der landschaftlichen Schönheiten Zentralasiens, und eine Gesandtschaft, die vom kaiserlichen Hof 938 nach Khotan ausgesandt wurde, rühmte bereits seinen landschaftlichen Reiz und die hoch aufragenden Dünen, die ihn umgeben.

Am Südufer des Sees ersetzen eine moderne Pagode und ein Pseudotempel ein altes buddhistisches Lamakloster, das während der Kulturrevolution zerstört wurde. Dieser Tempel war als die «Hintertür zum Paradies» bekannt, ein Hafen von Friede und Ruhe, von Pilgern gesucht, die hier meditieren wollten, und von Kranken wegen der Heilkräfte des heiligen Quellwassers geschätzt. Die modernen Bauten, Pagode und Tempel, sind zwar wohlkonstruiert, aber es fehlt ihnen jegliche geistliche Atmosphäre; sie vermitteln ein Gefühl von Leere und Verlassenheit. Kein Priester mit seinen Gehilfen kümmert sich liebevoll um einen buddhistischen Schrein, denn der zerstörte Schrein ist nicht ersetzt worden. Unsere Expeditionsmannschaft lief, von der Schönheit der zauberhaften Umgebung völlig unberührt, lärmend durch diese Bauten, auf den Lippen Lieder, die den Ruhm des Kommunismus priesen. Der schöne reinblaue, mondsichelförmige See ist geblieben, aber die Schutzgeister des Ortes sind lange entflohen. Ein Ziel für Bogenschützen und ein Schießstand sind in der Nähe angelegt, und wie wenn er gegen dieses Sakrileg massiven Protest erheben wollte, hat sich der See in den letzten fünfzig Jahren um fast ein Drittel zurückgezogen.

Nach Berichten von Besuchern dieses Sees Anfang unseres Jahrhunderts gibt es dort ein merkwürdiges Phänomen, das als der «singende Sand» bezeichnet wird. Damit ist ein dunkles Rumpeln gemeint, das aus dem Inneren der Sanddünen erklingt, wenn sich diese über die Erdoberfläche bewegen. Marco Polo, der in die Nähe des Kum Tagh gekommen war, berichtet von Sanddünen in der Wüste, die ein Geräusch wie fernen Donner von sich gaben. Berichte von Reisenden aus den Wüsten Arabiens enthalten die Beschreibung ähnlicher Geräusche, wenn bestimmte Dünen von den vorherrschenden Winden gepeitscht wurden. Auch die arabischen Wüstenbewohner sind mit einem Geräusch vertraut, das sie an das Grunzen eines wütenden Kamelhengstes erinnert.

Xiao Yuan, der Fahrer Song und ich selbst bestiegen in der Nähe des Mondsichelsees eine Wanderdüne. Das war eine schwierige Aufgabe, weil auf jeden Schritt vorwärts ein Zurückrutschen um zwei Schritte folgte, aber als wir dann schließlich den Kamm der Düne erklommen hatten, wurden wir mit einer prächtigen Aussicht belohnt. Die limonengrünen Pappeln der Oase erstreckten sich weit nach Norden. In scharfem Gegensatz zu diesem dunstigen See von Grün lagen im Süden, Osten und Westen endlose, gewaltige Sandhügel, deren klare Kanten scharf wie Rasiermesser waren. Wir stiegen von unserem Aussichtspunkt wieder hinab, um auf den Gipfel einer anderen Düne zu steigen. Von dort aus rannten wir, so schnell wir konnten, durch den brennend heißen Sand zum Rest unserer Mannschaft zurück, die uns am See erwartete. Aber trotz all dieser hektischen Aktivitäten weigerten sich die Sandmassen beharrlich, für uns zu singen, und der Verwalter der Anlage am See vertraute uns später an, daß sie überhaupt nicht mehr «singen». Ich fragte mich, ob sie vielleicht ihr Rumpeln einstellten, als die Geister aus den von den Roten Garden hinterlassenen Ruinen des Tempels am See flohen.

● ● ●

Am nächsten Morgen konnte auch das schöne, klare Frühlingslicht nicht darüber hinwegtäuschen, daß die schmutzige Ansammlung von Betonbauten namens Liu Yuan irgend etwas anderes darstellte als eine häßliche, abgewirtschaftete Eisenbahnstadt. Wir waren von Dun Huang dorthin gefahren, um Lao Zhao das Geleit zu geben, der jetzt, nachdem er uns erfolgreich durch die Gashun Gobi geführt hatte, zurück nach Hause zu seinem alternden Vater fuhr. Wir würden ihn vermissen. Er hatte sich als Führer von unschätzbarem Wert erwiesen und auch als eine stabilisierende Kraft während der Durchquerung der Gashun Gobi. Es war nicht sein Fehler, daß wir es nicht geschafft hatten, auch nur ein einziges Wildkamel zu sichten. Wir waren alle irgendwie ein wenig ängstlich, weil wir uns als nächstes ohne seine Hilfe in die «furchtbare» Wüste Lop wagen würden.

Während wir aus schmutzigen, angeschlagenen Schalen unser Frühstück zu uns nahmen – kaltes Brot und eine wäßrige Nudelsuppe –, blies ein steifer Wind Papier und Plastikfetzen über den vor uns liegenden Platz im Zentrum des Ortes. Der Fahrer Song hatte dieses Café «Zum schmierigen Eßstäbchen» nach langem Zögern ausgewählt.

Und die Wahl hatte sich als wenig inspiriert erwiesen. Das Café, dessen Boden mit den Resten früherer Mahlzeiten übersät war, wurde bevölkert von lärmender Soldateska, Zivilbeamten und, höchst ungewöhnlich, einem uighurischen Bettler, dessen Gegenwart angesichts eines Ausländers für einen fetten, schwitzenden Beamten zuviel war. Dieser Herr saß in einer Nische, fest eingezwängt zwischen zwei gleich korpulenten, nachlässig uniformierten Armeeoffizieren, die ihre Gürtel gelockert hatten. Er vertilgte gerade eine doppelte Portion Nudeln, und sein Bauch bemühte sich, der schlechtsitzenden, von keinem Gürtel gehaltenen Hose zu entkommen. Als er sah, daß sich der Bettler uns näherte, wedelte er mit seiner freien Hand in der Luft herum und ließ sie dann vor sich auf den Tisch knallen. Dabei platzte der letzte widerstrebende Knopf seiner Hose.

«Hinaus! Hinaus!» schrie er den Bettler an und raffte sich gleichzeitig den Bund seiner Hose zusammen, die auseinandergeklafft war und den Blick auf ein Paar brandrote Unterhosen freigab. «Betteln ist hier nicht erlaubt. Das ist gegen das Gesetz.» Der Uighure ignorierte den Protest des Beamten, dem durch den Zustand seiner Kleider einiges von seiner Wirkung genommen wurde, völlig und setzte seinen Weg in unsere Richtung fort.

«Rote Kleider halten böse Geister fern», sagte Lao Zhao. «Er muß da unten ein Problem haben.»

Der Bettler streckte seine schmutzige Hand aus, und der Professor gab ihm meine noch halbvolle Schüssel mit Suppe, die er in einem Schluck leerte. Ohne den Bürokraten, dessen Konzentration nun vor allem der wichtigeren Aufgabe galt, die Enden seines Hosenbundes zusammenzuführen, weiter zu beachten, gab der Uighure die leere Schussel zurück und schlurfte aus dem Café. Die Tür schlug er hinter sich zu. Der Beamte bedachte uns mit einem schweren Stirnrunzeln, während er sich aus seiner Nische quälte. Die Hände an den Hosen, watschelte er in die dunkle, rauchgefüllte Küche, um sich dort Erster Hilfe zu versichern. Die Soldaten starrten uns bedrohlich an und sprachen leise miteinander, während wir hinausgingen.

Wir ließen Lao Zhao zurück, der auf den Bummelzug nach Urumqi warten mußte, und begaben uns dann in den baufälligen Hintergassen von Liu Yuan auf eine lange Suche nach Essig – einem für die Chinesen in Xinjiang wesentlichen Gewürz für die Zubereitung von Nudeln und dem einzigen, was wir in Dun Huang zu kaufen vergessen hatten. Nach vielen Fehlversuchen schafften wir es endlich, unsere Plastikbehälter mit der schwarzen klebrigen Flüssigkeit zu füllen, und dann fuhren unsere beiden Fahrzeuge nach Westen mit Kurs auf die Wüste von Lop, die Xuan Zang beschrieben hatte als:

> [...] eine gewaltige Wüste von Treibsanden, die sich ganz nach den Launen der Wirbelstürme ansammeln oder zerstreuen. Die Wüste erstreckt sich in alle Richtungen, so weit das Auge reicht, und niemand weiß darin seinen Weg zu finden. Denn die einzigen Führer sind hier die Knochen von Menschen und Tieren, die von anderen Karawanen übriggeblieben sind. Nirgendwo gibt es Wasser oder Weidegrund. Oft brennen die Wüstenwinde wie Feuer, und Mensch und Tier stürzen ohnmächtig davon zu Boden. Manchmal ertönen Klänge wie ein Singen und Pfeifen, manchmal etwas wie ein wütendes Brüllen; jene, die dergleichen hören, befällt ein Schwindel, und sie sind nicht mehr in der Lage zu entscheiden, in welche Richtung sie sich wenden sollen. Die Reisenden büßen in dieser Wüste oftmals ihr Leben ein.

Die schreckliche Wüste Lop

Wo Schatten gigantisch den Boden streifen.

James Elroy Flecker

«Vorsicht, John, ducken Sie sich!»

Ich saß auf dem Beifahrersitz des Jeeps und döste.

Dann riß ich meine Augen auf und drehte mich zu Xiao Yuan herum. «Was ist denn ...?»

Aber ich wußte bald, was er meinte. Es gab ein lautes Knallen, als irgend etwas Metallisches die Tür des Jeeps traf. Ich duckte mich, als ein anderes Geschoß das Fenster neben mir traf. Das Fensterglas sprang, aber splitterte nicht. Der Fahrer Song beschleunigte. Wir fuhren in einer ausgewaschenen Wasserrinne. Der Fahrer wirbelte das Lenkrad herum und lenkte den Jeep im verzweifelten Versuch, uns zurück auf die Fahrspur zu bringen, über einen steinigen Hang.

Etwas Stumpfes wurde gegen das Heck des Jeeps geschleudert. Plötzlich sprangen auf beiden Seiten der Rinne Männer auf – sie schrien, sie riefen, und ihre Gesichter unter den bunten Kopftüchern waren verzerrt. Einer von ihnen holte mit einem rasiermesserscharfen Küchenbeil nach den Reifen des Jeeps aus. Ich duckte mich wieder, als ein Axtstiel dumpf gegen die Windschutzscheibe prallte.

Song war jetzt durchgedreht. Er beschleunigte und fuhr in hohem Tempo über die Reste dessen, was ehemals eine Straße gewesen war. Der Professor rief seinem Sohn etwas zu, der hinten im Jeep nach unserem Gewehr suchte. Der Fahrer Song verließ die Fahrspur und brachte das Auto auf einem kleinen Hügel kieselhaltigen Sands zum Stehen.

«Sie folgen uns nicht. Sie haben es auf unseren Lastwagen abgesehen», sagte Xiao Yuan, während er seinem Vater das Gewehr reichte. «Sie versuchen, unseren Proviant zu stehlen.» Der Lastwagen rumpelte hinter uns über die Straße, die ich vor kurzem auf den Namen «Straße der tausend Fallgruben» getauft hatte. Sie war unter nationalchinesischer Regierung angelegt und in den späten sechziger Jahren aufgegeben worden. Die gewaltigen Gullys, die uns in Abständen von grob fünfzig Metern erfreuten, waren durch die reißenden Wasserströme aus den Schluchten des Arjin Shan während der Schneeschmelze dort im Juli ausgewaschen worden.

Wir sprangen aus dem Jeep. Die Banditen, deren Anzahl etwa zwanzig betrug, waren definitiv nicht länger mit uns beschäftigt. Sie hatten sich wieder aufgebaut, um unseren Lastwagen zu belagern, der seine Fahrt verlangsamt hatte, um das vor ihm liegende gewaltige Schlagloch auszuforschen. Der Professor lief mit erhobenem Gewehr auf sie zu. Dann blieb er stehen, legte an, feuerte einen Schuß hoch über ihre Köpfe und dann noch einen.

Trotz ihrer zahlenmäßigen Überlegenheit zögerten sie, als der erste Schuß abgefeuert wurde. Als der zweite Schuß knallte, ergaben sie sich unserer Feuerkraft und liefen in Richtung Gebirge davon. Ihre blaßblauen, pinkfarbenen, violetten, grünen und gelben Kopftücher verschwanden und tauchten wieder auf, gerade wie sie im Zickzack über das zerrissene Gelände rannten. Einer von ihnen hielt noch einmal an, um uns seinen Unmut zuzubrüllen.

«Was waren das für Leute?» fragte ich, als das erregte Gerede in unserer Mannschaft abgeklungen war. «Was treiben sie hier?»

«Das weiß ich nicht», erwiderte Prof. Yuan, während er das Gewehr wieder in seine Hülle steckte. Er war erregt, und Schweißperlen tropften ihm vom Gesicht. «Es sind vielleicht illegale Schürfer gewesen oder Pflanzensammler.»

«Pflanzensammler?»

«Ja, es gibt eine Reihe von geschützten medizinischen Kräutern, die nur in dieser Wüste zu finden sind. Dafür werden in Dun Huang hohe Preise gezahlt.»

«Aber warum sollten sie uns angreifen?»

«Diese Straße wird normalerweise nicht mehr befahren. Eine neue Straße führt jetzt durch die Berge. Wir sind über einhundertachtzig Kilometer von Dun Huang entfernt. Sie könnten uns umbringen, unsere Ausrüstung rauben, ohne daß für Tage, wenn nicht für Monate, unsere verlassenen Fahrzeuge gefunden würden. Vor der Befreiung lebten im Arjin Shan viele Banditen, gewöhnlich Kasachen, und griffen häufig Reisende an. Ich habe nicht geglaubt, daß ein Angriff wie dieser immer noch möglich sein könnte. Aber die neue Marktwirtschaft hat viele schlechte Gewohnheiten wieder nach China zurückgebracht.»

Ich hatte auch nicht damit gerechnet, daß meine Suche nach Kamelen mich zu einer Auseinandersetzung mit axtschwingenden Kasachen führen würde. Als wir unsere Fahrt über die entsetzlich ausgewaschene Straße fortsetzten, hielt ich nicht mehr ausschließlich nach Kamelen Ausschau.

Ungefähr siebzig Kilometer Wüste trennen den Arjin Shan von den Sanddünen des Kum Tagh, und die alte Straße der Nationalisten, welche mitten durch diese Wüste führt, löst sich schließlich in einem großen, nur bei Hochwasser gefüllten Flußbett auf. Dieses Flußbett führt hinauf in ein Tal mit kahlen Hängen und dann weiter in Spiralen die zerklüfteten Berge empor. Jetzt war das Flußbett trocken, aber die Hochwassermarken ließen erkennen, daß es sich im Juli und August in einen reißenden Strom verwandeln mußte, wenn der winterliche Schnee auf den hochaufragenden Gipfeln schmilzt. Obwohl es hier keine Straße mehr gab, hatten die Straßenbauer patriotische Slogans auf flache Felsflächen graviert: «Sorgt für eine gute Ernte; bereitet euch auf den Krieg vor», und: «Unsere Sache wird über die Übeltäter triumphieren.» Nachdem wir weitere zehn Kilometer Folterstrecke bergauf durch das trockene, mit Felsbrocken und Bäumen übersäte Flußbett hinter uns hatten, erreichten wir die Süßwasserquelle Lapeiquan, wo eine weitere Felsinschrift kundtat: «Das Wasser hier führt zu Magenschmerzen». Aber das tat es nicht. Wir tranken, bis unser Durst gestillt war, füllten unsere Wasserbehälter auf, badeten in der frostkalten, kristallklaren Quelle und wuschen einige unserer schmutzigen Kleider. Es war eine landschaftlich schöne Stelle, und der Professor entschied, daß wir in den Vorbergen in der Nähe von Lapeiquan für drei Tage lagern sollten. Von hier aus konnten wir zu Fuß oder mit dem Jeep zur Erkundung Tagesausflüge in die Wüste unternehmen – immer auf der Suche nach Wildkamelen. Wir waren inzwischen seit fünf Tagen in der Wüste Lop unterwegs, und die Banditen waren die einzigen menschlichen Wesen, die wir zu Gesicht bekommen hatten.

Am Abend, kurz vor Sonnenuntergang, beschlossen Xiao Yuan und ich, den nächstgelegenen Berg hinter unserem Lager zu besteigen. Zuerst war es ein Spaziergang bergauf, aber als wir höher kamen, erwies sich der trügerische schwarze Stein unter unseren Füßen als schlüpfrig. Jeder einzelne Schritt wollte sorgfältig gesetzt werden, bevor man sich sicher sein konnte, daß man festen Halt fand, und den nächsten Schritt wagte. Xiao Yuan ging oberhalb von mir und schickte mir von Zeit zu Zeit, ohne es zu wollen, einen Hagel von scharfen Steinen hinunter. Es dauerte nicht allzu lange, bis wir auf halber Höhe angelangt waren. Mein Herz klopfte laut, und während ich innehielt, um wieder zu Atem zu kommen, beleuchtete der großartige Sonnenuntergang die exponierten Flanken der Berge ringsum mit einem feurigen roten Glanz unbeschreiblicher Schönheit. Unser Lager erschien uns immer kleiner. Ich konnte noch den Professor sehen, der auf einem Felsen stand, den Kopf in den Nacken gelegt, und ängstlich unseren Weg verfolgte. Sowohl Xiao Yuan als auch ich waren von einer merkwürdig grimmigen Entschlossenheit ergriffen, den Gipfel zu erreichen. Ich kletterte langsam, da der Hang immer schlüpfriger wurde. Ich bin kein erfahrener Kletterer, und es wurde immer schwieriger, festen Halt zu finden und in dem schnell abnehmenden Licht den Weg vor uns zu erkennen. Xiao Yuan hatte einen schmalen Sims erreicht und rief mir zu, daß er versuche, das letzte Stück bis zum Gipfel emporzuklettern. Von meinem Standpunkt aus sah das sehr schwierig und gefährlich aus. Zum ersten Mal meldete sich ein Hauch von Angst in meiner Magengrube, und ich beschloß, meinen Stolz zu opfern.

«Ich glaube, wir sollten besser umkehren», rief ich ihm zu. «Es wird zu dunkel, um noch genug sehen zu können.»

Xiao Yuan lachte, das Lachen eines Siebenundzwanzigjährigen. «Es ist schon okay», rief er. «Kommen Sie mir nach.»

Als ich den Sims erreichte, wußte ich, daß es närrisch sein würde, die abschließende Kletterpartie zum Gipfel zu wagen. Der vorher noch etwas rauhe Grund hatte inzwischen glattem Fels Platz gemacht. Die leise Stimme der Vernunft tief aus meinem Inneren sandte meinem Gehirn ein Warnsignal. Glücklicherweise empfing ich die Botschaft.

«Ich gehe zurück nach unten, Xiao Yuan», rief ich, als ich wieder zu Atem gekommen war.

Inzwischen war ein Wind aufgekommen. Ich bekam keine Antwort.

Ich rief noch einmal, aber er hatte bereits eine Felsnase umrundet. Meine Worte verwehten im Wind. Ich entdeckte schnell, daß der Abstieg sehr viel schwerer sein würde als der Aufstieg. Der Grund war trügerisch. Ich versuchte, mich verzweifelt festzukrallen, wenn meine Füße unter mir wegzurutschen drohten, ich griff mit den Händen nach dem Hang und setzte mich mit der Hose auf die scharfkantigen Felsen. Der kalte Schweiß, der mir auf der Stirn stand, wurde jetzt nicht mehr durch Anstrengung verursacht. Dafür war der Wind zu kalt. Nach scheinbar endloser Zeit und mit viel Glück erreichte ich schließlich die Vorberge und war damit in Sicherheit. Es war bereits dunkel, als ich das Lager wieder erreichte. Aber der Mond war inzwischen aufgegangen und schien hell, als zu meiner Erleichterung Xiao Yuan, der eine ganz andere und noch anstrengendere Route zum Abstieg hatte wählen müssen, dreißig Minuten später ins Lager kam. Natürlich hätten wir den Aufstieg niemals wagen dürfen, und wir hatten uns selbst unnötigerweise einem Risiko ausgesetzt. Aber das tut man manchmal.

Am nächsten Morgen weckte mich Xiao Yuan, indem er an meiner Zeltklappe zog.

«Wildkamele», flüsterte er. «Kommen Sie schnell, ganz dicht bei unserem Lager steht eine Herde.»

Ich warf mir meine Kleider über und folgte ihm nach draußen. Er zeigte in Richtung Wüste. Mit dem Fernglas sah ich, daß es wirklich Kamele waren. Ich konnte sie ganz gut sehen, eine Herde von ungefähr acht Alttieren. Ich griff nach meiner Kamera und lief mit Xiao Yuan schnell in Richtung der weidenden Herde. Wir prüften die Windrichtung. Der Wind wehte von den Bergen auf die Kamele zu. Unter Ausnutzung auch der kleinsten Deckung bewegten wir uns in einem weiten Bogen nach Osten und änderten schließlich die Richtung, so daß der Wind nicht länger unsere Witterung den Kamelen zutragen konnte. Dann schlichen wir uns näher heran.

«Immer schön unten bleiben», flüsterte ich Xiao Yuan zu. «Wir sind jetzt ziemlich dicht bei ihnen. Wenn sie uns sehen, werden sie sich sofort zerstreuen.» Wir gingen noch ein Stückchen dichter heran. Ich fluchte im stillen, als ich unachtsam einen Stein lostrat, der eine kleine Senke hinunterpolterte. Aber die Kamele nahmen davon keinerlei Notiz. Auf annähernd halbe Größe geduckt, kamen wir ihnen immer näher. Ich beobachtete die Kamele mit dem Fernglas. Sie käuten wieder wie zufriedenes Vieh in Hereford. Aber bestimmt hatten sie inzwischen unsere Witterung aufgenommen? Irgend etwas stimmte da nicht.

«He, Xiao Yuan. Das sind überhaupt keine Wildkamele. Sehen Sie, die meisten von ihnen haben Pflöcke in der Nase.»

Ich gab ihm mein Glas. Die Kamele hatten uns inzwischen erblickt und beäugten uns mit erhobenen Köpfen, trafen aber keinerlei Anstalten, die Flucht zu ergreifen. Ich wußte jetzt bestimmt, daß es sich um domestizierte Kamele handelte, vielleicht um eine irgendwo entlaufene Herde. Wir gingen zu ihnen. «Kasachisch», sagte ich, wobei mir das Wissen um die Holzpflöcke durch die Nase zugute kam, das ich in der Mongolei erworben hatte. «Sehen Sie sich ihre Höcker an, die sind viel zu groß für Wildkamele, und einige sind auch ziemlich schlaff. Wir hätten es wissen müssen.»

Wir lachten, obwohl wir ja selbst die Dummen waren. Ich wußte, daß Hauskamele sich keiner Herde von Wildkamelen zugesellen, daß aber ein Hengst in der Brunst hundert Kilometer galoppieren wird, um eine Stute zu finden, ganz gleich, ob nun Wild- oder Hauskamel. Hier im Gebiet der Wildkamele umherstreifende Hauskamele waren uns gar nicht willkommen.

Am gleichen Tag auf einem Fußmarsch von fünfunddreißig Kilometern sahen wir zwei Herden von Tibetischen Wildeseln *(Equus hemionus kyang)* sowie einen Wüstenfuchs und fanden die Hörner eines wilden *Argali*-Schafes; aber es gab keinerlei Anzeichen für Wildkamele. Keine Fußspur, kein Büschel Wolle. Wir waren auf Berge gestiegen, von denen aus wir eine atemberaubende Aussicht über die flirrende Landschaft hatten, hatten die kieselübersäte Wüste immer wieder mit dem Fernglas abgesucht, ohne den geringsten Erfolg zu verzeichnen. Ich fragte mich bereits, ob es das Wildkamel überhaupt noch gab. Wir hatten jetzt über zweitausend Kilomter zurückgelegt und noch kein einziges gesehen.

Nach weiteren fruchtlosen Fußexkursionen versuchten wir es nach zwei Tagen wieder mit dem Jeep. Wenn wir die Kamele nicht zu Fuß finden konnten, dann mußten wir eben die Suche aus dem Fahrzeug heraus fortsetzen. Wir fuhren Richtung Kum Tagh, zu der Sandbarriere, die ungefähr siebzig Kilometer nördlich unseres Lagers verlief. Die Fahrt über die mit Felsblöcken durchsetzte Wüste, die von Senken und ausgtrockneten Wasserläufen zerrissen war, ging nur langsam vonstatten und wollte einem schier die Eingeweide zerreißen. Um die Dinge noch schlechter zu machen, kochte der Motor von Fahrer Songs Fahrzeug häufig, und er war wieder zu seiner gewohnten Aufsässigkeit zurückgekehrt. Ich dagegen mußte mich sehr zusammennehmen, um nicht ebenfalls überzukochen. Die Nerven waren straff gespannt, während wir beim Tempo von fünfzehn Stundenkilometern endlos durchgeschüttelt wurden. Nach ungefähr fünf Stunden erreichten wir in heulendem, sandgeschwängertem Wind die Dünen. Die Sicht hatte sich rapide verschlechtert. Gewaltige Flächen von Fels und hartem Sand türmten sich über uns auf – atemberaubend schön, aber voller versteckter Gefahren. Es war gut möglich, daß wir die ersten Menschen waren, die überhaupt jemals ihren Fuß in diesen Teil des Kum Tagh setzten.

An dieser Stelle und zu diesem Zeitpunkt sagte ich dann, ich wolle weiterlaufen, und der Professor schalt mich für meine Dummheit. Aber ich hatte von dem Jeep genug. Mein Rücken schmerzte. Mein Mund war voller Sand. Mein Kopf war unzählige Male gegen den ungünstig sitzenden Überrollbügel geschlagen, welcher das Verdeck des Jeeps hielt, und ich hatte auch mehr als genug von Songs Launen. Jetzt war es Zeit zu gehen, also würde ich gehen. Ich stapfte voran, unzugänglich für das Gemurmel hinter mir. Und trotz der sich rapide weiter verschlechternden Sicht drang ich in das Labyrinth der Dünen ein.

«Wo wollen Sie hin?» rief der Professor, dessen Stimme im Geheul des Windes kaum noch zu hören war. «Das ist sinnlos.»

Ich streckte meinen Arm geradeaus und ging weiter stur voran. Was mich vorantrieb, werde ich niemals erfahren. Ich lief einfach immer weiter. Drei Kilometer und zwei stattliche Sanddünen später erblickte ich dann plötzlich eine wilde Kamelstute, die mich in Alarmstellung anstarrte und zu deren Füßen ein sackartiges Objekt lag. Ich erstarrte vor Verwunderung. Warum flieht sie denn nicht, dachte ich. Sie muß krank sein und ist an diesen gottverlassenen Ort gekommen, um zu sterben. Da bewegte sich der «Sack» ein wenig, und ich begriff, was ich da vor mir hatte. Was mir den Funken sandte, der den Kompaß in meinem Kopf richtig einstellte, werde ich niemals verstehen. Ich weiß nur, daß es sehr viel wahrscheinlicher ist, eine Nadel in einem Heuhaufen zu finden als ein Kamel mit einem neugeborenen Fohlen im Kum Tagh.

Die Stute war ängstlich. Unter normalen Umständen wäre sie schon lange geflohen, bevor wir sie erreicht hätten; sie mußte das Gerassel des Motors unseres Jeeps schon lange gehört und unsere Witterung aufgenommen haben. Aber jetzt hielt sie stand. Sie wechselte gerade das Fell. Große Flächen grauer Haut waren auf ihren Flanken zu sehen. Wollbüschel hingen ihr vom langen Hals herab. Aber sonst schien sie in guter Verfassung zu sein. Ihre kleinen, steil aufgerichteten Buckel waren fest und voller Fett.

Auf einmal erhob sich das Fohlen mühsam und versuchte zu saugen. Ich konnte einen seiner Buckel ganz deutlich erkennen; er erhob sich auf seinem Rücken wie ein kleiner grauer Maulwurfshügel. Der andere, der viel kleiner und kaum zu sehen war, schien ihm zu einer Seite seines Rückgrats hinuntergerutscht zu sein. Inzwischen hatten der Professor, der «Botaniker» Li und Xiao Yuan in einem Halbkreis um die beiden Kamele Aufstellung genommen. Zuerst konnte das Fohlen die Zitze nicht finden. Es stupste und nuckelte seiner Mutter an der Unterseite des Halses herum und ließ sich dann erschöpft wieder zu Boden sinken, ohne von seinem andächtig beobachtenden Publikum die geringste Notiz zu nehmen. Dann erhob es sich wieder und erkundete mit weiterem enttäuschtem Stupsen die unteren Regionen seiner Mutter. Schließlich fand es, wonach es suchte, nahm eine Zitze ins Maul und trank. Der Professor war ganz außer sich vor Aufregung und versuchte, so nah an die Kamele heranzukommen wie möglich. Li, der offenbar nicht das geringste Gefühl für die extreme Angespanntheit der Situation hatte, schlenderte völlig unbedacht auf die Stute und das Fohlen zu. Ich versuchte, sie wie verrückt gestikulierend dazu zu bringen zu bleiben, wo sie waren. Wir waren alle nahe genug an den Kamelen, um gute Bilder zu machen.

Meine Kamera! Du Idiot! Ich schüttelte verzweifelt meinen Kopf. Meine Videokamera war im Jeep. In meiner Eile, das Fahrzeug zu verlassen und loszumarschieren, hatte ich sie zurückgelassen. Ich wandte mich um und rannte los, folgte unseren Spuren zurück zum Jeep. Ich mußte meine Videoausrüstung holen. Es war eine unwiederbringliche Gelegenheit, um einzigartige Aufnahmen zu machen. Drei Kilometer sind im Wüstenwind eine lange Strecke. Meine Füße waren wie Blei. Das Herz schlug mir bis zum Hals, während ich meine Dummheit verfluchte. Schließlich erreichte ich keuchend und japsend den Jeep. Der Fahrer Song hatte nur einen verächtlichen Blick für mich übrig und sagte etwas auf chinesisch. Seine Füße waren auf das Armaturenbrett gestützt, und, kaum zu glauben, er polierte seine Schuhe mit dem Staubtuch. Song und ich waren an diesem Tag nicht besonders gut miteinander zurechtgekommen, aber jetzt war keine Zeit mehr für Nettigkeiten. Ich sagte nichts von unserer Entdeckung, packte die derbe mongolische Jagdtasche, in der meine Kamera steckte, und schlug die Tür des Jeeps zu. Völlig außer mir, wie ich sie hatte dalassen können, nahm ich halb rennend, halb gehend den Rückweg in Angriff. Ich stürzte und hatte einen furchtbaren Augenblick lang das Gefühl, den falschen Weg gewählt und mich verlaufen zu haben. Ich konnte unsere Spuren nicht länger entdecken, die inzwischen von dem vom Wind umhergetriebenen Sand überlagert sein mußten. Verloren im Kum Tagh. Was für ein Ende! Dann erkannte ich eine besonders markante Stelle in der Landschaft, eine sehr steilflankige Düne. Nachdem ich die Düne umrundet hatte, sah ich zu meiner äußersten Erleichterung, daß die Kamelstute mit ihrem Fohlen immer noch da war. Gnädigerweise waren die anderen auf ihren Plätzen geblieben und hatten die Stute und das Fohlen nicht weiter gestört. Wenn sie geflohen wäre und ihr Junges zurückgelassen hätte, wäre es mit großer Sicherheit eingegangen.

Ich machte mich über die Plastiktaschen her, die ich um die Kamera gewickelt hatte, um sie vor Staub zu schützen, mir ständig bewußt, daß das Kamel jeden Augenblick davonlaufen konnte. Dann noch die Batterie. Sie war leer. So wie in anderen Bereichen des Lebens bin ich auch Amateur, was das Fotografieren und Filmen anbelangt. Ich dachte mit Wehmut an meine alte, federbetriebene Movikon 8mm-Kamera, die in jeder Situation unfehlbar funktioniert hatte. Wann werden die Videokameras ihre Abhängigkeit von kurzlebigen Batterien ablegen? Glücklicherweise hatte ich einen Ersatz dabei. Immer mit der Ruhe. Atem anhalten und auslösen. Die Kamera lief.

Das Fohlen versuchte immer noch zu saugen, aber die Stute hatte inzwischen genug. Sie war erregt und drauf und dran zu fliehen. Sie stupste das Fohlen, begann sich dann langsam, ganz langsam von uns zu entfernen. Das Fohlen torkelte unsicher hinter ihr her.

Ich hatte die Aufnahme meines Lebens im Kasten, aber nur mit knappester Not.

Am Abend, nach einem Festessen, brachte der Professor eine Auswahl von Donnerschlägen und anderen Feuerwerkskörpern zum Vorschein; der beeindruckende Hintergrund der hochaufragenden Gipfel des Arjin Shan hallte wider von seinem Feuerwerk. Immer noch in Festtagsstimmung sang er später voller Inbrunst eine längere Weise auf den abnehmenden Mond und hüpfte schließlich herum, wozu er mitreißende Revolutionslieder zum besten gab. Wir alle teilten seine Freude, aber nach seinem wüsten Benehmen war ich mir so gut wie sicher, daß wir in der Wüste Lop keine Wildkamele mehr sichten würden.

Aber damit lag ich falsch. Im Verlauf von weiteren mühsamen

Fußexkursionen sahen wir in den nächsten zwei Tagen noch siebenundvierzig Stück, darunter zwei einzelne Hengste, sowie vier weitere Wildesel.

Am nächsten Morgen war der klare Himmel der letzten Tage Vergangenheit, und ich wurde in einem ausgewachsenen Sturm von schlagendem Zelttuch geweckt. Ich schaltete das Radio ein und stellte den BBC-Worldservice ein.

«Es ist gerade durchgegeben worden, daß die Chinesen einen unterirdischen Atomversuch auf ihrem Versuchsgelände Lop Nur in Xinjiang durchgeführt haben...»

Ich verdaute die Bedeutung dieser Neuigkeit. Wir waren keine zweihundertfünfzig Kilometer von dem Testgelände entfernt. Vielleicht hatte sich deswegen das Wetter so plötzlich geändert. Glücklicherweise hatten wir bereits beschlossen, unser Lager abzubrechen und durch den Arjin Shan nach Südwesten zum Tal Hongliugou, das in einen weiter westlich gelegenen Abschnitt der Wüste Lop mündet, aufzubrechen. Angesichts der Möglichkeit nuklearen *fall-outs* war ich mehr als bereit zum Aufbruch.

Wir folgten dem ausgetrockneten Flußbett am Lapeiquan vorbei und stiegen bis auf viertausend Meter auf, wo der starke Wind Schneeschauer vor sich her trieb, obwohl wir bereits Mitte Mai hatten. Es war eine lange, rückgratzerschmetternde und den Kopf übel zerbeulende Fahrt über zweihundertfünfzig Kilometer, die doppelt schwierig wurde durch die Tatsache, daß dem Fahrer Song die Zigaretten ausgegangen waren und er nun darauf angewiesen war, in Altzeitung eingewickelten Ziegeltee zu rauchen. Seine Nerven lagen blank, und mit unseren verhielt es sich nicht viel anders, als wir schließlich am Eingang des Hongliugou-Tales das aufgelassene, nationalistische Fort bei Bashkagun erreichten. Wir hatten ein scheinbar endloses, tief zerrissenes, sandiges Bergplateau überquert, vorbei an spektakulären *yardangs*, die eine gewisse Ähnlichkeit mit Laibern von Bauernbrot hatten, mit grotesken Gesichtern und einer zinnengekrönten Stadtmauer. Als wir jedenfalls endlich Bashkagun erreichten, sprang der normalerweise wortkarge Fahrer Xiao Kegang, der den Lastwagen vor uns gefahren hatte, ganz außer sich vor Freude aus seiner Fahrerkabine. Er hörte gar nicht mehr auf zu reden, die Worte sprudelten, begleitet von aufgeregten, animierten Gesten, nur so aus ihm hervor.

«Wir hatten gerade die Salzquelle dort unten passiert», sagte Xiao

Yuan, der mit ihm vorne im Lastwagen gesessen hatte, «als plötzlich ein wilder Kamelhengst aus dem Schilf erschien. Er galoppierte längs des Fahrweges und ist dann in dem Tal verschwunden.»

Trotz der Nukleartests blieb uns das Glück also treu. Mir tat es natürlich leid, daß ich diesen Anblick verpaßt hatte.

Das alte Fort war schmutzig. In den späten vierziger Jahren aufgegeben, war es seither von Generationen von Soldaten und Viehhirten auf Brennmaterial gefilzt worden; die Wände waren inzwischen mit obszönen Aufschriften bedeckt, der Boden mit einer unbeschreibbaren Menge von altem Müll. Es schien uns unklug, mitten im heulenden Sturm unser Lager aufzuschlagen. Also blieb uns nichts anderes übrig, als so gut wie möglich eine Ecke in einem der Gebäude mit noch halb intaktem Dach von Müll zu befreien und uns inmitten vergilbten Zeitungspapiers, Flaschenscherben und Schlimmerem niederzulegen.

Um vier Uhr morgens wurden wir alle geweckt durch ein Fahrzeug, das draußen in den Hof fuhr. Eine Jeeptür wurde zugeschlagen. Dann wurde Geschrei laut.

«Verhalten Sie sich ganz ruhig», sagte der Professor und griff nach dem Gewehr. «Es könnte sich um Banditen handeln.»

Ich zog mein Messer aus der Scheide und wartete. Eine Folge von heftigen Schlägen auf die baufällige, metallene Tür folgte. Professor Yuan, der nichts als seine langen Wollunterhosen trug, spannte das Gewehr und stieß die Tür auf. Ein dunkler Mann mit langem pechschwarzem Haar und in der Arbeitskleidung der Armee füllte den ganzen Eingang aus. Aber er war kein Soldat. Es war einfach ein kasachischer Viehhirte, der zusammen mit seinem Vater in einem alten Jeep hergekommen war, um nach seinen Herden zu sehen, die in der Nähe grasten. Sie ließen sich mit in unserem widerwärtigen Quartier nieder, und die frühen Morgenstunden vergingen schnell in angeregtem Gespräch mit dem Professor und dem «Botaniker» Li, sehr zum Mißfallen des Fahrers Song, der zunächst einmal klarstellte, daß er nicht weiterfahren würde, bis er seinen Schlaf bekommen hatte.

Am nächsten Morgen wies Song uns mit theatralischem Gehabe darauf hin, daß er Magenschmerzen habe. Er war inzwischen zu einer Qual, zu einem Kreuz geworden, das wir alle zu tragen hatten. Aber da er ebensosehr darauf erpicht war, unsere provisorische Absteige hinter sich zu lassen wie wir selbst, konnten wir ihn überreden, sich ans Steuer zu setzen. Wir fuhren dreißig Kilometer weit das Hongliugou-Tal hinunter, unter anderem durch eine spektakuläre Kluft in einem überhängenden Fels, die von dem Wasser unzähliger Fluten im Verlauf der Jahrhunderte geformt worden war. Das Flußbett verlor sich schließlich in einer weiten Schwemmebene. Der jetzt von Staub und Sand ausgelöschte Kum Tagh lag im Norden. Wir hatten vor, den Jeep stehen zu lassen und zu Fuß zur weiteren Suche nach Kamelen zurück in die Wüste Lop zu gehen, durch das Vorgebirge des Arjin Shan. Nach unserer Satellitenkarte lagen vor uns im Osten noch zwei weitere ausgetrocknete Schwemmebenen. Wir überlegten uns, daß von dort aus vielleicht der Weg der Kamele in die Berge verlaufen könnte, aber die Satellitenkamera mußte die Aufnahme aus ziemlich schrägem Winkel gemacht haben. Es war ein viel weiterer Marsch, als wir nach der Karte vermutet hätten; nach zwanzig Kilometern hatten wir die erste Schwemmebene noch immer nicht erreicht. Der Wind wehte inzwischen sehr viel heftiger über die völlig gleichförmige Wüste. Wir trotteten weiter. Der «Botaniker» Li riß eine einsame Pflanze aus, behauptete, sie sei sehr selten, und warf sie dann wieder weg. Prof. Yuan war entschlossen, das Bett des ausgetrockneten Flusses zu erreichen, und nach einigen Kilometern waren wir tatsächlich dort. Das Flußbett lag zehn Kilometer weiter westlich als nach der Karte zu vermuten, und inzwischen hatte der Himmel ein unheildrohendes Gelb angenommen; ein größerer Sandsturm war im Anzug. Wir mußten uns auf unseren Kompaß und unsere Fußspuren verlassen, um den Rückzug von zwanzig Kilometern zu unserem Jeep zu bewältigen. Aber unsere Fußspuren wurden sehr schnell unkenntlich durch den umherwehenden Sand, und die Sicht schrumpfte auf zehn Meter zusammen. Wenn wir unseren Kurs auch nur um ein Grad verfehlten, waren wir in ernsten Schwierigkeiten.

Aber das Glück blieb uns treu. Trotz des heulenden Sturms und des stechenden Sands, der uns von Westen her direkt ins Gesicht geblasen wurde, konnten wir unsere Spuren im Auge behalten. Vier Stunden und zwanzig Minuten später taumelten wir auf unseren Jeep zu, in dessen rauchgefülltem Inneren der Fahrer Song mit seinen Magenschmerzen saß und zur Abwechslung einmal erleichtert schien, uns zu sehen.

● ● ●

Einheit 36 liegt einhundertachtzig Kilometer westlich des Hongliugou-Tales. Es gibt einhundertneunundachtzig Einheiten in Xinjiang.

Einige davon sind Zwangsansiedlungen, einige Siedlungen stammen von ehemaligen Soldaten. Bei anderen handelt es sich um einstige Umerziehungslager für Opfer der Kulturrevolution. Wieder andere sind höchst ominöserweise in den offiziellen Karten überhaupt nicht eingetragen, so daß man sich nicht sicher sein kann, was dort eigentlich los ist. Aber Vermutungen sind erlaubt. Dieses *tuan* war ursprünglich eine Landwirtschaftskolonie der Armee, wie alle anderen gleichartigen Einrichtungen strategisch positioniert, um Unzufriedenheit zu unterdrücken. In den sechziger Jahren wurde es in ein Lager für Dissidenten – zur Umerziehug durch Arbeit – umgewandelt. Es liegt fünf Kilometer westlich der alten Stadt Miran, einer während der Han-Zeit strategisch wichtigen Ortschaft. Von strategischer Bedeutung blieb die Stadt auch unter der Herrschaft der Reiche Shanshan und Khotan im fünften Jahrhundert und in der folgenden Epoche unter tibetischer Hoheit. Prschewalski hatte als erster die Lehmruinen von Miran gefunden – auf seiner vom russischen Kriegsministerium finanzierten Expedition von 1876, die offiziell der Suche einer Route nach Lhasa galt. Es war die gleiche Expedition, die ihn zum südwestlichen Seebett des Lop Nur führte und damit die jahrhundertelange Spekulation über dessen Existenz beendete. Dreißig Jahre später wurden die Fundstätten von Stein gründlich durchforstet, und sechs Kamele trugen schließlich seine Entdeckungen davon – beziehungsweise sein Plündergut, das kommt auf den Standpunkt an (ein Kamel kann über einhundertfünfzig Kilo tragen). Leider machte der tobende Sandsturm es uns praktisch unmöglich, zwischen den buddhistischen Stupas und dem alten tibetischen Fort längere Zeit umherzuwandern, als wir Miran endlich erreichten. Unsere Fahrt dorthin war besonders wagemutig gewesen, da der umherwirbelnde Sand häufig den Fahrweg unsichtbar gemacht hatte. Nur dank einer langen Reihe von Telegrafenmasten verloren wir den Weg nicht.

In Einheit 36 hieß uns die rundliche, stets lächelnde Mama Feng mit ihrer eifrigen, ständig kichernden Tochter in ihrer Karawanserei herzlich willkommen. Sie herrschte über acht baufällige Lehmziegelhütten, eine Küche und einen Speiseraum, die sich um einen schlammigen Hof scharten. Im Speiseraum prangte der unvermeidliche Fernseher. Nach dem tagelangen Entzug seiner gewohnten Unterhaltung saß der Professor bald unverrückbar vor der Kiste fest und zappte zufrieden von Kanal zu Kanal. Die Unterbringung war, verglichen mit Bashkagun (kein Stern), fünfsternemäßig (eine Blechschüssel, ein Metallbett, eine Thermoskanne mit heißem Wasser und eine dicke Bettdecke). Aber kaum hatte ich eine gewaltige und magenwärmende Portion von Nudeln, Hammelfleisch und Gemüse genossen unter den Augen einer strahlenden Mama Feng, als die Polizei erschien.

«Warum sind Sie hier abgestiegen statt im offiziellen Hotel?» fragte mich der verkniffene Beamte, der keine Uniformmütze trug, den Gürtel und den Kragenknopf geöffnet hatte und mit einem kriecherischen jungen Rekruten im Schlepptau in Mama Fengs Küche erschienen war.

Die Antwort, daß es mir hier gefiel, daß ich die gute Frau leiden mochte und ihre Tochter und ihre Speisen köstlich fand, half mir nicht weiter.

«Ausländer sind verpflichtet...»

Also wurde ich gezwungen, mich von meinen Gefährten zu trennen, und in ein trostloses Zimmer in einem seelenlosen Betonblock gebracht. Dort führte eine säuerliche Dame die Aufsicht, die es gefühlloserweise bedauerte, zu mitternächtlicher Stunde geweckt worden zu sein. Die Toilette erreichte ich nach einem Gang über zwei Innenhöfe und durch zwei Eisengitter. Das bedeutete vermutlich in der Theorie eine Verbesserung gegenüber Mama Fengs Einrichtung, wo es nicht einmal ein Plumpsklo gab. Der unbeschreibbare Zustand der offiziellen Hoteltoilette allerdings, deren Öffnung frühere Benutzer zielsicher und häufig verfehlt zu haben schienen, weckte in mir die Sehnsucht nach dem freien Feld, welches Mama Fengs Räumlichkeiten umgab.

«Schlafen Sie in diesem Zimmer mit niemandem, der nicht ihre Frau ist», forderte eine Wandaufschrift in meinem Zimmer. Im Raum nebenan schrie die ganze Nacht hindurch ein Baby.

Am nächsten Morgen um sieben Uhr plärrten flächendeckend die an allen Straßen angebrachten Lautsprecher die örtlichen und nationalen Nachrichten heraus. Um sieben Uhr dreißig folgten auf fünfzehn Minuten martialischer Musik, die wahrscheinlich die offizielle Untermalung zum Nudelverzehr war, strenge Ermahnungen, sich in die harte Arbeit zu stürzen, reaktionäre Tendenzen auszumerzen und die Revolution des Volkes voranzutreiben. Um acht Uhr ging die ganze Einwohnerschaft auf ihren bewässerten Feldern harter Arbeit nach.

Einhundert Kilometer weiter westlich erwartete uns die alte Stadt Ruoqiang (Charklick auf den alten Karten), die abgewirtschaftet und bedrückend wirkte, als sei ihr das alte, warme, uighurische Herz herausgerissen und durch ein lebloses, sozialistisches Surrogat ersetzt worden. Der Marktplatz war eine einzige Betonfläche, bedeckt mit Müll und Glasscherben und umgeben von leeren, verfallenden Marktbuden. Ein senfgelbes Postamt mit abblätternder Farbe, ein großes, nur zur Hälfte bewirtschaftetes Hotel und ein paar andere schwer zuzuordnende Gebäude beherrschten die leeren, freudlosen Straßen, die vom Marktplatz ausgingen. Als Kreuzungspunkt, von dem aus Wege nach Korla im Norden, Tibet im Süden, Kashgar im Westen und Miran und die Wüste Lop im Osten führten, sollte der Ort eigentlich so vor Geschäftigkeit und Leben quirlen, wie er es tat, als Prschewalski, Hedin, Stein und andere Forschungsreisende ihn um die Zeit der Jahrhundertwende besuchten. Aber jetzt war er leblos, und der Wind – Nachwehen unseres Sandsturms –, der durch die seelenlosen Straßen strich und an den gerade keimenden zarten Blättern der Pappeln zerrte, war eine angemessene Zugabe in dieser grauen, staubigen, von allen guten Geistern verlassenen Stadt.

Von der bedrückenden Oase Ruoqiang führte uns unsere eintausendfünfhundert Kilometer lange Straßenroute zurück nach Urumqi, zunächst über gelbes Lehmpflaster, das weitgehend beschädigt und von Schlaglöchern durchsetzt war, durch den heulenden Sturm nordwärts. Wir nahmen sie als Reminiszenz an die Tausenden von Arbeitern diverser Einheiten, die an ihrem Bau beteiligt gewesen waren. An manchen Stellen des Weges erhoben sich zur einen Seite der Straße die Sanddünen der Gashun Gobi, auf der anderen Seite die der Taklamakan, als wollten sich diese beiden gewaltigen Flächen von Ödland miteinander verbinden. An anderen Stellen hatten sich gierige Finger von tiefem Sand über die Straße gestreckt und zwangen uns, haltzumachen und zu ihrer Überwindung Planken und Schaufeln zu gebrauchen.

Wir waren auf dem Weg zur Stadt Korla, wo Hedin während der Rebellion General Ma Zhongyins für zwei Monate unter Hausarrest gestanden hatte. Zuvor wollte ich allerdings noch Aksupe besuchen, das stromaufwärts vom Zusammenfluß des Kuruk und Konche Daria bei Tomenpu lag. Ich hoffte, irgendeinen alten Graubart zu finden, der sich noch an Hedins Besuch im Jahr 1934 erinnerte, als dieser mit vier in Aksupe angeheuerten Fährmännern mit dem Kanu den Kuruk Daria hinunter bis in das damals erst gerade wieder aufgefüllte Seebecken des Lop Nur gefahren war.

Nach einer langen, anstrengenden Fahrt bogen wir in der Nähe von Einheit 34 von der mit gelben Backsteinen gepflasterten Straße ab und folgten einem Weg durch einen grünen Korridor bewässerter Felder. Unerwarteterweise kamen wir auch an einem gewaltigen Damm vorbei, dem Dashi Hazi. Dieser Damm verhinderte den Abfluß von Wasser in den Konche oder den Kuruk Daria. Die toten oder absterbenden Reste alter Pappeln zu beiden Seiten der gelb gepflasterten Straße waren ein bedrückendes Zeugnis für den Beitrag des Dammbaus zur Wüstenbildung weiter südlich. Die Absperrung des intermittierenden Zustroms dieser Flüsse war der einzige Grund, warum heute beide alten Betten des Lop Nur völlig ausgetrocknet sind. Und wieder folgten wir der Führung unseres überschwenglichen Professors, warfen wie die Kinder alle Kleider ab und wuschen uns den Wüstenstaub von der Haut, bevor wir weiter Richtung Aksupe fuhren.

Der Dorfsprecher von Aksupe, ein unbeholfener junger, nicht des Uighurischen mächtiger Chinese mit dickrandiger Brille, einem Bartanflug und Pickeln begrüßte uns mit Ehrerbietung. Er unterschied sich sowohl äußerlich als auch im Benehmen total von dem selbstherrlichen, «großen, stämmigen und würdigen» uighurischen Dorfältesten Sali Bek, der dem Dorf in Hedins Tagen vorgestanden hatte. Die Sprachbarriere und seine Unkenntnis des Islam und der uighurischen Sitten hatten ihn eindeutig von den Einheimischen isoliert. Es war die übliche Marionette, ohne jegliche Verbindung zu den Menschen, einsam und ängstlich, und er war sichtlich erfreut über die Besucher aus der Außenwelt, die ihm die täglichen Spannungen seines Alltagslebens für kurze Zeit nehmen konnten.

«Er ist demokratisch gewählt worden», bemerkte Prof. Yuan auf meine Frage nach seiner Legitimation. «Es gab vier Kandidaten, die von der Regierung aufgestellt wurden. Das Volk hatte durchaus die Wahl.»

«War ein Uighure unter den Kandidaten?» fragte ich.

«O nein», sagte der Professor mit erkennbarem Mißtrauen angesichts meiner Frage, «es waren alles Chinesen.»

Auf unsere Bitte hin versammelte der Dorfvorsteher eine Gruppe würdiger uighurischer Alter im Dorfgemeinschaftshaus. Sobald ich die Rede auf Hedin und seine in Aksupe angeworbene Mannschaft brachte, brach ein heftiger Streit aus.

«Ich erinnere mich noch an einen Russen, der damals hierherkam», sagte ein blinder alter Mann. «Er gab mir Geld.»

«Unfug», versicherte ein anderer. «Welch eine Lüge. Du bist doch noch ein junger Kerl. Du warst damals noch nicht einmal geboren. Ich war damals zehn Jahre alt. Ich weiß noch, daß mein Vater erzählte ...»

«Du! Wovon redest du überhaupt?» Ein weiterer Alter mit feingeschnittenem Gesicht, verzierter Kappe, flatterndem Gewand und spitzem Bart schalt den Blinden mit dem Finger. «Mein Onkel war einer der Fährleute für die Europäer, und der Weiße war auch kein Russe, er gehörte zu einem anderen Stamm.»

Der Streit wurde immer hitziger. Es schien bald unmöglich, Tatsachen und Erfindung zu trennen. Aber ich erfuhr, daß sie sich noch an Ordek erinnerten, den Mann, der um die Jahrhundertwende herum auf die Suche nach Hedins verlorenem Spaten gegangen war und dabei Lou Lan entdeckt hatte. Er war danach im Dorf ein Held gewesen, und er lag in der Nähe beerdigt. Man erinnerte sich auch noch der Namen von Hedins vier Fährleuten.

Immer wieder wurde der Name Lou Lan in dem lebhaften Gespräch erwähnt. Und während dieser Unterhaltung mit den alten Männern von Aksupe begann eine neue Idee in mir zu keimen, erwachte mein Interesse an der untergegangenen Stadt und der feindseligen, weg- und steglosen Wüste westlich davon. Hedin hatte von Wildkamelen geschrieben, die durch die verlassenen Straßen der Stadt liefen. Ich wollte die lange verlassene Stadt nun ebenfalls besuchen, aber nicht von Westen her entlang den Routen, denen Hedin und Stein gefolgt waren, sondern von Osten aus, wo, soweit bekannt, noch niemals ein Ausländer seinen Fuß hingesetzt hatte.

Später besuchten wir zusammen mit dem Dorfvorsteher den Damm von Aksupe und einige der alten Uighuren. Der Damm war kleiner als der von Dashi Hazi, das Wasser roch nach Fäulnis und quoll an zahllosen Stellen durch den Damm.

«Als ich ein Junge war», sagte der Mann, dessen Onkel Sven Hedin als Fährmann gedient hatte, «wurde es noch nicht so heiß wie heute. Hier in der Nähe gab es noch bengalische Tiger, Wildschweine und Gazellen in großer Zahl. Heute sind sie bis auf sehr wenige Gazellen alle verschwunden.»

«Und wir hatten auch noch nicht die Krankheiten, die wir heute bekommen», warf ein anderer der Alten ein. «Das Wasser, das damals den Konche Daria hinunterfloß, war klar und rein. Aber sehen Sie sich das hier an.» Er deutete mit dem Arm auf die Damm. «Es ist schmutzig. Und es ist unser Trinkwasser.»

Angesichts des stillstehenden, trüben Wassers verstand ich nun, warum die Hepatitis, eine ihnen zuvor unbekannte Krankheit, hier heute verbreitet war.

Hedin würde Korla heute nicht mehr wiedererkennen. Inmitten ihres Saums planlos gewachsener Industrieflächen ist ein Teil der alten ummauerten Stadt dem Erdboden gleichgemacht worden, um einem großen, betongepflasterten Platz des Volkes Raum zu geben mit gekachelten Bauten, die gleichzeitig grellbunt und gesichtslos wirken, sowie dem alles andere überragenden Block mit den öffentlichen Ämtern. Das Tian-Shan-Gebirge mit seinen schneebedeckten Gipfeln ist ein eindrucksvoller Hintergrund, wenn man es denn durch den Smog der Industrieabgase sehen kann. Auf dem Platz des Volkes tollen die Kinder umher wie kleine Osterlämmer oder rasseln mit batteriegetriebenen Kinderautos aneinander. Ein auf dem Platz hockender uighurischer Polizist, der erste seiner Art, den ich überhaupt sah, zeigte mir stolz eine nackte Dame auf der Rückseite einer zerknitterten Spielkarte, die er in seiner großen Pranke fest umfaßt hielt.

Wir hatten gerade eine dreihundertsechzig Kilometer lange, zweitägige Hin- und Rückfahrt entlang einer neuen Ölstraße in die Wüste Taklamakan hinter uns. Dort hatten wir nichts gefunden außer den Skeletten von vier Wildkamelen, einer Menge Sand, großangelegten Aktivitäten, die dem Öl galten, und der sicheren Erkenntnis, daß die Kamelherden im Tarimbecken nach der Entdeckung von Öl zum Untergang verurteilt sind.

Der Fahrer Song kehrte glücklicherweise von teegefüllter Zeitung zu normalen Zigaretten zurück. Ich entdeckte erstmals die Köstlichkeit der delikaten, gebackenen uighurischen Hammelklößchen. Die Sonne schien durch einen gelben Staubschleier, und wir waren auf dem Weg zurück nach Hause guter Dinge. Und plötzlich nahm mich der Professor beiseite und wurde verschwörerisch.

«Wir können über die normale Route via Turfan nach Urumqi zurückkehren», sagte er, und seine Augen glänzten hinter seinen Brillengläsern, «oder wir können einen anderen, interessanteren Weg über den Tian Shan wählen. Er ist sehr schön, und er ist schneller.»

«Dann lassen Sie uns ihn nehmen. In Turfan war ich schon.»

«Es gibt ein kleines Problem. Er ist für Ausländer geschlossen.

Wenn Sie sich allerdings wie ein Uighure kleiden wollten, dann könnten wir es versuchen ...»

Ich lachte. «Natürlich, Professor. Ich werde mich als Uighure verkleiden, als Mongole oder Kasache. Ganz wie Sie wünschen.»

«Ich schlage vor, Sie schützen Krankheit vor, so daß wir Sie in eine Decke hüllen und in den Fond des Jeeps setzen können. Wenn wir an einen Kontrollpunkt kommen, bedecken Sie Ihr Gesicht und stöhnen.» Professor Yuan griff in die Tasche und zog eine Kappe hervor, wie sie die uighurischen Muslims tragen. «Hier, ich denke, Sie sollten das hier tragen.»

Ich probierte die Kappe aus; sie paßte gut.

«Sie wußten schon vorher, daß ich für die Rückfahrt über den Tian Shan optieren würde», sagte ich mit einem Lächeln.

«Nach fünfundvierzig Tagen gemeinsamer Reise glaube ich, Sie inzwischen gut genug zu kennen», erwiderte er. Wir schüttelten uns die Hände. Nicht zum ersten Mal dankte ich meinen Sternen.

●●●

«Stöhnen Sie, los, stöhnen Sie.»

Ich stöhnte auf angemessene Weise.

Die leicht zerzauste, untersetzte Frau in Militäruniform spähte in den Jeep. Ungewöhnlicherweise trug sie keine Uniformmütze.

«Er ist krank, sehr krank», erklärte der Professor. «Wir versuchen, ihn so schnell wie möglich nach Urumqi ins Krankenhaus zu bringen. Es ist ein sehr dringender Fall.»

Und was, wenn sie mich jetzt nach meinen Papieren fragt? Ich kann ihr wohl kaum einen britischen Paß geben. Ich stöhnte wieder. Aber sie fragte auch nicht. Endlich einmal hatten wir es mit einem Soldaten zu tun, der sich nicht wichtig machte und noch nicht einmal gepflegt gekleidet war. Sie winkte uns weiter, und die Holzschranke hob sich.

Wir fuhren immer höher in den Tian Shan hinauf. Offensichtlich hatte Mao verfügt, daß militärische Einrichtungen und industrielle Einheiten aus Sicherheitsgründen in diesen Bergen versteckt werden sollten. Und als wir dann das Stahlwerk der Industriestadt Balguntay sahen, war dies ein denkbar starker Kontrast zu den schneebedeckten Gipfeln ringsum, zu den Bergen, auf die mongolische Viehtreiber ihre Herden zur Sommerweide führten und die gerade erst vom winterlichen Schnee befreit waren. Auf unserem Weg nach oben, zuerst über die Viertausend- und dann über die Viertausendfünfhundert-Meter-Marke sahen wir Hausyaks, die an steilen Hängen grasten, und natürlich die stets neugierigen Murmeltiere, die aus ihren Bauten hervorkamen und wieder darin verschwanden. Schließlich gelangten wir bei fünftausendeinhundert Höhenmetern an einen dramatischen Paß, der durch eine gewaltige Platte von schwarzem Fels geschnitten war, eingerahmt von zwei monumentalen Gletschern. Der Schnee schmolz, und die Straße diente gleichzeitig als Flußbett. Ehrfürchtig blickten wir auf die hinabführende Straße herunter, die sich in beängstigend engen Kurven den steilen Berghang hinabwand.

Der Fahrer Song wurde wieder aufsässig. Ob es nun die Höhe war oder die Tatsache, daß ihm wieder einmal die Zigaretten ausgegangen waren, weiß ich nicht; jedenfalls beschleunigte er kräftig, als wir unsere Fahrt nach unten begannen. Der Weg war schmal, uneben, naß und schlüpfrig. Der Steilhang fiel mehrere tausend Meter tief ab, und auf der furchtbaren Fahrt hinunter saß mir der Magen die meiste Zeit im Hals. Dann kochte ich ebenso über wie der Jeep.

Wir hielten. Ich würde zu Fuß gehen, erklärte ich, selbst wenn ich eine Woche brauchte. Keinen Meter weiter bei diesem Tempo und mit diesem Fahrer.

So kühn und tapfer der Professor auch in der Wüste war, so bemerkenswert schwach zeigte er sich bei Führungsaufgaben. Aber diesmal hatte ich einen ungewohnten Verbündeten. Der «Botaniker» Li, den ich für einen Parteifunktionär hielt, schloß sich meiner Beschwerde an. Er wies den reuelosen Song mit deutlichen Worten zurecht, zog zu unser aller Überraschung einen Führerschein hervor und lenkte uns für den Rest der Fahrt sicher den Berg hinunter. Nicht mehr weit vom Tal entfernt, passierten wir eine Schlucht von atemberaubender Schönheit, deren Felsflanken mit immergrünen Pflanzen bedeckt waren. Nachdem wir diese Schlucht hinter uns hatten, kamen wir an die schwärzeste, übelste und industrieverschmutzteste Siedlung, die ich in Xinjiang je zu Gesicht bekam – sie gehörte zu einem weiteren Stahlwerk mit vier hohen, schlanken Ziegelsteinschloten, die unter einem hellblauen wolkenlosen Himmel dicken schwarzen Rauch in die klare Bergluft verströmten. Der Professor bestand auf einen Mittagsimbiß, und wir aßen in einer unglaublich verdreckten Gaststube schmutzige Nudeln. Der wieder einmal reizbare und säuerliche Fahrer Song weigerte sich, mit uns zu kommen, und blieb in seinem Jeep, um sich der Pflege seiner Fingernägel zu widmen. Jeder einzelne Bewohner und jedes einzelne Gebäude in dieser unvergleichlich bedrückenden

Stadt, die nur zwei Fahrstunden von Xinjiangs Hauptstadt entfernt lag, schien dick mit Kohlenstaub bedeckt zu sein.

Nach einigen Tagen Ruhepause in Urumqi brachen wir auf, um das Gebiet südlich des großen mongolischen Gobireservats A zu erforschen. In der Nordecke der Provinz Gansu, die an das Reservat grenzt, sahen wir die Resultate des legalen, des illegalen und des militärischen Abbaus von Bodenschätzen. In einer Gegend warnten Schilder mit unbeholfen geschriebenen Schriftzeichen davor, daß das Land so schwer mit Zyankali verseucht sei – das zur Goldwäsche verwendet wird –, daß Viehhirten ihre Herden dort nicht weiden lassen sollten. Wir sahen ein einjähriges Mischlingskamel, der Nachwuchs eines Wildhengstes, der hundert Kilometer auf der verzweifelten Suche nach einer brünstigen Kamelstute zurückgelegt hatte. Der mongolische Besitzer sagte uns, er würde es bald schlachten, weil es zu schwer zu zähmen sei.

Wir hörten, daß 1992 drei Gobibären an der Wasserstelle Dacaotan, fünfzehn Kilometer von der Grenze zur Mongolei entfernt, gesehen worden seien, aber unser Versuch, in das Grenzgebiet zu gelangen, scheiterte zu unserer Enttäuschung am Militär in Ming Shui. Für das Grenzgebiet zwischen Gansu und der Mongolei reichten unsere Papiere nicht aus, und so wurden wir abgewiesen. Ich hatte jedenfalls genug gesehen, um zu wissen, daß das Kamel, wenn es die internationale Grenze des großen Gobireservats A in Richtung China überschreitet, seinem sicheren Untergang entgegensah. Verseuchtes Land, ganze Horden illegaler, bewaffneter Schürfer, vermintes Gelände und viele Sprengungen stellten gewissermaßen sicher, daß das Wildkamel dort keine Chance zum Überleben hatte. Die hatte es nur in der Gashun Gobi, deren feindliches Gelände den Menschen noch fernhielt. Und dort auch nur, wenn es gelang, rechtzeitig ein Schutzgebiet einzurichten.

● ● ●

Am vierten Juni, nach fünftausendfünfhundert Kilometern Fahrt während der vorangegangenen fünf Wochen, war ich bereit, Urumqi zu verlassen, aber Xinjiang-Airways war noch nicht soweit. Nach warmen Abschiedsworten, Versprechungen zurückzukehren und erneuerten Zusagen von Prof. Yuan und meinen Freunden in Urumqi, sich für ein Schutzgebiet einzusetzen, stellte ich fest, daß meine Lieblingsairline mit einer zehntägigen Verspätung aufwartete. Während dieser aufgezwungenen Wartezeit wurde ich gegen meinen Willen von einem gepflegten Gentleman mit dem Profil General Zias und dem Akzent Bertie Woosters aufgegriffen, bei dem es sich, wie sich herausstellte, um Tarak handelte, den Verwaltungschef von Islamabad. Endlich befreit von meiner selbstauferlegten politischen Enthaltsamkeit während meines Aufenthalts in China, diskutierten wir über alles, vom islamischen Fundamentalismus und der gegenwärtigen Lage in Afghanistan bis hin zur uighurischen Befreiungsbewegung. Ich war überrascht, von ihm zu erfahren, daß sechs Aktivisten der Letztgenannten vor kurzem in Urumqi hingerichtet worden seien. Nachdem wir schließlich endlich in der Luft waren, nachdem wir die anhänglichen pakistanischen Händler und die chinesischen Bürokraten mit den steinernen Gesichtern überlebt hatten, entdeckte ich, daß mein Gefährte, ein muslimischer VIP, einen Drink durchaus zu schätzen wußte.

«Können Sie sich einmal da herumdrehen, mein Freund, während ich meinen Mantelaufschlag hochziehe, um mir einen Schluck hiervon zu gönnen», flüsterte er mit verschwörerischem Grinsen, während er eine handliche Flasche Red Label aus seiner Innentasche zog. «Ich will nicht, daß alle diese Leute sehen, wie ich dem alten Johnny zuspreche. Das wäre nicht gut in meiner Position.» Er grinste und beugte sich dann nach rechts. Dann tat er so, als wische er sich etwas von seiner tadellos gebügelten, weißen Leinenhose und nahm einen Schluck aus der Flasche.

«Darf ich Ihnen auch einen Schluck anbieten?»

«Nein danke, ich halte mich an Bier.»

Dann legte er mir eher überflüssigerweise die Hand aufs Knie. «Als ich Sie sah, wußte ich, daß Sie ein Engländer vom alten Schlage sind», sagte er väterlich. «Ihr Jackett hat mir alles verraten.»

Ich blickte an meinem mitgenommenen alten Tweedjackett mit seinen Rissen und Flicken, die von den Sattlern auf dem Marktplatz in Dun Huang angebracht worden waren, herunter. «Ah, danke.»

«Und Ihr Gepäck, diese alten grünen, von vielen Reisen gezeichneten, staubigen Leinentuchtaschen. Aber ich kann mir immer noch nicht recht zusammenreimen, was Sie eigentlich treiben ...»

«Ich bin einfach ein Reisender.»

«Erzählen Sie mir ...»

Ich wollte es nicht, tat es aber trotzdem.

Er blickte mich erstaunt an. «Aber Gott im Himmel, wir haben doch genug Kamele in Pakistan. Warum machen Sie den weiten Weg nach China und in diese furchtbare Wüste in Xinjiang, um Kamele zu sehen? Sicherlich ...»

«Bei diesen hier handelt es sich um die Wildkamele, die Vorfahren der ...»

Aber einen Vorteil hatte unser zufälliges Zusammentreffen. Ich wurde in wahrer VIP-Manier durch die Einreise- und Zollkontrollen geschleust. Ein Mercedes brachte mich in mein Quartier, und der Verwaltungschef von Islamabad, dessen Geschäfte oder Interessen in Urumqi sein Geheimnis bleiben sollten, wollte dafür keinen Dank.

Tu-ying und Lou Lan

For lust of knowing what not should be known.

James Elroy Flecker

Es muß etwa vier Uhr morgens gewesen sein, als Xiao Yuan seinen herzzerreißenden Schrei ausstieß. Ich kämpfte mich aus meinem Schlafsack hervor, tastete nach der Taschenlampe, zog mir meine Sandschuhe an, zog die Klappe meines kenianischen Baumwollzeltes auf und trat mich hinaus in den weichen Sand. Es war kalt, gut unterhalb des Gefrierpunkts. Ein steifer Wind wehte, und der Vollmond schien. Ich lief hinüber zum Sohn des Professors, der zitternd vor seinem Zelt stand, gekleidet nur in einen «Kamel»-Pullover der Expedition und blaßblauen Unterhosen.

«Ist irgend etwas nicht in Ordnung?»

Aus der Richtung von Lao Zhaos und Prof. Yuans Zelt ertönte lautes Schnarchen.

«Nein, ich bin in Ordnung. Machen Sie sich keine Gedanken. Es ist nichts, nur ein Traum.»

«Ist sie wiedergekommen?»

Er zögerte, weil er nicht kindisch wirken wollte. «Ja», sagte er leise und blickte über die Schulter zum Zelt seines Vaters. «Ich konnte sie ebenso deutlich sehen wie letzte Nacht.» Er schauderte. «Sie erschien wie ein Schwarzweißbild neben meinem Zelt. Sie war alt, sehr alt, mit tief eingesunkenen Augen und grauem wirrem Haar. Sie bat mich, zu ihr herauszukommen, lockte mich mit dem Finger ihrer rechten Hand und rief mich beim Namen.» Er lachte nervös und wiederholte: «Es ist nichts, nur ein böser Traum.» Er hielt inne. «Das merkwürdige ist, daß ich ihr wirklich folgen wollte. Ich mußte mich zwingen, nicht ihre Hand zu nehmen und mit ihr in die Wüste zu gehen.» Er bückte sich, um wieder zurück in sein Zelt zu kriechen. «Gehen Sie wieder schlafen, John, mir geht's gut. Danke, daß Sie nach mir gesehen haben.»

In zwei Nächten in Folge hatte Xiao Yuan geträumt, eine alte Frau versuche, ihn in die Wüste zu locken. Als ich ihm erzählte, daß Gobi-Reisende im Verlauf vieler Jahrhunderte, auch Marco Polo, Geschichten von verlorenen Seelen erzählt hatten, die in der verlassenen Wüste umherwanderten und den Reisenden zu überreden versuchten, ihnen zu folgen, hatte er gelacht. «Das ist nur dummer Aberglaube», hatte er gesagt. Aber ich spürte, daß er nach dieser zweiten Heimsuchung sich selbst nicht mehr so ganz sicher war.

Ich selbst hatte ebenfalls meine exotischen Wüstenträume, darunter einen, in dem ich einem feindseligen, mit rotem Ocker bemalten Massai entkam, einen anderen, in dem ich mein Haus in England in Flammen aufgehen sah oder einen Freund, der mit einem Gewehr Amok lief. Das Ocker, das Feuer und das Blut bildeten eine gewisse Kontinuität in Form eines lebhaften roten Hintergrunds, aber bisher hatte es Gott sei Dank noch keine Einladung gegeben, irgendeiner verlorenen Seele in die Wildnis zu folgen.

Zumindest dies ist kein Traum, dachte ich, während ich zurück in meinen neuen, für arktische Temperaturen geeigneten Schlafsack kroch. Ich bin wirklich wieder in der Gobi.

Bei meiner Rückkehr von der Expedition des Jahres 1995 hatte ich einen Appell an die UNEP gerichtet, ihre Unterstützung für die Erforschung der Lebensweise und des Lebensraumes des Wildkamels aufrechtzuerhalten. Vor allem wollte ich, daß die Wanderwege der Kamele von den Winterweidegebieten südlich des Lop Nur zur Sommerweide in den Vorbergen des Arjin Shan erkundet werden. Wir mußten diese Route, von deren Existenz wir überzeugt waren, finden, damit sie in die Grenzen eines vorgeschlagenen Naturschutzgebietes Lop Nur eingeschlossen werden konnte. Über die UNEP wurde eine neue Quelle für die Finanzierung einer Expedition angezapft, die *Glo-*

bal Environment Facility (GEF), und am 24. März 1996 saß ich wieder in einer Maschine meiner Lieblingsfluglinie, umgeben von uighurischen Reisegefährten und Bergen von Pappschachteln und Plastiktüten. Wie schon 1995 wurden die Regeln zum Anschnallen generell mißachtet, aber diesmal fehlte mir das charmante kasachische Model – und schwere, dicke Wolken verbargen sowohl die Berge als auch die Wüste vor meinem Blick.

Unmittelbar nach meiner Ankunft in Urumqi bereiteten mir vor allen Dingen die beiden Expeditionsfahrzeuge Sorgen. Obwohl es mir gelungen war, aus der GEF ein paar Dollar mehr herauszuquetschen, als mir im vergangenen Jahr zur Verfügung standen, machte der Lastwagen, der traurig vor dem Umweltschutzinstitut Xinjiang stand, soweit das möglich war, einen noch heruntergekommeneren Eindruck als sein Vorgänger mit den schadhaften Federn.

«Er ist besser, viel besser», sagte der Professor unbekümmert; er teilte meine Sorgen nicht. «Es ist ein sehr guter Wagen.»

Bedrückt besah ich mir den rostenden, blaßblauen Lastwagen mit dem Holzaufbau, zwei blank gescheuerten Reifen und durchhängendem Auspuff. Selbst mein mechanisch nicht geschultes Auge sah, daß das Gefährt bereits mit mindestens zwei Reifen auf dem Schrottplatz stand.

«Und das ist Herr Li, der Fahrer, den ich engagiert habe.»

Herr Li – Alter und Herkunft unbestimmbar – schaute etwas zerknittert und mit einem undurchsichtigen Lächeln in die Welt. Seine Kleider waren sehr schmutzig.

«Sein Vater ist in den frühen achtziger Jahren in der Gashun Gobi verschollen», fuhr der Professor munter fort. «Man hat weder von ihm noch von seinem Lastwagen jemals wieder etwas gesehen. Wer weiß, vielleicht finden wir ihn selbst, haha! Er ist sehr abergläubisch. Deswegen nimmt er auch sein Maskottchen mit.»

Auf der Motorhaube des Lastwagens stand ein Drahtkäfig mit einer weißen Taube. «Fährt die mit uns in die Wüste?» fragte ich verwundert.

Der Fahrer Li nickte energisch, nahm dann die Taube aus dem Käfig und setzte sie in das Handschuhfach der Fahrerkabine.

«Er zeigt Ihnen, wie sie reisen wird», sagte der Professor. «Er meint, sie wird uns Glück bringen. Ich glaube das zwar nicht, aber es ist immerhin eine Fleischreserve, wenn wir mal Hunger bekommen.»

«Und Herr Song? Ich hoffe, daß er …»

«O nein», sagte der Professor bestimmt, «Herr Song wird uns dieses Jahr *nirgendwo* hinfahren.» Ich seufzte vor Erleichterung. «Und der ‹Botaniker› Li kann uns auch nicht begleiten», fuhr er fort. Ich schüttelte traurig den Kopf – ein nutzloser Versuch, meine Freude zu verbergen. Der Professor deutete auf einen weiteren Mann in Khakihosen und Baumwollhemd. «Das ist der Jeepfahrer des Instituts, Herr Liu.»

Ich schüttelte Fahrer Songs Ersatz die Hand. Er war stämmig, birnenförmig und stolzer Besitzer einiger langer Strähnen schwarzen Haares, das er sich an einer Seite wachsen ließ, so daß er damit, wenn er sorgfältig genug verfuhr, seine wachsende Glatze verdecken konnte. In den uns bevorstehenden Wochen ließ der heulende Wüstensturm dieses Gebilde der Eitelkeit oft wie eine Fahne hin und her flattern. Er machte insgesamt einen vielleicht eine Spur zu selbstsicheren Eindruck, aber im Vergleich zum launischen Fahrer Song war jeder eine Verbesserung.

«Ein guter Jeep. Er ist sehr stark», sagte der Professor und klopfte stolz auf die glänzende Motorhaube. Ich hatte bereits festgestellt, daß er über einhundertsechzigtausend Kilometer auf dem Tacho hatte. «Lao Zhao da drüben, dem ist es in der Zwischenzeit nicht besonders gut gegangen. Er mußte sich von einem Arzt in Korla all sein Blut austauschen lassen.»

Lao Zhao und ich begrüßten einander herzlich. Er schien mir kaum verändert, das gleiche schalkhafte Lächeln (und zweifellos immer noch der juckende Finger am Abzug). Aber erst als ich nachher am Abend in der Herberge der Wissenschaftlichen Akademie allein war, ging mir auf, daß seine Bluttransfusion vielleicht mit einer Überdosis Strahlung zusammenhängen konnte. Schließlich war er seit den siebziger Jahren in der Gashun Gobi umhergestreift, und damals wurden die Nukleartests noch nicht unterirdisch durchgeführt.

Es gab noch ein weiteres neues Mannschaftsmitglied, Xiao Zhao, der zum Institut gehörte und auf die Einschätzung von Umwelteinflüssen spezialisiert war. Er sprach recht gut Englisch und bestürmte mich endlos mit persönlichen Fragen wie: «Wie alt sind Sie? Sind Sie ein Christ? Wie alt sind Ihre Töchter? Welches ist die Haarfarbe Ihrer Frau?» Und Kommentaren wie: «Sie sehen auf Ihrem Paßfoto viel jünger aus als in Wirklichkeit.»

Zuerst zügelte ich mich bei meinen Antworten noch und argwöhnte, daß er zu dieser Art Kreuzverhör abgestellt sein könne, aber später begriff ich, daß ihm einfach eine unersättliche Neugier innewohnte und er niemals aufhören konnte zu fragen: «Warum? Wie? Was?» In dem jetzt vorherrschenden Klima religiöser Toleranz hatte es seine junge Frau ins Lager der Baptisten verschlagen. Und der arme Xiao Zhao quälte sich Tag für Tag, ob er sich ihr nun anschließen solle oder sie gar herausreißen, und ging mich ständig um meinen Rat an. Glücklicherweise wurde seine Aufmerksamkeit durch die Abenteuer der nächsten Wochen auf Dinge gelenkt, die uns unmittelbarer berührten.

Als wir mit unseren Fahrzeugen von Urumqi losfuhren, lagen an den Straßenseiten noch große, schmutzigschwarze Haufen von Schnee. Wir hielten noch einmal an, um auf einem Markt Gemüse zu kaufen, wateten durch einen See von rußüberzogenem Schlamm, bevor wir die endlose Feilscherei über den Preis für einige Säcke Zwiebeln, Tomaten und Kartoffeln begannen. Da meine Anwesenheit sich als nicht förderlich für die Preisverhandlungen erwies, hielt ich mich abseits, als es danach zu den Ständen der scharfäugigen uighurischen Metzger ging. Schon der flüchtige Anblick eines ausländischen Teufels auf dem Fleischmarkt trieb die Preise beträchtlich in die Höhe. Nach einer halben Stunde, die mit Gestikulieren, gespielter Empörung und gelegentlichen Verzweiflungsrufen erfüllt war, trotteten Xiao Yuan und sein Vater im schneidenden Wind zurück zum Jeep, beladen mit Keulen von angejahrten Hammeln und getrocknetem Eselfleisch. Wir waren versorgt und zu meiner Erleichterung jetzt bereit aufzubrechen.

Wir hatten gerade die siebenunddreißig der Stromerzeugung dienenden Windräder links der Schnellstraße Urumqi-Beijing passiert, deren kreisende Rotorblätter mich immer an die endlosen Gymnastikübungen junger Mädchen erinnerten, als unser Lastwagen liegenblieb. Als wir Tikar erreichten, kurz vor Mitternacht, war er bereits ein zweites Mal liegengeblieben, unser Jeep verlor Öl, und all meine früher geäußerten Bedenken bezüglich der Fahrzeuge hatten sich voll bewahrheitet.

«Anlaufprobleme», sagt der anscheinend unbeirrbare Professor. «Nur Startschwierigkeiten. Die sind aber jetzt alle behoben. Machen Sie sich wirklich keine Gedanken.»

Aber das tat ich trotzdem. Wenn wir den Wanderweg der Wildkamele im Süden des Lop Nur erreichen wollten, dann bedeutete das die Überquerung einer uns noch unbekannten Fläche von meterhohem, trügerischem *shor*. Selbst Lao Zhao war noch nie in diesem Gelände gewesen. Zudem hatten wir auf der Reise noch einen besonderen Abstecher vor, der sich als ebenso gefährlich erweisen konnte wie alles, was wir bisher riskiert hatten. Der Professor hatte sich einverstanden erklärt, daß wir am Lop Nur versuchen würden, entweder mit dem Fahrzeug oder zu Fuß die Ruinenstadt Lou Lan zu erreichen. Hedin, Stein und die anderen frühen Entdecker und Archäologen hatten sich durch eine zerrissene Mondlandschaft gekämpft, um die verlassene Stadt von Westen her zu erreichen. Wir planten, Lou Lan von Osten her anzugehen. Wenn wir Erfolg hatten, wären wir die ersten, die das bewerkstelligt hätten, so lange die Aufzeichnungen dazu zurückreichen. Es war aber eine Sache, dies mit solider und bewährter Ausrüstung zu versuchen, und eine ganz andere, sich mit Fahrzeugen auf eine solche Reise zu begeben, an denen kaum ein Teil nicht erneuert und ersetzt worden war. Ich stellte aber meine Ängste zurück mit dem Gedanken, daß der sportsmännische Professor sich mit diesem Abstecher nach Lou Lan einverstanden erklärt hatte, obwohl er dazu strenggenommen nicht verpflichtet war. Wenn er dieses Risiko eingehen konnte, dann konnte ich es auch – trotzdem hatte ich den Eindruck, daß wir uns unser Unternehmen unnötigerweise erschwerten.

Am nächsten Tag gruben Xiao Yuan und ich eine uighurische Cinderella aus, während die Fahrer an ihren Fahrzeugen arbeiteten und der Professor mit Lao Zhao zu einer nahegelegenen Quelle gegangen war, um dort Fisch zu fangen. Sadiq, unser Gastgeber, der Neffe von Hedins Führer, gab freimütig zu, daß er die Stiefel zurückgelassen habe, die wir im vergangenen Jahr an einer Salzwasserquelle gefunden hatten.

«Aber ich habe mit der Kameljagd jetzt Schluß gemacht», sagte er. «Im letzten Jahr sind drei Leute aus Toscin (einem benachbarten Dorf) wegen Kamelwilderei für fünf Jahre ins Gefängnis gesteckt worden. Einen von ihnen zwang man, mit einem Plakat um den Hals durch die Straßen zu laufen.»

Mich beruhigte die Tatsache, daß irgend jemand anscheinend irgend etwas tat, um die uighurischen Jäger zu zügeln.

● ● ●

«Was denkt Lao Zhao eigentlich, was er da tut?» Ich wandte mich verzweifelt an den Professor und deutete auf eine Säule dicken, schwarzen Rauchs, die sich vor uns auftürmte. «Wir sind nur zwanzig Kilometer vom Atomtestgebiet entfernt. Warum hat Lao Zhao der Welt mitgeteilt, daß wir endlich da sind?»

«Es ist gut, wenn man das alte Gras abbrennt», sagte der Professor. «Das sorgt im nächsten Jahr für starken Wuchs.»

«Aber verstehen Sie denn nicht? Falls hier irgendwelche Wildkamele gewesen sein sollten, sind sie inzwischen über alle Berge.»

Die hohen Stengel waren trocken, und das Feuer hatte sich schnell ausgebreitet. Bald würde die Salzwasserquelle Leu Chwang, wo wir nach einer dreitägigen Fahrt durch die Wüste unser Lager aufgeschlagen hatten, von Flammen umgeben sein. Das Feuer mußte sich jetzt selbst verzehren. Ich wurde wieder einmal von den unersättlichen Jagdtrieben unseres Führers zur Verzweiflung getrieben. Eine unfreiwillige Verzögerung, die durch ein weiteres Problem mit dem Lastwagen verursacht worden war, hatte uns etwas Zeit verschafft. Wir hatten Lao Zhao zusammen mit den zwei Fahrern in unserem Lager zurückgelassen und Stunden damit zugebracht, zu Fuß durch die Mondlandschaft zu streifen und immer wieder von kleinen Hügeln aus nach Kamelen Ausschau zu halten. Wir hatten es vermieden, uns unnötig zu zeigen, hatten uns das Gelände nach Möglichkeit zunutze gemacht, aber dennoch nirgends ein Wildkamel gesichtet. Und das alles nur, um auf unserem Rückweg zum Lager zu entdecken, daß unser unberechenbarer Führer beschlossen hatte, das Gras in Brand zu stecken und völlig unnötigerweise Rauchsignale zu senden – ein Versuch, irgend etwas zu erbeuten? Ein Gerbill fürs Abendessen? Das war einfach zuviel für mich.

«Er darf so etwas nie wieder tun», entschied ich. Ich kochte vor kaum verhohlenem Zorn. «Sie müssen ihn zügeln, Professor. Man erwartet, daß wir uns wie Naturschützer benehmen, nicht wie Brandstifter.»

Er verstand mich nicht, aber meine Botschaft war dennoch klar. «Lao Zhao wird es nicht wieder tun», sagte er.

Die Reparatur des Lastwagens brauchte länger als vorgesehen, so daß wir gezwungenermaßen eine weitere Nacht an der verkohlten Quelle verbringen mußten, an der es von Wildkamelspuren nur so wimmelte. Es war kalt, ungefähr minus fünf Grad, und in der Nacht hatte Xiao Yuan seine zweite Heimsuchung durch die alte Frau. Außerdem fror der Motor des Jeeps ein. Der Fahrer Liu mit seinem triumphierend im Wind flatternden Haar bearbeitete den vereisten Motor mit der Lötlampe. Dann entzündete er unter dem Kühler ein Feuer. Ich dachte daran, was dem Armeeoberst bei solcher Gelegenheit passiert war, wie sein Haar nachher ausgesehen hatte, und zog mich zurück. Schließlich schafften wir es, nachdem sowohl die Lötlampe als auch das Feuer versagt hatten, mittels eines Abschleppseils und des Lastwagens den Jeep wieder flottzukriegen. Und mittags waren wir dann endlich wieder unterwegs.

An einer Quelle namens Aka Bulak versank der Lastwagen bis zu den Achsen im Salzschlamm. Diesmal durfte der Jeep das Abschleppen besorgen. Und unsere Zeit lief uns davon. Wir folgten einem Flußbett, das von Aka Bulak fortführte, sich langsam verbreiterte und schließlich in die weite, ausgetrocknete Schwemmebene nördlich des Lop Nur mündete. Nach zwei Stunden in dieser Ebene erreichten wir ein mit *yardangs* übersätes Gebiet, ein beängstigendes Gewirr zehn Meter hoher, seltsamer und wunderbarer erodierter Felsformen. Dort versagte beim Lastwagen das Gelenk der Antriebswelle. Mit seiner gurrenden Taube als Zuschauer verwandte Herr Li eine Stunde darauf, es zu ersetzen. In bereits abnehmendem Tageslicht fuhren wir zwei Stunden lang weiter nach Süden. Wir hatten das Labyrinth der *yardangs* aber noch nicht hinter uns. An einer Stelle bog unser Lastwagen falsch ab, und eine halbe Stunde lang hatten wir keinerlei Verbindung mehr zu ihm. Wir waren alle erleichtert, als er wieder zu uns stieß. Es sind schon Lastwagen in der Gashun Gobi spurlos verschwunden. Bei dem kritischen Zustand der Mechanik unseres Vehikels war es wichtig, ständig in Kontakt zu bleiben. Schließlich hatte der Professor genug.

«Wir lagern hier», rief er und deutete auf einen *yardang*, der sich zu unserer Rechten erhob. «Ich hatte eigentlich gehofft, heute noch Lop Nur zu erreichen, aber es ist zu spät, um noch weiterzufahren.»

Das war es wirklich. Wir waren angesichts der ständigen Verzögerungen frustriert, müde und hungrig. Die Temperatur war wieder um einiges unter den Gefrierpunkt gesunken, und ein schneidender, bitter kalter Wind wehte aus östlicher Richtung. Wir hatten Mühe, unsere schwer zu bändigenden Zelte aufzuschlagen mit unseren kältetauben Fingern – nur um festzustellen, daß direkt unter einer dünnen Sandschicht harter Granitfels lag. Die Heringe waren schnell krumm geschlagen, und wir mußten schwere Steine sammeln, um unsere Zeltleinen damit festzusetzen. Nach einer unvollständigen Mahlzeit – Fertignudeln und gepfefferter Esel – ging ich schließlich mit einem Anflug von schwarzem Humor zu Bett. Warum hatte der Professor diese völlig abgewrackten Fahrzeuge gemietet, obwohl unser Leben von ihnen abhing? Voller übler Vorahnungen und gestärkt mit zwei Schluck Whisky, umgeben von eingefallenem, im Wind schlagendem Zelttuch, mit aufgeschnittenen Fingern sowie mit feinem, puderartigem Sand in Ohren, Nase und Mund verfiel ich schließlich in einen unruhigen Schlaf, der um vier Uhr in der Frühe jäh beendet wurde, als Herr Li die Maschine seines Jeeps anwarf, damit sie nicht einfror.

● ● ●

«John, stehen Sie auf. Lao Zhao will Ihnen etwas zeigen.» Xiao Yuans Stimme verriet eine ungewohnte Dringlichkeit. Ich war steif vor Kälte, und das ganze Elend des vorangegangenen Abends hatte sich noch nicht aufgelöst. Ich hatte wenig geschlafen und war nicht willens, mich jetzt drängen zu lassen.

«Gut, gut, ich komme. Gleich.»

«Kommen Sie jetzt, bitte, es ist wichtig.»

«Kann ich nicht erst Tee trinken?»

«Nein.»

Ich hatte mich in voller Montur in meiner Cordhose und dem Tweedjackett schlafen gelegt. Ich brauchte eigentlich nur noch meine Stiefel anzuziehen.

Als ich mich aus dem Zelt befreit hatte, nahm Xiao Yuan mich am Arm und führte mich zu einem *yardang* in der Nähe. Lao Zhao kam herbeigeeilt und schüttelte mir freundlich die Hand.

«Sie sind der erste, der allererste. Noch nicht einmal Sven Hedin ...» Xiao Yuan war sehr aufgeregt.

«Ich verstehe nicht. Wovon sprechen Sie?»

«Die Nummer eins. Sie sind die Nummer eins», sagte Lao Zhao und wedelte mir mit seinem emporgestreckten Daumen unter der Nase herum.

Xiao Yuan erklärte es mir. «Heute früh ist Lao Zhao aufgestanden und ein wenig umhergestreift. Er hat entdeckt, daß wir unser Lager ganz in der Nähe von Tu-ying aufgeschlagen haben, einem alten Vorposten von Lou Lan an der mittleren Seidenstraße. Zhao sagt, daß keiner der früheren Entdeckungsreisenden Tu-ying entdeckt habe. Ein chinesischer Archäologe stieß in den dreißiger Jahren zufällig darauf, und Hedin erfuhr davon, als er 1934 zum Lop Nur zurückkkehrte. Seither ist niemand dort gewesen. Sie sind der erste Ausländer, der Tuying erreicht.»

Ich war natürlich angesichts dieser Neuigkeit freudig erregt, aber eine spätere Überprüfung ergab, daß es sich unglücklicherweise nicht um die ganze Wahrheit gehandelt hatte. Denn obwohl Stein und andere sicherlich nicht in Tu-ying gewesen waren, hatte es der unglaubliche

Hedin doch immerhin für eine Stunde besucht. Hedin hatte über seine Expedition 1934 geschrieben:

> Das Thermometer fiel in der Nacht vom 8. auf den 9. Mai auf 5,8 Grad Celsius, selten kalt für diese späte Jahreszeit! Unsere Führer waren unterwegs gewesen, und als wir morgens aufstanden, berichteten sie, daß es ihnen nicht möglich gewesen sei, einen Arm des Flusses zu finden, der Wasser führte; aber sie hatten die Ruine eines recht großen Hauses nordwestlich auf dem Festland gefunden. Chen [Hedins chinesischer Wissenschaftler der Expedition] vermutete sofort, daß es sich um den befestigten Flecken Tugen handelte, den der Archäologe Huang Wenbi 1930 entdeckt hatte. Schlag neun saßen wir in unserem Zweierkanu und paddelten zu einer Stelle, wo das Wasser frei von Schilf war. Es dauerte eine knappe halbe Stunde, bis wir den Ort erreichten.
>
> Die Säulen des Hauses standen auf einer niedrigen Aufschüttung auf einer Halbinsel, die an drei Seiten von Wasser umspült war – im Westen, im Süden und im Osten. Chen war im zeitigen Frühjahr 1931 während Horners Expedition zum Lop Nur dort gewesen und erkannte die Stelle auf Anhieb wieder.
>
> Einige von unseren Fährleuten hatten mitten in dem Haus ein Loch in den Boden gegraben, ohne jedoch etwas zu finden [...] Wir blieben etwa eine Stunde dort; so lange benötigte ich, um einen Plan des Ortes anzufertigen mit allen Details. Chen nahm einige Fotos auf und vermaß alles.

Ich vermute, daß es sich bei unserer «Entdeckung» von Tu-ying um nichts anderes als Hedins Tugen handelte. Wir gingen mit flottem Schritt die kleine Erhöhung hinauf und erklommen deren Gipfel. Drei Pfosten aus Pappelholz ragten in verschiedenen Winkeln empor; es waren die noch erhaltenen Eckpfosten eines rechteckigen Baus. Von den Grabungen, die Hedins Fährleute angestellt hatten, war nichts mehr zu sehen. Etwas weiter unterhalb, an einer Stelle, die 1934 nicht weit vom Wasser entfernt gewesen sein kann, war der Boden geschwärzt und mit Scherben zerbrochener Töpferware übersät. Waren dort Speisen zubereitet worden? Ich fuhr mit den Händen durch den schmutzigen Sand und zog ein großes Stück Filz heraus. Eine zweite Durchforstung ergab als Beute ein Stück spröden Leders. Beide waren gut erhalten und möglicherweise die eintausendsechshundert Jahre alten Reste nicht mehr benutzter Kleider.

Ich ging allein zweihundert Meter weit nach Westen über ein Gelände, das vor zweiundsechzig Jahren noch vom Wasser des Sees bedeckt gewesen sein mußte, und fand dort zu meiner Freude die Reste eines weiteren alten Baus. Zwei lange Pappelpfosten ragten aus einer durch zwei hochaufragende *yardangs* halb verdeckten Senke empor. Das alles befand sich knapp oberhalb des Spiegels des ehemaligen Sees, und da Hedin nichts davon erwähnt hatte, vermute ich, daß er sie damals nicht hatte sehen können. Immerhin endlich eine echte Entdeckung! Selbst wenn Chen oder Huang Wenbi diese Pfosten gesehen hatten, was angesichts des Wasserstands von 1934 eher unwahrscheinlich scheint, so hatte sie doch bestimmt kein Ausländer zu Gesicht bekommen, seit der Lop Nur in den Südwesten gewandert und diese Siedlung etwa im Jahre 330 verlassen worden war.

Die anderen Expeditionsteilnehmer stöberten inzwischen in einem Gelände umher, das in den dreißiger Jahren unter dem Seespiegel gelegen haben wird, und lasen dort Perlen, Ringe, Münzen, Pfeilspitzen und im Falle des Fahrers Li ein Medaillon auf; Professor Yuan bestand darauf, daß dies alles den für die Archäologie zuständigen Stellen in Urumqi übergeben würde. Lao Zhao fand drei große Stücke durchscheinender Jade. Die nächste Jademine lag über zweihundert Kilometer weiter südlich, in der Nähe der Oasenstadt Khotan. Diese Jade ist vielleicht von einem Boot zum Lop Nur geschafft worden, nur um dann bei Tu-ying verlorenzugehen. Es war ein furchtbarer Gedanke, daß wir seit 1934 hier die ersten Besucher waren und vielleicht die ersten überhaupt, die den Frieden einer Stätte störten, die seit beinahe tausend Jahren vor Marco Polos Wüstendurchquerung weiter südlich ungesehen und unberührt geschlummert hatte. Nur die Wildkamele waren im Laufe der Jahrhunderte hierhergekommen. Tatsächlich entdeckte ich die frischen Spuren einer Kamelstute und ihres Fohlens. Am Nachmittag verließen wir unser Lager in der Nähe von Tu-ying und fuhren mit dem Jeep zurück durch das Labyrinth erodierter Land- und Felsgebilde im Norden des Seebetts bis zu einer weiten Ebene kieselübersäter Wüste. Vier Stunden lang suchten wir das Gelände nach Spuren von Kamelen ab. In der Abenddämmerung wurden wir schließlich durch die deutliche Beobachtung eines einzelgängerischen Hengstes belohnt. Schon zuvor hatte uns die hohe Zahl frischer Kamelspuren ermutigt. Zumindest waren die Jäger und Schürfer noch nicht bis hierher in die Gashun Gobi vorgedrungen. Bei unserer Rückkehr bot sich uns mit den Strahlen der untergehenden Sonne, die sich zwischen den *yardangs* verfingen, ein phantastisches Panorama. Wir sahen die Umrisse schlafender Hunde, von Löwen, Drachen, Feenschlössern, Festungen und Türmen. Xiao Zhao grunzte vor Vergnügen, als er irgendwo etwas entdeckte, das dem Vorsitzenden Mao geradezu unverschämt ähnlich sah. Wir fuhren durch die Landschaft eines wunderbaren Traums.

Am folgenden Tag streiften wir noch einmal unter einem klaren blauen Himmel bei kaltem Wind in und um Tu-ying herum. Wir fanden genug helle, farbige Perlen, um daraus eine Halskette zu knüpfen. Mir ging nicht aus dem Sinn, wo sie wohl herkommen mochten. Hatten ihre Besitzer die Garnisonsbelegung zur Schlacht gegen die Hunnen und andere Barbaren ins Feld ziehen sehen? Waren sie Zeuge der großen Handelskarawanen über die Seidenstraße gewesen, die nach Lou Lan zogen mit unzähligen, schwer beladenen Kamelen? Hatten sie die Wildkamele gesehen? Und sicherlich hatten die Besitzer der Perlen geliebt und waren geliebt worden...

Um ein Uhr mittags setzten wir unsere Reise nach Süden zum See hin fort, und es dauerte nicht allzu lange, da erreichten wir das verzweigte Delta des Kuruk Daria, trocken durch Eingriffe von Menschenhand seit 1974. Hier und dort kämpfte ein Tamariskenbusch ums Überleben. Gelegentlich auch ein trauriger Rest von Grün, ein Signal des noch nicht ganz erstorbenen Lebens unter den trockenen, staubigen, spröden Büschen von Schilf. Aber sonst war alles trostlos, ein Land des Todes in krassem Gegensatz zu Hedins Beschreibung von vor zweiundsechzig Jahren, als er hier mit dem Kanu herfuhr. Er hatte geschrieben:

> Tamarisken und Schilf schauten aus dem Wasser. Es war ein wunderbarer Ort! Ich saß mit hochgekrempelten Ärmeln und ließ meine Hand durch das kühle, gekräuselte Wasser gleiten [...] Mit nur einem Boot und zwei stämmigen Paddlern machten wir gutes Tempo und an unserem Bug schäumte das Wasser. Fünfzehn Meter vor uns sahen wir ein Wildschwein, das vom Festland ins Schilf schwamm. Es war scheu, witterte Gefahr und schwamm wie um sein Leben. Es teilte mit seiner Schnauze ebenso die Wellen wie wir mit dem Bug unseres Bootes.

Nur eine Fata Morgana läßt heute noch an Wasser denken. Die Fische, die Wildschweine und das reichhaltige Vogelleben, das auch die Rohrdommel *(Botaurus stellaris)*, den Fischadler, den Haubentaucher, den Reiher und verschiedene Möwenarten, «die wir in großer Zahl über dem nördlichen Teil des Lop Nur fanden, in dessen Süßwasser sie eine unerschöpfliche Fischquelle haben», einschloß, sind lange verschwunden. Nur ein Tier ist geblieben, und dessen Spuren und Kot fanden wir im ausgetrockneten Delta des Kuruk Daria.

In der Nähe dieses Ortes stellte Hedin eine interessante Berechnung an:

> Unsere nächsten Nachbarn waren im Nordwesten Singer [das jetzt innerhalb des Atomtestgeländes liegt], achtundachtzig Meilen von unserem Lager entfernt; in Südsüdwest Miran, einhundertzwanzig Meilen entfernt; in Westsüdwest Tikenlick, einhundertdreiunddreißig Meilen; in Südwest Charklik [Ruoqiang], einhundertdreiundsechzig Meilen; im Norden Turfan [oder Tikar], einhundertvierundsechzig Meilen; im Nordosten Hami, zweihundertfünfunddreißig Meilen; in Ostsüdost Dun Huang, zweihundertzweiundsechzig Meilen und im Südosten Bulungir-nor, zweihundertsechsundsiebzig Meilen. Wenn man all diese Orte auf einer Landkarte durch gerade Linien miteinander verbände, erhielte man ein ordentliches Stück von Zentralasien, etwa achtundsiebzigtausend Quadratmeilen groß, in dem wir die einzigen menschlichen Wesen waren. Dieser Teil der Wüste mit uns darin bildete ein Zweihundertzwanzigstel von ganz Asien. Wenn der ganze Kontinent so dünn bevölkert wäre wie dieser Ausschnitt, dann betrüge die asiatische Gesamtbevölkerung nur zweiundzwanzigtausend Menschen.

Nach einer weiteren Stunde mühseliger Fahrt erreichten wir den Lop Nur. Die graue dunstige Oberfläche des Seebetts erstreckte sich bis an den Horizont. Im Osten schien eine Anzahl schwarzer Klumpen – wahrscheinlich kleine Hügel – auf einer Landzunge über den Horizont aufzuragen. Im Westen zitterten noch mehr schwärzliche Objekte, die wie Reiter wirkten in der aufsteigenden warmen Luft, aber abgesehen von diesen leicht ominösen Gebilden war Grau die vorherrschende Farbe. Selbst der blaue Himmel war hinter dem Staub verschwunden, den der heulende Wind jetzt aufwirbelte. Wir fuhren eine weitere Stunde langsam den See hinunter. Der Lastwagen fuhr sich oft im Sand fest, was jedesmal mühsame Arbeit mit Pickel und Schaufel bedeutete. Schließlich folgten wir einem von Lao Zhao festgelegten Kompaßkurs und bogen genau nach Osten ab. Wir versuchten nun, zum ersten Mal von Osten her einen Zugang nach Lou Lan zu finden. Noch eine Stunde Fahrt im Schneckentempo, und wir trafen auf ein zerklüftetes *shor*. Der Motor sowohl des Lastwagens als auch des Jeeps kochten jetzt fast alle zehn Minuten und zwangen uns zu häufigen Aufenthalten. Mit einem Tempo von letztlich nicht mehr als sechs Stundenkilometern hatten wir schließlich das *shor* überquert. Wir kamen an einer Gruppe wächterartiger *yardangs* vorbei, die das westliche Ende des alten Sees anzeigten, und gerieten dann in eine Landschaft, die so vollkommen tot und öde war, daß wir alle in Schweigen verfielen. Vor uns lag ein Hügel aus grauem weichem Ton nach dem anderen, allesamt bedeckt mit hier und dort herausschauenden Wurzeln alter Pappeln und durchzogen von erodierten Senken. Gelegentlich hatten wir auch einen der wie versteinerten Bäume im Weg liegen, dem wir dann ausweichen mußten. Wir schlängelten uns um diese Hindernisse herum, hielten oft an, um die Motoren abkühlen zu lassen, und griffen ständig zu Piken und Spaten, um die Wagen wieder flottzumachen. Es war die Hölle auf Erden. Mit der Dämmerung ließ der Professor anhalten, und ich vermerkte später in meinem Tagebuch:

> Wir schlugen in einer Mondlandschaft mitten im Nichts unser Lager auf. Frostkalter Wind. Ein extrem weichgrundiger Lagerplatz. Mitten in der Nacht kam mir der Gedanke, daß wir ein ziemliches Problem haben würden, wenn wir hier liegenblieben. Niemand weiß, wo wir sind. Zwanzig Kilometer nördlich von uns beginnt das Atomtestgelände. Vor uns liegen vierhundert Kilometer Sand. Hinter uns weitere vierhundert Kilometer Sand, ausgetrocknetes Seebett und Wüste. Ich versuche, diese unbekömmlichen Gedanken zu unterdrücken.

Am nächsten Tag, Karfreitag, den 5. April 1996, schrieb ich in mein Tagebuch:

> Kalter Wind. Wie zur Bestätigung meiner düsteren Gedanken der Nacht springt der Jeep zunächst nicht an. Er muß zum Start wieder angeschleppt werden. Wenn nun der Lastwagen steckenbleibt und den Jeep nicht mehr schleppen kann? Der Fahrer Liu bastelt jetzt ständig an ihm (dem Jeep) herum, aber erfolglos. Wir sind, so weit das Auge reicht, umgeben von einem Meer grauen, gewellten,

flockigen Sandes. Manchmal ist die Oberfläche hart verkrustet, manchmal weich. Trügerisch für Fahrzeuge und völlig unberechenbar. Wir brechen, nachdem der Jeep angeschleppt worden ist, um elf Uhr fünfundvierzig auf, aber wir kommen nicht sehr weit. Im Sand festgefahren und wieder ausgegraben, bewältigt der Lastwagen schließlich doch noch eine Düne, die wir vorher mit abgestorbener Tamariske (die eintausendsechshundert Jahre alte Varietät) ausgelegt hatten. Dann setzen wir uns in die falsche Richtung (Osten) in Bewegung, durch einen der zahllosen und völlig in die Irre leitenden Zuflüsse des Kuruk Daria. Mein Gefühl, daß das Risiko, Lou Lan mit diesen beiden unberechenbaren und so gut wie schrottreifen Gefährten zu erreichen, zu groß ist, nimmt weiter zu. Rede dem Professor, der seinen ganzen Ehrgeiz daransetzte, nach Lou Lan zu fahren, vorsichtig zu, daß es klüger wäre hinzulaufen. Also schlagen wir, nachdem wir in drei Stunden keine vier Kilometer zurückgelegt haben, unser Lager auf einer windgepeitschten Erhebung auf. Wir haben vor, nach einer Vorerkundung heute morgen Lou Lan zu Fuß anzusteuern. Während unserer Fahrt von vier Kilometern sahen wir einen Zug Kraniche in V-förmiger Formation über uns hinwegfliegen sowie Spuren von Wildkamelen. Kann das denn möglich sein? Es gibt auf viele, viele Kilometer kein Wasser und nur vertrocknete Vegetation. Äußerst verwunderlich. Wir schlagen relativ früh unser Lager auf und gehen auch früh schlafen als Vorbereitung darauf, was das Morgen bringen wird.

Früh am nächsten Morgen richtete Prof. Yuan eine lange Holzstange auf dem Aufbau des Lastwagens auf, die wir mitführten, um uns mit ihrer Hilfe aus dem Sand zu ziehen. Er befestigte eine Glühbirne an der Spitze, verband sie mit unserem Generator, und der Fahrer Li mit seiner Taube wurde zurückgelassen, um unser Lager zu bewachen. Er erhielt strenge Anweisung, mit Einbruch der Abenddämmerung den Generator anzuwerfen und in Gang zu halten, bis wir wieder zurückgekehrt waren.

Um neun Uhr stürzten wir uns mit gefüllten Wasserflaschen, einem Kompaß, Karten, Taschenlampen und den Bäuchen voller Nudeln in das gleichförmige Wüstenland, das sich in alle Richtungen bis zur Unendlichkeit vor uns ausdehnte. Wir hatten vor, den Hauptzufluß zum ausgetrockneten Kuruk Daria zu finden. Der Fluß war früher sehr dicht an der alten Stadt vorübergeflossen, und solange wir uns an das Hauptflußbett hielten, sollten wir irgendwann die buddhistische Pagode oder den Wachturm der Stadt erblicken, zwei herausragende Landmarken von Lou Lan. Das Problem war allerdings, daß der Fluß durch ein Netzwerk schmalerer Arme geflossen war, bevor er sich in den Lop Nur ergoß, und jetzt, da er ausgetrocknet war, war es schwierig, darunter den Hauptstrom noch zu erkennen. Nach zahlreichen Fehlversuchen und Sackgassen erreichten wir schließlich ein breites, tief eingeschnittenes Flußbett, das unserem Gefühl nach der Hauptarm des Kuruk Daria gewesen sein mußte. Also folgten wir ihm nach Westen, immer den Windungen dieses Sandflusses nach, und stiegen abwechselnd die Steilufer hinauf, um zu prüfen, ob wir bereits eine der beiden Landmarken erblicken konnten. Nachdem wir vier Stunden lang durch weichen Sand marschiert waren bei kaltem, heftigem Rückenwind, war immer noch kein Anzeichen eines Sturmes zu erblicken. Inzwischen hatten wir alle begriffen, daß Lao Zhaos Berechnungen nicht stimmen konnten. Lou Lan lag viel weiter von unserem Lagerplatz entfernt als fünfzehn Kilometer.

«He, John. Schauen Sie sich das an.» Der immer muntere Xiao Yuan kam zu mir gelaufen und wedelte mit einem Stück Ton herum. «Wir müssen uns der Stadt nähern.»

Bald fanden wir alle Tonscherben, und ich bemerkte mit Interesse, daß einige scheinbar tote Tamariskenbüsche am Flußufer lange gewundene Wurzeln meterweit über das Flußbett hatten wachsen lassen, in einem verzweifelten Versuch, Feuchtigkeit aufzuspüren. Dann endlich kam das erlösende «Holla» oben vom Steilufer. Lao Zhao hatte die Pagode erspäht. Wir krabbelten aufgeregt aus dem Sandfluß heraus und starrten auf den winzigen dreieckigen Hügel, der am Horizont gerade noch erkennbar war. Er war noch sehr weit entfernt. Als die Umrisse des Wachturms in Sicht kamen, sahen wir zu unserem Mißfallen, daß er ein ganzes Stück weit links von dem dreieckigen Turm lag.

«Die Stadt liegt acht Kilometer von der Pagode entfernt», sagte Lao Zhao und bestätigte unsere unausgesprochenen Gedanken. «Selbst wenn wir die Pagode erreicht haben, haben wir noch einen ganz hübschen Weg vor uns.»

Wir hatten jetzt die Überreste einer ehemaligen Oase erreicht. In praktisch jeder Senke zwischen den kleinen Erhebungen zerfallener Pappel- und Tamariskenwurzeln war der Boden mit Tonscherben bedeckt. Angespornt durch den Anblick der Scherben und der Pagode und vorwärtsgetrieben von dem steifen Wind, der den Staub ringsum aufwirbelte, erreichten wir schließlich unser Ziel. Es war vier Uhr, und wir waren seit neun Uhr am Morgen ohne Unterbrechung marschiert.

«Stein war hier», murmelte Lao Zhao und deutete auf leere Hohlräume an der Seite der Pagode; wieder ließ er seinen Zeigefinger über die Kehle streichen. «Er hat alles gestohlen.»

Und tatsächlich hatte Stein viele der religiösen Malereien mitgenommen, die einmal ein integraler Bestandteil der Pagode waren. Heute ist nichts mehr da, was vom religiösen Brauch und Glauben der Menschen von Lou Lan Zeugnis ablegen könnte.

Wir faßten neuen Mut. Wir hatten nun etwa zweiundzwanzig Kilometer hinter uns und mußten die Stadt erst noch erreichen. Dennoch gab uns allen die Tatsache neuen Schwung, daß wir nach einem Marsch durch die schrecklichste Landschaft, die die Natur ersinnen konnte, diesen von Menschenhand geschaffenen Bau erreichten. Wir umarmten einander und nahmen in endloser Folge gestellte Fotos auf, bevor wir uns auf einen schweren Balken setzten, der aus der Pagode herausgestürzt war, um unsere magere Ration zu uns zu nehmen. Lao Zhao war unglaublich froh. Als unser Führer, Träger des Kompasses und Kartenleser, hatte er schließlich die größte Verantwortung getragen.

Nach einer Ruhepause von einer Stunde brachen wir in Richtung der alten Stadt auf. Obwohl der Weg schwierig war, legten wir ihn mit erneuerten Kräften in einer guten Stunde zurück. Wir nahmen uns den schrecklichen, zentralen Turm zum Ziel. Dieser Wachturm, der behäbig in der Mitte der Stadt steht, ist umgeben von den Resten von Häusern, und zwar im Osten, Süden und Westen, während sich im Norden ein offener Platz erstreckt. Der Flaggenstock, der auf der Spitze des Turmes von zwei Mitgliedern aus Hedins Mannschaft, Yin und Horner, im Jahre 1931 aufgepflanzt worden war, befand sich immer noch an der gleichen Stelle, und obwohl die Stufen, die sich dort hinaufwanden, größtenteils abgenutzt waren, konnte man den Turm immer noch besteigen. Der Blick von seiner Spitze aus ist atemberaubend. Graue Verwüstung und Verfall, wohin das Auge schaut, und als ich das Puzzle von Hügelchen und Senken sah, das wir zu überqueren geschafft hatten, mußte ich laut aufstöhnen.

Der Grundriß einiger alter Häuser kann immer noch anhand des Flechtwerks aus Tamariske und Schilf bestimmt werden, das einstmals das innere Gerüst für die Basis ihrer Außenwände bildete. Viele der Bauten hätte man noch genau nachzeichnen können – und zwar anhand des Abstandes zwischen ihren aufrechten Stützpfeilern. Ein großes Bauwerk in der Nähe des Marktplatzes war das Verwaltungszentrum oder *yamen* der Stadt gewesen, und darin waren auch einzelne Räume noch deutlich erkennbar. Bei einem Haus stand der Türsturz noch auf zwei aufrechten Pfosten, bei einem anderen Bau waren es die massiven Endmauern, die sich auf beiden Seiten schräg gelegt hatten und ein großes V bildeten. In zahlreichen Verbindungshölzern waren die rechteckigen Einkerbungen noch klar zu erkennen.

Die frühen Entdeckungsreisenden hatten Manuskripte und Briefe ausgegraben, die auf Papier und Holzstäbchen geschrieben waren und aus denen sich das genaue Datum für die Aufgabe der Stadt ergab. Daraus war ersichtlich, daß Lou Lan über ein Gasthaus, ein Hospital, ein Postgebäude und einen Tempel verfügte. Bei den meisten Briefen ging es um alltägliche Verwaltungsangelegenheiten, aber einer enthüllte auch sehr menschliche und herzliche Gefühle. Beim Empfang einer traurigen Nachricht schrieb Ji Cheng:

> Da Fräulein Yin vordem über keinerlei Krankheiten klagte, kam das Unglück, das sie so plötzlich überfiel, völlig unerwartet. Ich empfange die traurige Botschaft mit tiefgehendem Mitleid und Kummer. Aber eine tiefe Wunde kann man nicht einfach aushalten. Was aber könnte helfen?

Unsere Mannschaft suchte in den Ruinen angestrengt nach Edelsteinen, Ohrringen, Münzen, Löffeln, Schatullen, Haarnadeln und römischem und syrischem Glas – Schmuck und Gebrauchsgegenstände, wie die früheren Entdecker sie ebenfalls gefunden hatten. Aber abgesehen von zahlreichen Stücken Töpferware, deren Mitnahme uns vielfach zu lästig erschien, fand sich nur ein Bruchstück eines Bronzespiegels und eine Münze.

Die Größe der Stadt und ihr Erhaltungszustand sind bemerkenswert. Letzterer ist wohl nur in der unglaublich trockenen Luft der Gobi möglich, in der es vielleicht einmal in einer Dekade zu einem meßbaren Regenfall kommt. Dennoch war ich überrascht, daß eintausendsechshundert Jahre heftiger Sandstürme noch so viel zu entdecken übriggelassen hatten. Es war nicht allzu schwierig, sich die Stadt als wichtiges Zentrum an der längsten Karawanenroute der Erde vorzustellen, der Seidenstraße, die den Osten und den Westen verband. Und von der Spitze des Turmes aus konnte man beinahe das helle Klingen der Karawanenglocken hören und die endlose Prozession der Kamele sehen, die sich durch die Wüste und durch die Stadttore hindurchwanden. Sind nicht diese flackernden Schatten auf dem Platz unter uns die einer Menschenmenge, die von Fußgängern, Reitern, Eseln, Kamelen und Karren? Sind nicht diese Menschen, die dort auf der anderen Seite des Platzes Seidenballen von den auf dem Boden liegenden Kamelen abladen, Händler aus dem Osten? Und die anderen, die ihre Waren vor sich auf gewebten Decken aus Kamelhaar ausbreiten, Kaufleute aus dem Westen? Hört man da nicht die Rufe der Kameltreiber, das Geschrei der Hökerer und Händler, das Gelächter von Mädchen und das schallende Lachen dreister Männer? Oder ist es nur der allgegenwärtige Wind, der in den Spalten und Klüften des Turmes heult und seufzt und uns alle zum Narren hält? Der Reisende, der in unserer Zeit diese nicht mehr erkennbaren Wege begeht, hört die Karawanenglöckchen nur in seiner Phantasie in der Ferne ersterben, die Kameltreiber ihre Tiere anbrüllen. Diese Wüstenstadt der Toten wird von einer Vielzahl von Geistern heimgesucht.

Wir blieben in Lou Lan, so lange wir es wagen konnten. Ohne Wasserversorgung und Vorräte war es gefährlich, nicht noch am gleichen Abend in unser Lager zurückzukehren, vor allem, da Lao Zhao die Entfernung so grob unterschätzt hatte. Wenn jetzt ein Sandsturm kam und wir in Lou Lan festsaßen, dann steckten wir in nicht zu unterschätzenden Schwierigkeiten. Und sich in dem Labyrinth der *yardangs* in der Umgebung Lou Lans zu verirren ist genauso gefährlich, als wenn man in den unterirdischen Gängen der römischen Katakomben seinen Weg verlöre. Uns wurde angesichts der immer wäßriger werdenden Sonne, die inzwischen halb hinter Dunst verborgen lag, immer unbehaglicher. Langsam senkte sich die Sonne bereits dem Horizont entgegen. Keiner von uns wollte nach Einbruch der Dunkelheit noch in der alten Stadt sein.

Da der Fahrer Liu Probleme mit dem Knie hatte, beschlossen wir, uns in zwei Gruppen zu teilen. Der Professor, Xiao Zhao und ich gingen voraus, Lao Zhao, Xiao Yuan und Liu folgten etwas langsamer nach. Mein Reisetagebuch:

> Wir brachen mit der untergehenden Sonne auf, die einen spektakulären Hintergrund für diese Geisterstadt abgab. Wir schlugen direkt die Richtung zum Flußbett ein und umgingen die buddhistische Pagode. Die Sonne versinkt, als wir den Fluß erreichen, und im Licht unserer Taschenlampen folgen wir den Fußspuren unseres Hinweges. Glücklicherweise geht ein bleicher Mond auf, als unsere Batterien langsam zur Neige gehen. Ohne Mondschein und ohne

eine Drehung des Windes, der uns jetzt wiederum vorantreibt, wäre alles sehr viel schwieriger geworden. Prof. Yuan ermüdet zwar, marschiert aber weiter. Es ist zu kalt, um zu rasten. Wenn wir es täten, würden wir vor Kälte steif. Als unsere Taschenlampen verlöschen, verlassen wir das Flußbett und erblicken zu unserer großen Erleichterung unseren «Stern im Osten», das Licht der Glühbirne auf dem Lastwagen. Auf dem Weg dahin verblaßt das Mondlicht langsam. Der Weg wird immer schwieriger, und über drei Stunden lang stolpern wir um *yardangs* herum. Und plötzlich verschwindet unser «Stern»!

Damit wurde unsere Situation kritisch. Wir suchten nach einer Nadel im Heuhaufen mit nichts, was uns leiten konnte. Der Mond war völlig verschwunden, und unsere Nachhut hinkte weit hinterher. Wenn wir den Lastwagen verfehlten und daran vorbei hinaus in die gleichförmige Wüste liefen, konnten wir ohne weiteres für immer verschwinden, wie so viele Gobi-Reisende vor uns. Und wir würden auch unsere Nachhut, die unseren Spuren folgte, mit ins Verderben ziehen.

«Ich schlage vor, daß wir in breiter Front ausschwärmen, so weit voneinander entfernt wie möglich», sagte ich. «Wir können nicht allzuweit von dem Lastwagen entfernt sein, denn es ist schon drei Stunden her, seit wir aus dem Flußbett gestiegen sind. Aber was immer wir tun, wir dürfen nicht den Kontakt zueinander verlieren.»

Wir schwärmten so weit aus, wie wir es wagten, der Professor blieb in der Mitte, Xiao Zhao ging nach rechts und ich nach links. Die Schatten vor uns hielten uns ständig zum Narren. Was einmal als Lastwagen erschien, erwies sich bald als nur eine weitere Erhebung aus krummem Holz. Wir machten ständig halt, um uns durch Zurufe zu verständigen, und hofften, daß der Fahrer Li uns hören würde. Aber vergebens hofften wir auf eine Antwort. Vom Wind einmal abgesehen, herrschte eine Grabesruhe. Und dann, völlig unerwartet, als unsere Herzen beinahe bis in den Sand gerutscht waren, stieß Xiao Zhao einen gewaltigen Schrei aus. Er hatte den Lastwagen erspäht, wir waren in Sicherheit. Es war Ostersonntag, ein Uhr dreißig in der Frühe, und nach unserem sechzehn Stunden langen Nonstopmarsch, auf dem wir fünfundfünfzig Kilometer zurückgelegt hatten, waren wir in der Tat wiederauferstanden!

Unsere Sorge galt jetzt unserer Nachhut. Prof. Yuan weckte den Fahrer Li auf, der in seiner Fahrerkabine eingeschlafen war, putzte ihn anständig herunter (Li hatte gedacht, daß wir in dieser Nacht nicht mehr zurückkehren würden, und deswegen das Licht gelöscht) und warf den Generator wieder an. Ich schlief fast im Stehen ein. Nach zwei dampfenden Schalen mit Brei stolperte ich in mein Zelt und sank dort zu einem gefühllosen Haufen in mich zusammen. Ich wurde um sieben Uhr zwanzig von lauten Rufen geweckt, die die Ankunft unserer Nachhut ankündigten. Sie waren langsam gegangen, hatten sich um den Fahrer Liu gekümmert und das Licht gesehen, als es wieder eingeschaltet wurde. Im ungewissen, wie groß die Entfernung zum Lager noch sei, hatten sie dann allerdings beschlossen, ein Feuer zu machen, etwas zu schlafen und im Morgengrauen weiterzugehen. Zu ihrem äußersten Erstaunen stellten sie bald nach dem Aufwachen fest, daß sie nur fünfhundert Meter vom Lastwagen entfernt gelagert hatten.

Es war ein frohes Osterfest, obwohl dieser Tag meinen Gefährten nichts Besonderes bedeutete. Wir feierten mit dem Feuerwerk des Professors und dem Rest meines bis dahin sorgfältig gehüteten Whiskys. Wir schwelgten in der sicheren Erkenntnis, daß wir als erste Expedition, so weit geschriebene Aufzeichnungen zurückreichen, Lou Lan von Osten her erreicht hatten. In der Nacht lag ich stundenlang wach und lauschte den vielen geheimnisvollen Geisterstimmen der Wüste.

Als sich noch im gleichen Jahr die Nachricht von unserem erfolgreichen Versuch, Lou Lan von Osten her zu erreichen, herumgesprochen hatte, versuchte ein chinesischer «Entdeckungsreisender» aus Shanghai, in unsere Fußstapfen zu treten. Er wurde in einem schweren Fahrzeug zur Ölsuche an die Stelle gebracht, wo wir unsere Fahrzeuge stehengelassen hatten, bestand aber darauf, von dort aus allein nach Lou Lan zu gehen. Zwei Tage später wurde er zwanzig Kilometer von Lou Lan entfernt tot aufgefunden; Todesursache: Austrocknung.

Lassen wir Prof. Yuan Guoying das letzte Wort über unsere unglaubliche Expedition nach Lou Lan. Im Jahre 1997 veröffentlichte er auf chinesisch eine Arbeit über unsere Entdeckungen sowohl in Lou Lan als auch in Tu-ying. Die altertümliche englische Übersetzung liest sich wie ein Stück Prosa aus dem siebzehnten Jahrhundert, und doch bringt sie in den drei letzten beschreibenden Sätzen die Gefahren unseres bedeutsamen Marsches auf den Punkt:

> Frühere archäologische Forschungsteams und Reisegruppen mußten von der Märzbrücke am Ufer des Konche Daria aus aufbrechen und siebenundzwanzig Kilometer von Westen aus nach Lou Lan

zurücklegen. Wir haben einen neuen Weg von Osten gefunden und gingen ebenfalls fünfundzwanzig Kilometer zu Fuß, bis wir die Stadt erreichten, weil in dem Gelände ein Kraftwagen kaum weiterkam. Dieser Weg ist so zerklüftet und rauh und so schwierig zu gehen, wenn man nicht Kamele oder Pferde mit Wasserlasten mitnehmen kann, daß es außerordentlich schwierig sein wird, für archäologische Zwecke Lou Lan vom Osten her anzugehen.

Am nächsten Tag, wieder zurück im Seebett des Lop Nur, konzentrierten wir uns auf unser Hauptziel, die Kartierung des Migrationsweges der Wildkamele. Bisher hatten wir nur einen einzelnen Hengst gesehen, nördlich des Sees, aber um die Winterweidegebiete der Kamele aufzuspüren und zu erkunden, mußten wir uns nach Süden wenden. Und wieder einmal fanden wir uns eingeschränkt durch die armselige Verfassung unserer Fahrzeuge. Um fünf Uhr am Nachmittag hatten wir die weite Fläche des *shor* erreicht, das den See im Westen, Osten und Süden einschloß. Aber inzwischen hatte unser Lastwagen ein ernstes Problem; er verbrannte das Motorenöl genauso schnell wie seinen Kraftstoff. Wir führten zwar reichlich von beidem mit, aber doch nicht genug Öl, um mit diesem Verbrauch mitzuhalten. Und es gab noch ein anderes Problem: Lao Zhao befand sich hier in ihm unbekanntem Gebiet, da er nie versucht hatte, in den Süden des Sees vorzudringen. Wir fanden die Fahrzeugspuren von Wissenschaftlern, die einige Jahre zuvor in dem Gebiet Forschungen unternommen hatten, und versuchten, diesen zu folgen, aber eine nach der anderen verwischte sich und wurde unkenntlich. So legte Lao Zhao schließlich eine südöstliche Fahrtrichtung fest. Er war zuversichtlich, daß uns das in das Aqike-Tal bringen würde, das Winterweidegebiet der Wildkamele. Das zerklüftete *shor*, die dicke Salzkruste, ragte in einzelnen Schollen immer höher empor. Unsere Fahrzeuge schafften inzwischen nur noch zwei bis drei Kilometer pro Stunde. Oft mußten wir aus dem Jeep steigen, um große Platten von steinhartem Salz zu zerschlagen, die die Ölwanne unseres Gefährts zu beschädigen drohten. Nach dreieinhalb Stunden in diesem entsetzlichen Gelände ließ der Professor anhalten. Es war zwanzig Uhr dreißig, das Licht verblaßte jetzt schnell, und der Lastwagen spie dicke schwarze Rauchwolken aus wegen der Mischung von fast gleichviel Öl und Kraftstoff, die er verbrannte. Der Motor des Jeeps lief nur noch auf drei Zylindern.

Wir schafften es irgendwie, das Küchenzelt am Aufbau des Lastwagens anzuschlagen, mußten aber feststellen, daß es unmöglich war, unsere eigenen Zelte auf dem spröden, von Schründen durchsetzten Terrain aufzurichten. Während unsere beiden Fahrer eine Zigarette nach der anderen pafften und sich darin übten, einander noch weiter zu entmutigen, bereiteten Xiao Yuan, Xiao Zhao und ich das Essen vor: Nudeln, getrocknetes Eselfleisch mit gezuckerten Tomaten, Pepperoni und welken Zwiebeln als Krönung. Dann betteten wir uns, so gut wir konnten. Es war kalt, deutlich unter dem Gefrierpunkt, und ich zitterte selbst in meinem arktisgeeigneten Schlafsack.

Jede Expedition hat ihren eigenen Tiefpunkt, und ich erreichte meinen damals. «Was um alles in der Welt tue ich hier eigentlich?» fragte ich mich. «Ich habe ein behagliches Heim und ein warmes Bett. Ich brauche nicht nach Wildkamelen zu suchen, um mir meinen Lebensunterhalt zu verdienen, und ich bekomme keinen Penny dafür, daß ich es tue. Hat es überhaupt irgendein Fünkchen Sinn, meinen Hals an einem der gefährlichsten, unfreundlichsten und unbehaglichsten Orte der Welt zu riskieren?»

Als sich herausstellte, daß ich ohnehin nicht schlafen konnte, beschäftigte ich mich mit meinem zerbeulten Kurzwellenradio, um meine düstere Stimmung zu vertreiben. Die Antenne hatte schon lange ihren Geist aufgegeben, und so legte ich behelfsmäßig Kupferdraht auf dem Steinsalz aus und verband dessen Ende mit dem abgebrochenen Stumpen der Antenne.

«... jetzt stellen sie sich zum Start auf ...» Ich richtete mich auf und zog mir meine afghanische Pelzmütze fester in die Stirn. War das denn möglich? «Und sind gestartet.» Ja! Die Reportage des Grand National von 1996. Schnell im Geist eine Wette plazieren. Auf Wiedersehen Gobi; willkommen Aintree. Zwanzig Minuten lang schwelgte ich in Seligkeit. Mein Pferd kam ins Ziel, obwohl nicht unter den ersten dreien, und zufrieden glitt ich langsam ins Reich des Schlafs hinüber.

Der nächste Tag dämmerte kalt, hell und klar herauf. Wir standen früh auf, geweckt vom Knallen unserer sich ausdehnenden Kraftstoffässer, das durch den rapiden Anstieg der Temperatur verursacht wurde. Wir konnten es gar nicht erwarten, uns in Marsch zu setzen, und nach einem hastigen Frühstück «schlugen» wir uns im wörtlichen Sinne noch einen Kilometer durch das *shor*. Aber die spröden Steinsalzschollen ragten immer höher auf. Wir mußten haltmachen, und der

Professor brach mit seinem Sohn auf eine Erkundung zu Fuß auf, um festzustellen, ob irgendein Ende dieses grausamen Geländes in Sicht war. Inzwischen wurde nämlich praktisch das Gummi von den Reifen unserer Fahrzeuge gefräst. Der Fahrer Li war in Verzweiflung versunken, überzeugt, daß ihm das gleiche Schicksal bevorstand wie seinem Vater. Er redete ununterbrochen mit seiner Taube und erwartete von diesem bemerkenswerten gefiederten Pionier Erlösung. Fahrer Lius Mut war ebenso tief gesunken. Unglücklicherweise offenbarte er seine Niedergeschlagenheit in Vorführungen wilder Verdrießlichkeit und heißköpfiger Streitsucht. Er hatte es schon lange aufgegeben, sich um seine Haarsträhne Gedanken zu machen, und schien jetzt nur noch den Wunsch zu haben, mit jedem Streit anzufangen, der ihm zu nahe kam. Lao Zhao war ebenfalls in der Nähe seines Tiefpunktes angelangt. Er war unserer Führer, im ganzen Lande anerkannt als hochrangiger Experte. Und dennoch waren wir hier am Rand des Lop Nur verloren, wußten nicht, wohin unser Weg uns führen sollte, in welche Richtung wir gehen sollten. Als wir uns so niederließen, um auf die Rückkehr des Professors und seines Sohnes zu warten, boten wir ein mitleiderregendes Bild von Ödnis und Verzweiflung. Um acht Uhr abends trafen sie schließlich wieder ein, nach einem Erkundungsgang über zwanzig Kilometer.

«Es geht noch ewig so weiter», sagte der Professor düster.

Lao Zhao entrollte seine Satellitenkarte und deutete mit seinem kurzen, nikotingefärbten Finger auf eine große weiße Fläche.

«Wir haben nur noch achtzehn Kilometer davon vor uns», sagte er.

Niemand glaubte ihm.

Ich dachte einen Augenblick lang nach. Für diese achtzehn Kilometer würden wir fünf Stunden benötigen, vielleicht auch sechs. Wir rissen uns die Reifen auf, der Lastwagen stand kurz vor dem Zusammenbruch, und unser Führer war sich des Weges nicht gewiß. Es war klar, daß wir den Versuch, das Aqike-Tal auf diesem Wege zu erreichen, aufgeben mußten. Die einzige Alternative bestand darin, nach Tikar zurückzukehren. Wenn unsere Fahrzeuge erst einmal repariert oder ersetzt waren, konnten wir via Hami nach Dun Huang fahren und versuchen, von Osten her in das Aqike-Tal zu gelangen. Das war eine lange Strecke, die wir extra zu fahren hatten, und wir konnten dann eben nicht den Süden des Sees erforschen, aber es schien das Äußerste an Narretei zu sein, unter den gegebenen Bedingungen einfach weiterzufahren. Ich legte diese Gedanken dar. Diesmal gab es keine lange Diskussion.

«Es stimmen alle mit Ihnen überein», sagte der Professor sofort. «Wir werden morgen den Rückweg antreten.» Es gab tatsächlich keine Alternative.

Lao Zhao machte allerdings noch einen klugen Vorschlag. Er riet dem Fahrer Li, Motorenöl mit unserem Speiseöl zu mischen, um die rapide dahinschwindenden Vorräte des Motorenöls zu strecken. Er sagte, das hätte er schon einmal gesehen, und es habe funktioniert. Niemand widersprach dem, und die beiden Fahrer machten sich daran, diese scheinbar unvereinbare Mischung herzustellen.

Wir verbrachten eine weitere Nacht unbehaglich auf dem nadelspitzen *shor*. Am nächsten Morgen sagte der Fahrer Liu, er habe vor Sorge die ganze Nacht kein Auge zugetan. Und Fahrer Li hatte nicht geschlafen, weil der Fahrer Liu stänke. Sie warfen sich bei unserem Nudelfrühstück finstere Blicke zu, während Fahrer Li Tweet-tweet streichelte – so hatte ich den bewundernswerten Vogel genannt, der sich niemals beklagte und jede Nacht sehr fest zu schlafen schien.

Als es losging, marschierten Xiao Yuan, Xiao Zhao und ich vor dem Jeep her und schoben jeden Klumpen Salzkruste beiseite, der irgendwelche Beschädigungen an den Fahrzeugen hätte hervorrufen können.

«Sie betätigen sich als Straßenbauer für China», rief der Professor, während wir langsam einen Weg über eine besonders trügerische Fläche von Steinsalz freilegten.

Der Lastwagen roch bald wie ein fahrbarer Dönerkebab-Stand, als erst einmal das Speiseöl in seinen Innereien zirkulierte. Aber dessen ungeachtet funktionierte diese ungewöhnliche Form der Schmierung offensichtlich. Der Motor hatte sich noch nicht festgefahren, und wir kamen vorwärts. Nachdem wir das Seebett erreichten, konnten wir schneller fahren, legten allerdings weiterhin alle halbe Stunde einen Stop ein, um den Motor des Lastwagens wieder mit der Speiseölmischung aufzufüllen.

Am späten Nachmittag hatten wir das Delta des Kuruk Daria ohne größere Zwischenfälle erreicht, und von da aus folgten wir unseren eigenen Spuren durch Tu-ying und durch die Myriaden phantastisch geformter *yardangs*. Langsam lebten wir wieder auf. Am späten Abend kamen wir an der Quelle Aka Bulak an. Wir schlugen dort unser Lager auf, erschöpft, aber unglaublich erleichtert. Der Fahrer Li wirkte nicht länger so, als bereite er sich darauf vor, seinem Vater in Tod und Untergang nachzufolgen. Der Fahrer Liu hatte die Maleschen seines Knies vergessen, seine schlechten Träume und seine Streitereien. Der

Professor, unrasiert und mit dunklen Tränensäcken unter den Augen, hatte einige seiner Sorgen um unsere Sicherheit beiseite legen können. Und seine größte Erleichterung bestand darin, daß wir nun eindeutig aus dem Gebiet heraus waren, das zu betreten wir eigentlich keine Erlaubnis hatten. Tweet-tweet, so ruhig und unbeirrbar wie immer, kam unzerzaust aus ihrem engen Quartier hervor und pickte ihre Körner im Licht der Taschenlampe ihres Besitzers.

Aber am nächsten Tag holten uns die Katastrophen und Spannungen der letzten Tage schlagartig wieder ein. Wir hatten erst fünfundvierzig Kilometer zurückgelegt, als im Motor des Lastwagens ein Kolbenring brach und die ganze Maschine mit mahlenden Geräuschen zum Stehen brachte. Zu allem Unglück fiel auch die Temperatur, und Lao Zhao war sich wieder einmal über unsere Position nicht im klaren. Fahrer Liu verlor seine Geduld mit unserem Führer, woraufhin Zhao sich total abkapselte. Aber immerhin arbeiteten beide Fahrer bis nach Mitternacht am Motor des Lastwagens. Sie zerlegten die Maschine in so viele Teile, daß ich mich fragte, wie sie sie jemals wieder zusammensetzen wollten. Als ich am nächsten Morgen kalt und steif erwachte, fand ich die Wüste ringsumher mit einer mehrere Zentimeter dicken, glänzendweißen Schneeschicht bedeckt; darüber wölbte sich ein Himmel von strahlendem Blau. Während der ölbeschmierte Fahrer Li seine Anstrengungen, aus einem Sechszylindermotor einen Fünfzylindermotor zu machen, fortsetzte, versuchte Fahrer Liu, den Kühler des Jeeps über einem Feuer und unter Zuhilfenahme seiner Lötlampe aufzutauen. Gegen elf Uhr vormittags, vierundzwanzig Stunden nach dem Unglück, geschah ein doppeltes Wunder. Beide Maschinen liefen.

Lao Zhao, der wegen seiner fehlerhaften Interpretation unserer Satellitenkarten deutlich an Ansehen verloren hatte, erlangte einen Teil seiner Selbstachtung zurück, indem er den richtigen Weg fand. Bei genauerer Betrachtung der Karten mußte ich mich allerdings fragen, ob unsere Irrwege und Irrgänge tatsächlich allein unserem Führer zuzuschreiben waren. Ein oder zwei herausragende Hügel schienen in der Zwischenzeit gewandert zu sein oder waren gar ganz verschwunden. Auch ganze Täler waren offenbar verschwunden. Werden Satellitenkarten heikler Gebiete völlig willkürlich gefälscht?

Wir fuhren durch eine Landschaft, die durch den inzwischen tauenden Schnee in gleißendes Licht getaucht wurde. Selbst der armseligste Hügel zeigte frische Farben. Die klare Luft, verbunden mit der ungewohnten Feuchtigkeit, betonte die Farben der Felsen, die von unvorstellbarer Komplexität schienen. Im Mittelpunkt einer atemberaubenden Arena von Licht erblickten wir einen einzelnen Kamelhengst. Er starrte wie ein Denkmal von einem hell strahlenden Hang auf uns herab, ergriff die Flucht, als die Tür unseres Jeeps zugeschlagen wurde, und verschwand über den schneebedeckten Kamm. Wir erreichten Wanwan Quan (Mäanderquelle) und machten dort Rast, um zu Mittag zu essen.

«Sehen Sie sich das an. Sehen Sie sich das einmal an», rief ich.

Die Berge nördlich der Quelle schienen wie mit einem Pinsel gemalt, der verschiedene Nuancen von Grün, Gelb und Braun aufgetragen hatte. In der immer höher hinaufwandernden Sonne vermischten sich diese Grundfarben in immer feinere Abtönungen des Originals. Es war atemberaubend.

«Es ist Essenszeit», sagte Xiao Yuan. «Kommen Sie und essen Sie mit uns.»

«Aber sehen Sie denn nicht, was ich meine?»

Ich verschwendete meine Worte. Meine Reisegefährten waren hungrig, und es war Essenszeit. Sie konnten nicht verstehen, warum ich stehen bleiben und einen Berg anstarren wollte. Ich sehnte mich nach einem verständigen Begleiter.

Später, als wir im Schilf bei der Quelle herumstöberten, nahmen mich die merkwürdigen Nachwirkungen des Schnees in der Wüste noch einmal gefangen. Die staubigen toten Blätter des vertrockneten Schilfs hatten ein glitzerndes Goldgelb angenommen. Der Salzschlamm mit seinen Zecken erstrahlte im Pulverschnee. Alles war vollkommen verwandelt, ausgenommen die Wahrnehmung meiner Kameraden.

Zwei Stunden später erreichten wir ein abgelegenes Eisenerzbergwerk. In krassem Gegensatz zu der majestätischen Szenerie, die wir gerade hinter uns hatten, war es von Abfallhaufen, Schrottresten und der unvermeidlichen Masse von Plastikmüll bedeckt. Selbst das magische Licht konnte diese Qual für die Augen kaum verbessern. Es betonte vielmehr noch die menschliche Verschandelung der Umwelt. Die Bergleute waren genauso schmutzig wie ihre unmittelbare Umgebung, aber von ihnen konnten wir das dringend benötigte Motorenöl erhalten. Während des Small talks erzählten sie uns von ausgepichten Jägern, selbst Regierungsbeamten, die in vierradgetriebenen Toyotas noch aus Urumqi und Hami kamen, um Kamele zu jagen. Wir erfuhren, daß ein Kumpel aus diesem Bergwerk sich jüngst an der Quelle Aka Bulak einen Arm und ein Bein weggesprengt hätte bei dem Versuch, Landminen zu legen, um aus «Spaß» Kamele in die Luft zu jagen. Und wozu? Um etwas Abwechslung auf seinen Speiseplan zu bringen. Ich rief mir die denkwürdige Beschreibung Hedins von einem Kamel in Erinnerung, das von einem Uighuren seiner Mannschaft bei der Durchquerung der Taklamakan etwa zur Jahrhundertwende geschossen worden war:

> Die Stute sank in eine Stellung zusammen, die die Kamele gewöhnlich zur Rast einnehmen. Wir eilten zu ihr, und ich machte einige Skizzen, während sie noch lebte. Sie beachtete uns nicht, sondern schien lediglich verzweifelt, für immer aus ihrem ansonsten unversehrten Wüstenland scheiden zu müssen. Bevor sie verendete, öffnete sie ihr Maul und biß in den Sand. Ich verbot jede weitere Kameljagd.

Wenn ich selbst nur dazu beitragen könnte, jetzt, fast einhundert Jahre später, jegliche weitere Jagd auf das Kamel zu untersagen. All diese schlechten Nachrichten machten mir die extreme Dringlichkeit deutlich, das vorgeschlagene Naturreservat Lop Nur sehr schnell zu errichten. Während der Wind ökonomischer Änderungen mit jedem Jahr etwas stärker bläst, selbst in den entlegensten Teilen Xinjiangs, wird die Bedrohung für das Kamel immer größer. Falls jene, die es auf seine Vernichtung abgesehen haben, bereits bis zur Quelle Aka Bulak vorgedrungen sind, um wieviel weiter werden sie sich vielleicht nächstes Jahr in die Wüste wagen oder im Jahr danach? Werden in fünf Jahren überhaupt noch Wildkamele übrig sein? Wir hatten nördlich des Lop Nur zwei einzelne Hengste gesehen, was nach der Brunstzeit nicht unnatürlich war. Wieviel Zeit blieb noch, bis sie und ihr Harem von Stuten völlig vernichtet waren?

Von dem Bergwerk bis nach Tikar waren es noch einhundertfünfzig Kilometer. Im letzten Jahr hatte uns diese Strecke durch das staubige, rauhe Land des Todes geführt, das bar jeden tierischen Lebens war. Aber auch hier webten die Nachwirkungen unserer Schneenacht ihre subtile Magie. Die Hügel, die uns so leblos vorgekommen waren, überzog jetzt leuchtendes Orange mit weißen Flecken, als wären sie durch einen Zauber aus einem jahrhundertewährenden Schlaf geweckt worden. Aber die Zunahme des Bergwerkverkehrs auf der staubigen Straße nach Tikar störte meine romantischen Reminiszenzen. Die Kamele und die Geheimnisse der Gobi sind einer sich gnadenlos verstärkenden Bedrohung ausgesetzt. In einer gefühllosen Welt schienen die Hügel selbst um Hilfe zu rufen.

Im meinem Tagebuch steht:

Wir erreichten schließlich die gesegnete Oase Tikar und fuhren dort zum Haus des wie immer großzügigen Torde Ahun, wo wir wie schon zuvor willkommen waren und ein Schaf uns zu Ehren geschlachtet wurde. Im klaren Wasser des Dorfbaches von Tikar waschen wir den Staub und Schmutz der Wochen in der Gobi und unsere Blessuren von Lou Lan ab. Die Pappeln sind grün, der Wein sprießt und die Aprikosen-, Apfel- und Birnenblüte hat ihren Höhepunkt erreicht. Vom Winter (minus sieben Grad letzte Nacht) in den Frühling in weniger als zwölf Stunden. Welch ein Gegensatz.

Das Tal des Todesschattens

Something lost beyond the Ranges.
Lost and waiting for you. Go!

Rudyard Kipling

«Sie trauen sich nicht, die dort aufzufordern», sagte Xiao Yuan mit einem breiten Grinsen und deutete mit dem Kopf auf ein schönes uighurisches Mädchen, das auf der anderen Seite der Tanzfläche an einem Tisch saß. Neben ihr saß eine ältere Frau mit regloser Miene und schaute unbewegt den jungen Tänzern zu, die sich vor ihr drehten. Die langen schlanken Finger der Schönen spielten ziellos mit einem Glas Orangensaft. Niemand hatte sie bisher um einen Tanz gebeten.

Unser ganzes Team mit Ausnahme von Lao Zhao, der sich ausruhte, und Xiao Zhao, der nach Urumqui zurückgekehrt war, saß zusammengedrängt in der rauchgeschwängerten Atmosphäre einer nur schwach erleuchteten Nische für die Prominenz – von dort aus konnte man sehen, ohne gesehen zu werden – in der städtischen Tanzhalle von Shanshan. Der Professor saß stocksteif da, Blick stur geradeaus, aber seine Augen glänzten hinter seinen Brillengläsern vor unterdrückter Erregung. Sein Sohn, dessen Idee es gewesen war, den jeden Samstag stattfindenden Tanzabend in Shanshan zu besuchen, war lebhaft und tickte wie ein Metronom. Die Szene katapultierte mich geradewegs zurück in die 1950er Jahre und die Samstagabende im ländlichen Warwickshire, als die Mädchen sich auf der einen Seite der Tanzfläche geziert und gewunden hatten, während die Jungen von der anderen Seite herüberstarrten und sich gegenseitig spielerisch dazu ermutigten, sich doch endlich zu trauen, jemanden aufzufordern. Selbst die Musik – die Foxtrotts, Quicksteps und Walzer – hatte ähnlich geklungen. Unter den Tänzern waren durchaus nicht nur die unter Dreißigjährigen anzutreffen, und allesamt trugen sie ihre besten Anzüge. Wir in unserer staubigen, geflickten und abgetragenen Expeditionskluft waren nicht angemessen gekleidet, aber trotz dieses Nachteils stürzten auch wir uns in unser eigenes jungenhaftes Spiel des «Du traust dich nicht…», und jetzt war die Reihe an mir. Ich ging steif über die Tanzfläche auf das arme, nichts Böses ahnende uighurische Mädchen zu.

«Darf ich um das Vergnügen dieses Tanzes bitten?» Das mochte ein wenig altmodisch klingen, aber so hatten wir es im Dorfgemeinschaftshaus von Sutton-under-Brailes gelernt, und in jenen fernen und verblaßten Tagen hatte es auch funktioniert.

Das Mädchen trug Schwarz, dazu ein rot und weiß geblümtes Kopftuch, das perfekt auf den Farbton ihrer blutroten Lippen, ihrer geschminkten Wangen und ihres weißgepuderten Gesichtes abgestimmt war. Sie lächelte ängstlich und war ganz offensichtlich nahe daran, dankend abzulehnen, als die ältere Frau sie mit einem scharfen, berechnenden Blick zur Räson brachte.

Die Frau flüsterte ihr etwas zu, was, so fürchte ich, als: «Das könnte Geld bedeuten», übersetzt werden könnte, und einige Augenblicke später drehte ich mich mit der Uighurin zu den Klängen des «Invitation Waltz», der von einer Dreimannkapelle mit schwarzen Krawatten intoniert wurde. Sie war groß, geschmeidig, bewegte sich elastisch und lächelte unentwegt, während ich erzählte. Über ihre Lippen kam kein einziges Wort, aber sie tanzte, als sei sie regelmäßiger und wohlgeübter Gast der Tanzszene von Shanshan. Ein billiger Duft umgab sie. Ich schloß meine Augen und atmete den betörenden, klebrigsüßen Geruch von «Bint el Sudan» ein, der sich quälend mit dem des Gesichtspuders und dem lockenden Frauenduft verband. Es war eine berauschende und hochwillkommene Abwechslung vom Gestank unserer Socken und unseres Schweißes.

Als die Musik zu Ende war, verbeugte ich mich, sagte meiner schönen Uighurin Lebewohl und begab mich wieder in den zigarettenrauchgeschwängerten Mief unserer Nische. Der Professor vermied sorgfältig meinen Blick und starrte mit nachtrabenschwarzer Miene vor sich hin. Was hatte ich angerichtet? Welchen gewaltigen sozialen Lapsus hatte ich begangen? Nach all diesen Wochen der Unbeständigkeit, wie lautete da meine letzte Sünde?

«Was ist los mit Ihrem Vater?» fragte ich Xiao Yuan. «Was habe ich getan, um ihn so aufzubringen?»

Xiao Yuan zog mich zur Seite. «Sie waren es nicht», flüsterte er. «Sie haben überhaupt nichts falsch gemacht. Als er sah, daß Sie Ernst machten mit dem Tanzen, hat er sich ihnen angeschlossen. Er hat ein Mädchen aufgefordert und sich einen Korb geholt. Er hat furchtbar das Gesicht verloren.»

«Müssen wir jetzt zurück ins Hotel?»

«Nein, nein. Das würde es noch schlimmer machen. Dann hätte er das Gefühl, daß wir wegen ihm gehen müßten. Machen Sie sich keine Sorgen, bis morgen ist alles vergessen.»

Mir entging nicht, daß der Fahrer Li ebenfalls gedemütigt wirkte.

«Und Li? Ist es ihm genauso gegangen?»

«Ja, aber es war noch viel schlimmer. Ein Mädchen hat zuerst mit ihm getanzt, ihn dann aber stehenlassen und sich wieder gesetzt. Es sagte ihm, daß es seinen Geruch nicht ertragen könne.»

Jetzt war Diskomusik aufgelegt worden, und schlagartig änderte sich die Stimmung in der Tanzhalle. Xiao Yuan und ich sprangen auf unsere Füße. Er schwelgte mit seiner bereits vertrauten Tanzpartnerin in selbstbezogenem Exhibitionismus, während ich einen weiteren Zug meiner uighurischen Droge tief in mich einsog. Stolz auf unseren Mut und keuchend von der Anstrengung vieler Drehungen in der schwülen Luft kehrten wir in unsere Nische zurück.

«Und jetzt der Höhepunkt des Abends», rief der Diskjockey. «Die Reise nach Jerusalem!»

Diese Ankündigung wurde mit gewaltigem Applaus aufgenommen. Jetzt wurden alle einbezogen, und diejenigen, die zuvor ihr Gesicht verloren hatten, vergaßen ihr angeschlagenes Selbstbewußtsein. Ich sah erstaunt zu, wie Stühle in der Mitte der Tanzfläche aufgestellt wurden und die erwachsenen Tänzer sich zu wilden Anfeuerungsrufen in das alte Kinderspiel stürzten.

Und dann fand Schlag halb zwölf die Samstagabendunterhaltung in Shanshan ein abruptes Ende.

Tagebucheintragung Shanshan, 15. April 1996 (Shanshan ist ein mittelgroßes Landstädtchen, fünfhundert Kilometer nordöstlich von Tikar):

Die Fahrzeuge sind, so hoffe ich, inzwischen repariert. Nachdem wir Bier und Treibstoff nachgetankt hatten, machten wir uns um zwölf Uhr in der Nacht auf den Weg nach Hami. Nachdem unser Versuch fehlgeschlagen ist, vom Lop Nur aus nach Süden den Zugang zum Aqike-Tal zu finden, wollen wir jetzt über die Straße nach Hami zur Oase Dun Huang fahren und versuchen, die Gashun Gobi und das Aqike-Tal von Osten aus zu bereisen. Eine Fahrt von eintausendsiebenhundert Kilometern, sonst nichts. Aber das Glück war uns nicht hold. Auf halbem Weg nach Hami explodierte das Gelenk der Antriebswelle des Jeeps unter meinen Füßen. Ein paar Wochen zuvor hatte ich noch nicht einmal gewußt, daß es ein solches Gelenk gab. Davon kann jetzt keine Rede mehr sein. Die geborstene Welle zog den Kühler in Mitleidenschaft, und wir sitzen wieder fest. Das «Gelenk» wird am Straßenrand repariert, aber der nur noch unzuverlässig funktionierende Kühler zwingt uns zu häufigen Stops, um Wasser nachzugießen und den Motor abzukühlen. Schließlich treffen wir in der Abenddämmerung in Sandouling ein, einer Kohlenbergbaustadt, fünfundsiebzig Kilometer von Hami entfernt. Ein heulender Sturm treibt Sand und überall unbeschreibbaren Müll vor sich her. Nach endlosem Suchen finden wir schließlich jemanden, der den Kühler repariert. Während der Reparatur lassen wir uns in einem schmutzigen Restaurant «Zur rußbedeckten Nudel» nieder, unter flackerndem blauem Neonlicht. Ich ersticke fast vom Rauch des Kohleofens. Schließlich erreichen wir eine Weile nach Mitternacht Hami. Trotz der sogenannten Reparaturen steht der Motor des Jeeps kurz vorm Kochen. Der Professor sagt, wir würden in Urumqi anrufen und um ein Ersatzfahrzeug bitten. Und um mehr Zeit. Wir steigen in einem Viertelsternhotel ab. Ich bin nur durch eine leichte Trennwand vom Professor und einem Fernseher geschieden, der nach Kräften mit einer Disko draußen vor dem Fenster wetteifert, um mich die ganze Nacht über wach zu halten.

[Nächster Morgen:] Eine Reinmachefrau hat mich angeschrien und mir die Klotür vor der Nase zugeschlagen. Sie sammelte das benutzte Klopapier aus den Drahtpapierkörben neben den Löchern im Boden ein. Das Verrichten irgendwelcher Geschäfte ist nicht gestattet, bis sie ihre Arbeit getan hat. Wenn im Sommer die Fliegen umherbrummen, wird dieser verwunschene Platz sicherlich seinen Viertelstern einbüßen. Ich war dem Platzen nahe. Ich konnte nicht warten. Was blieb mir zu tun, als auf mein Zimmer zurückzukehren und in ein Glas zu machen, das ich danach nach draußen aus dem Fenster ausleerte. Drei Wassergläser voll vor die Disko. Ich hörte kein Kreischen und keine Schreie. Das war meine Rache an der Disko. Der Fernseher wird noch warten müssen.

Hami, in ganz China bekannt für die Qualität seiner Melonen, war einmal die Hauptstadt eines alten Khanats. Der letzte Herrscher dort war Maksud Shah, dessen Herkunft zurückverfolgt werden konnte bis zu Jagatai, einem Sohn Dschingis Khans. Aber als Maksud Shah 1930 starb, löste die chinesische Verwaltung in Urumqi das Khanat auf und setzte Nazir, den Thronerben, gefangen. Die folgenden turbulenten Jahre verhalfen Warlords wie Ma Zhongyin zum Aufstieg und führten zu Krieg und Anarchie. Trotz der Plünderung der Stadt blieb der Palast so gut wie intakt – bis zur Kulturrevolution, als er zerstört wurde und man an seiner Stelle Häuser errichtete.

Während unseres erzwungenen Aufenthalts in Hami, den wir dem Warten auf die Ankunft unseres Ersatzfahrzeugs verdankten, entschloß ich mich zu dem Versuch, die Lage des alten Palastes herauszubekommen. Vor allem wollte ich den Palastbrunnen finden, der als eine Art Ersatzschatzkammer gedient und in dem der letzte Herrscher massenweise Gold und Silber versenkt hatte, als er erst einmal begriff, daß seiner Herrschaft das Ende drohte. Selbst während der Herrschaft des Maksud Shah war die genaue Lage des Brunnens ein sorgsam gehütetes Geheimnis. Aber ich war mir sicher, daß irgend jemand in Hami davon wissen mußte.

Ein Teil des alten Uighurenviertels von Hami steht noch, obwohl ich meine Zweifel hatte, für wie lange wohl noch. Der Moloch des chinesischen Modernismus mit seinen breiten Straßen und sterilen, wie Waschräume gekachelten Häusern hat sich von Osten her bis an die Reste der mittelalterlichen malerischen Altstadt mit ihren Lehmbauten und engen, gewundenen Gassen gebahnt. Es schien mir nur vernünftig, meine Suche an den Gräbern der Khane von Hami zu beginnen, obwohl diese außerhalb der alten Stadtmauern liegen. Die kissenförmigen Gräber in der Krypta unter der gewaltigen, türkisgekachelten Kuppel des königlichen Mausoleums hatten auf wundersame Weise die Revolten der dreißiger Jahre und die sinnlosen Zerstörungen der 1960er Jahre durch die Roten Garden überstanden. Die nahegelegene, auf vielen Säulen ruhende und mit erlesenen Malereien geschmückte Freitagsmoschee war ebenfalls unversehrt geblieben, aber als Xiao Yuan den alten Aufseher fragte, wo der Palast des Maksud Shah gestanden habe, war die einzige Antwort ein verständnisloser Blick.

«Aber wir müssen es wissen», sagte ich Xiao Yuan. «Er muß seinem Alter nach bereits auf der Welt gewesen sein, als Maksud Khan starb.»

Xiao Yuan und ich waren auf eigene Faust unterwegs. Sein Vater hatte zur Genüge deutlich gemacht, daß er die Suche nach historischen Stätten für eine überflüssige Zeitverschwendung hielt. Während doch gleichzeitig im Fernsehen ein guter Kriegsfilm lief.

Furcht zeichnete sich in den wäßrigen Augen des Aufsehers ab, als die Frage ein zweites Mal mit Nachdruck wiederholt wurde. Er hatte zuviel Umwälzungen und Krieg miterlebt, er hatte erfahren, was mit den Menschen geschah, die zuviel redeten. Die Regierung in Xinjiang war noch jüngst gegen eine Bewegung für die uighurische Unabhängigkeit tätig geworden. Es war gefährlich, Fragen wie diese zu beantworten, vor allem, wenn Fremde sie stellten. Er zuckte die Schultern, schüttelte den Kopf und wandte sich ab.

«Wir werden von ihm nichts erfahren», sagte ich, als wir das Mausoleum verließen und in die umgebenden Wohngebiete gelangten.

«Dort drüben, versuchen Sie es dort drüben.» Der korpulente uighurische Händler mit seiner schwarzen Kappe deutete mit knapper Geste auf eine Ansammlung teilweise verfallener Lehmziegelbauten hin. «Fragen Sie nach Sharif. Er weiß, wo der Palast lag; sein Vater hat dort gearbeitet.»

Wir suchten uns einen Weg durch die engen Straßen. Die Kinder starrten Xiao Yuan an und verspotteten ihn; langsam wurde diesem unbehaglich. Irgendeines der Kinder warf einen Stein. In bestimmten Teilen des uighurischen Gebietes sind die Chinesen nicht beliebt, und es überrascht nicht weiter, daß einer der Anführer der Demonstrationen vom Platz des Himmlischen Friedens Wuer Kaixi war, ein Uighure aus Xinjiang. Vor der Demonstration hatte er während eines Fernsehinterviews den damaligen Premierminister beleidigt. Er ist inzwischen aus China geflohen.

Wir hielten an, um uns von zwei Alten, die an der Straße hockten, den Weg weisen zu lassen. «Das da drüben ist Sharifs Haus», sagten sie.

Ich sah einen niedrigen Lehmwall, der sich ungefähr zwanzig Meter lang nach Osten erstreckte. Xiao Yuan hatte ihn ebenfalls gesehen und bestätigte meine unausgesprochenen Gedanken. «Das sieht aus wie ein Rest der Palastmauern», sagte er.

Schließlich fanden wir Sharif, einen düsteren Mann, dessen Haus von einem gewaltigen, schwarzen tibetischen Mastiff an langer Kette bewacht wurde. Sharif war bereit, mit uns zu sprechen, und bestätigte, daß sein Haus innerhalb der alten Palastmauern lag. «Und das war der Brunnen des Palastes», sagte er und deutete auf die Reste eines großen runden Brunnens, der mit Lehm und Abfall verstopft war. «Heute bekommen wir das Wasser aus einer Wasserleitung», fügte er stolz hinzu.

«Ist der Brunnen denn immer noch voller Gold und Juwelen?» fragte ich mit einem Lächeln.

«O nein», erwiderte Sharif düster, «der Palastschatz ist schon vor langer Zeit geplündert worden.»

Als wir zu dem Brunnen gingen, kräuselte der Wachhund seine Oberlippe, knurrte und begann dann wild zu bellen. Ein kleines Kind begann zu schreien, und ich vergewisserte mich schnell, daß der Hund wirklich an seiner Kette lag. Es war ungewöhnlich, in Xinjiang einen Hund zu sehen, vor allem in einem muslimischen Viertel. Sie wurden entweder gegessen oder waren tabu.

«Es ist ein guter Wachhund», bemerkte ich, nachdem ich mir die Reste des Brunnens angeschaut hatte.

«Das sollte er auch», erwiderte Sharif. «Er ist ein Abkomme der Wachhunde des Shahs. Mein Vater hat sich früher um diese Hunde gekümmert. Er bewacht mich gut. Es liegt ihm im Blut.»

Der Ruhm und Glanz der Könige der Gobi war in der Tat schon lange verschwunden. Von dem königlichen Palast, der «üppig mit Diwanen und weichen Teppichen und vielen anderen schönen Dingen ausgestattet war» und über «chinesische Landschaftsgärten mit schlanken Kamelrückenbrücken über schnell fließende Bäche», «wo stolz die Fasanen paradierten und ihre Pracht zeigten», waren nur noch ein furchteinflößender Hund, ein schmutziger, nicht mehr benutzter Brunnen, ein schreiendes, rotznäsiges Kind und ein finsterer alter Mann übriggeblieben.

Auf halbem Weg von Hami nach Dun Huang hielten wir in der Nähe der alten Stadt Qiaowan an. Aber diesmal war es nicht eine erzwungene Fahrzeugreparatur, die uns aufhielt. Bevor wir uns wieder in unsere Wagen drückten, vertraten wir uns auf den guterhaltenen Stadtmauern von Qiaowan die Beine und schauten bei einer adrett gekleideten, chinesischen Mrs. Danvers vorbei, die uns ziemlich hochmütig darüber aufklärte, daß sie die einzige Aufseherin über einige ungewöhnliche Zeugnisse der Vergangenheit sei. Sie erzählte uns, daß etwa im Jahre 1600 der damalige Kaiser der Tang-Dynastie einen lebhaften Traum von einer fruchtbaren Oase inmitten sich im Winde wiegender Weiden im Westen seines Reiches gehabt habe. Sehr beeindruckt von der Schönheit seiner Vision, hatte er seinem Chefminister befohlen, sich auf die Suche nach dem grünen lieblichen Land zu machen.

Nach einer langen und schweren Reise durch die Wüste traf der Minister schließlich auf den Ursprung des Traumes seines Herrn, die unbewohnte Oase Qiaowan. Der Ort war so schön, daß er beschloß, sich selbst dort niederzulassen, und von dem Geld des Kaisers ein wunderbares Anwesen aufbaute. Anschließend sandte er eine Botschaft an den Kaiser, daß er nichts von Interesse gefunden habe, seine Suche aber fortsetzen werde, falls er frische Mittel erhalte. Der Kaiser entsprach seinem Wunsch, und der korrupte Beamte vergrößerte daraufhin sogleich sein Haus und seinen Hausstand.

Es folgte eine Periode hinhaltenden Schweigens, die den Kaiser so aufbrachte, daß er schließlich den Entschluß faßte, selbst herauszufinden, was sein Minister eigentlich trieb. Als der Kaiser den Beamten schließlich fand, von Luxus umgeben in einem Land, in dem Milch und Honig flossen, befahl er sogleich, ihn bei lebendigem Leibe zu häuten, seine Knochen in die abgezogene Haut einzuwickeln und aus dem Schädel ein Trinkgefäß für seinen persönlichen Gebrauch herstellen zu lassen.

Bevor wir uns wieder auf den Weg nach Dun Huang machten, erhielten wir das Privileg, die Haut, die Knochen und den Skalp dieses früheren Bewohners Qiaowans gezeigt zu bekommen. Die außerordentlich ernste Aufseherin kümmerte sich auf liebevolle Weise darum, und sie fand offenbar Gefallen daran, einem ausländischen Teufel zu demonstrieren, was mit jenen geschah, die der zentralen Gewalt in China nicht gehorchten.

Der Professor hatte ein Treffen in der Halle des Volkes in Dun Huang einberufen, um zu versuchen, die örtlichen Autoritäten für das geplante Naturschutzgebiet zu gewinnen. Den Vorsitz führte Herr Wang, der stellvertretende Bürgermeister; es nahmen teil Herr Wang, der Leiter der Forstwirtschaft; Herr Wang, der stellvertretende Leiter der Forstwirtschaft; und Herr Wang, der Fahrer der drei anderen Wangs. Ich fragte mich leise, ob nicht ein zarter Hauch von Vetternwirtschaft in der Luft hing. Hatte der Abt Wang von der Höhle der tausend Buddhas noch irgend etwas anderes als alte Manuskripte in einer der vielen alten Grotten unter seiner Obhut versteckt? Als ich den Namen des Abts im weiteren Verlauf des Abends ins Gespräch brachte, gab es klare Anzeichen von Solidarität mit dem Träger des gleichen Namens. In klarem Gegensatz zu Lao Zhao schwang in der Meinung von Wang senior zu dem heiligen Mann nicht der geringste Groll mit.

«Er ist von Stein übertölpelt worden», sagte der stellvertretende Bürgermeister. «Er hat nichts Unrechtes getan. Stein war ein Dieb und der Abt Wang ein Einfaltspinsel.»

Die drei offiziellen Wangs und ihr Fahrer saßen auf der einen Seite eines langen, rechteckigen Tisches, und wir saßen ihnen gegenüber. Über unseren Köpfen drehten sich an der Decke langsam drei Ventilatoren. Einer hatte sich aus seiner Verankerung gelöst, und die Mannschaft der Wangs schien in unmittelbarer Gefahr der Enthauptung zu schweben. Grüner Tee, Wasser in Thermoskannen und Plätzchen wurden von einem Amtsdiener vor uns hingestellt, und nach Abschluß dieser Zeremonie erklärte Prof. Yuan der Versammlung genauestens, was wir vorhatten. Die Wangs berieten sich, und der stellvertretende Bürgermeister Wang kritzelte etwas in ein abgegriffenes Notizbuch. Er war auch selbst etwas mitgenommen. Schwarze Tränensäcke senkten sich unter schmalen, wäßrigen Augen. Sein Haar hatte sich von der Stirn zurückgezogen und stand, wie um das zu kompensieren, am Hinterkopf wirr ab. So etwas hatte ich noch nicht gesehen. Hellblau, gelb oder grün eingefärbt, wäre es eine erstklassige Punkfrisur gewesen; ein horizontaler Mohikanerschnitt. Die Schöße seines Hemdes waren zu kurz und teilten sich in Körpermitte seitwärts, um einen Bauch freizugeben, der ihm über seinen schwarzen Plastikgürtel hing.

«Wir unterstützen Ihren Plan für ein Naturschutzgebiet», verkündete Wang Nr. 1 schließlich, nachdem er längere Zeit seine Notizen studiert hatte. Der Wang-Clan nickte in gemeinsamer Übereinstimmung.

«Darf ich das in den offiziellen Bericht an die NEPA aufnehmen?» fragte ich.

«Ja, das dürfen Sie.»

Ich lächelte und dankte dem Senior Wang mit einem herzlichen Schütteln seiner weichen Hand.

Damit gab ich ihm offensichtlich einen guten Vorwand für einen Abend auf Kosten der örtlichen Verwaltung in einem Restaurant, denn mit einer großzügigen Geste seines Arms verkündete er, daß er uns alle zu einem frühen Abendessen im besten Hotel Dun Huangs einladen wolle.

«Selbst unser Führer Deng war einmal dort», fügte er noch hinzu.

Im Verlaufe des Nachmittags stellte sich dann, als wir rings um einen runden Eßtisch saßen, bald heraus, daß der gesamte Clan der Wangs Kette rauchte, wenn er nicht im offiziellen Einsatz war, und daß *maotai* einen Hauptbeitrag zum Umfang von Wang seniors Bauch geleistet hatte.

«Lassen Sie uns die Politik vergessen», verkündete unser überschwenglicher und unorthodoxer Gastgeber nach dem dritten Toast. Er deutete auf eine Kellnerin im langen roten Kleid mit bis zum Schenkel reichendem Schlitz. «Finden Sie dieses Mädchen schön?»

«Auf jeden Fall», erwiderte ich und fragte mich, was als nächstes kommen würde. «Sehr schön.»

Herr Wang blies mir den Tabakrauch ins Gesicht. «Das finde ich auch», betonte er und ließ eine Salve von Gelächter folgen, die das arme Mädchen so erschreckte, daß es mit vor Verlegenheit blutrotem Gesicht aus dem Raum stürzte.

Unsere Toasts wurden immer leidenschaftlicher und häufiger. Wir tranken auf den Erfolg zukünftiger Expeditionen und Naturschutzgebiete, auf London, unsere Frauen und Kinder, auf ewige Freundschaft, und dann, o Schrecken aller Schrecken, war ich gezwungen, ein weiteres Mal den Hinterlauf eines Hundes abzunagen.

Ich war mit der Entwicklung der Ereignisse ganz zufrieden. Auf dem Weg zurück in unsere Zweisternbehausung, die wir mit dem Fahrer Wang in einem schwarzen VIP-Santana mit getönten Scheiben zurücklegten, überlegte ich mir, daß wir nun über die schriftliche Bestätigung der Unterstützung für das vorgeschlagene Naturschutzgebiet Lop Nur von den Verwaltungen in Korla, Hami, Turfan und Dung Huang verfügten. Nur noch Ruoqiang fehlte uns, eine harte Nuß wegen der dort vorherrschenden Bergbauinteressen, aber auch diese war zu knacken. Ich glaubte, daß die NEPA von diesen Beweisen der Unterstützung durch die Lokalregierungen beeindruckt sein müsse.

Noch am gleichen Abend, wie um uns in die Realität zurückzuholen, jagte die Gobi einen Sandsturm durch Dun Huang. Der Markt schloß, und ich brachte unsere verbliebenen Freistunden damit zu, der Mannschaft das Knobelspiel «Lügen» beizubringen, zur Begleitung eines ständigen Prasselns von Sand auf unsere Zimmerfenster. Es war schon schwierig genug, das Aqike-Tal überhaupt zu erreichen, auch ohne die Gefahr, die von den Sandstürmen drohte; also beschlossen wir zu warten, bis der Wind sich völlig gelegt hatte, bevor wir aufbrachen. Als wir Dun Huang schließlich achtundvierzig Stunden später verließen, war Xiao Zhao bereits einsame Spitze im Lügenspiel.

Von Dun Huang aus folgten wir nach Westen der gleichen Route, die wir in umgekehrter Richtung im vergangenen Jahr befahren hatten. Nachdem wir die Teufelsstadt passiert und die nord-südliche Sandbarriere überquert hatten, erschreckte mich der Umfang der illegalen Suche nach Bodenschätzen, der während der letzten zwölf Monate anscheinend ins Unermeßliche gewachsen war. Kreuz und quer durch die Wüste verliefen Lastwagenspuren, und wir sahen zwei neue Goldminen, bei denen die Schürfer wie Troglodyten in tiefen Höhlen unter der Erdoberfläche hausten.

«In zwei Jahren werden sie alle nicht mehr da sein», meinte Lao Zhao. «Sie finden nicht genug Gold, als daß sich ihr Aufenthalt hier lohnen würde.»

Ich war mir da allerdings nicht so sicher. Ihre Einrichtungen machten mir durchaus einen dauerhaften Eindruck, und ein guter Teil Geld schien in dieses expandierende Geschäft gesteckt zu werden. In der Zwischenzeit mußte der Lärm der ständigen Sprengungen die Wildkamele tiefer und tiefer in das unwirtliche Kernland der Gashun Gobi treiben, wo das Angebot an spärlicher Vegetation und Salzwasser sich rapide verschlechterte.

Wir fuhren durch unglaublich schöne, kieselübersäte farbige Berge und passierten zwei weitere Schürferlager, bevor wir schließlich das Aqike-Tal erreichten. Ein endloses «Meer» von Sand und *shor* erstreckte sich nach Süden. Aber anders als noch vor zwei Wochen, als wir versucht hatten, das *shor* vom Seebett des Lop Nur aus zu überqueren, konnten wir nun unser Ziel am fernen Horizont erkennen, die glänzende Sandbarriere des Kum Tagh.

Tagebucheintrag, 21. April 1996:

Bei unserer Einfahrt ins Aqike-Tal fährt sich der Lastwagen sofort im weichen Sand fest, und Herr Chen, der Ersatzfahrer für den «neuen» Jeep, gab uns eine bemerkenswerte Vorstellung seines totalen Mangels an Erfahrung unter Wüstenbedingungen. Nachdem der Lastwagen zum vierten Mal feststeckte, ordnet der Professor eine Rast an. Er beschließt, selbst mit mir und seinem Sohn im Jeep vorauszufahren, um einen Weg auszukundschaften. Auf den Sand folgt das *shor;* Xiao Yuan und ich gehen voraus und versuchen, die am weitesten emporragenden Steinsalzbrocken zu zerbrechen, bevor sie die Ölwanne aufschlitzen. Wir sehen jüngere Spuren dreier Wildkamele, die auf einem Hügel mit Tamarisken gerastet haben. Es ist immer wieder eine Ermutigung zu entdecken, daß die Kamele noch vor uns da waren, selbst wenn wir die Tiere selbst nicht zu Gesicht bekommen. Der Jeep sitzt schließlich sehr fest in einem trügerischen *shor*, dessen Untergrund nasser Salzschlamm bildet. Das kann außerordentlich gefährlich werden. Falls der Jeep einmal bis zu den Achsen einsinkt, werden wir ihn nicht mehr freibekommen. Glücklicherweise gelingt es uns nach zwei mühsamen Stunden mit Spaten und Schaufel, ihn auszugraben. Aber wir müssen umkehren, müde, bedrückt und entmutigt. Als wir an unserem Basislager ankommen, können wir feststellen, daß der Fahrer Li den halben Tag damit zugebracht hat, die Trittbretter des Lastwagens mit einem Vorschlaghammer zu richten, sehr zum Leidwesen seiner Taube. Kurz nach unserer Ankunft und bevor wir Zeit haben, etwas zu essen, erhebt sich ein Sandsturm und tobt bis zwei Uhr in der Frühe. Die Windstärke muß etwa sieben betragen haben. Xiao Yuans Zelt wird weggerissen, und wir helfen ihm so gut es geht, seine Ausrüstung zu säubern. Direkt nach Mitternacht bricht mein Zelt zusammen und rutscht an den senkrechten Zeltstützen hinunter. Glücklicherweise halten wenigstens die Spannleinen, und ich sehe hilflos aus einem Gewirr schlagender Leinwand heraus zu, wie der Sand sich aufhäuft und nach und nach Kameras, Kleider und anderes bedeckt. Ich konzentriere meine Anstrengungen darauf sicherzustellen, daß mein Zelt nicht dem von Xiao Yuan in die dunkle Nacht folgt. Am nächsten Morgen läßt der Wind nach, und ich kann die Risse in der Leinwand an den Stützen mit Böden von Plastikwasserflaschen reparieren. Tweet-tweet, die Taube von Fahrer Li, hat die turbulente Nacht überstanden, ohne daß ihr eine Feder zerzaust worden wäre.

23. April 1996:

> Wir versuchen wieder, das Aqike-Tal zu durchqueren. Wir nehmen nur den Jeep mit, da wir überzeugt sind, daß der Lastwagen diese Fahrt niemals schaffen wird. Wir haben soviel Wasser und Nahrungsmittel dabei, wie wir für fünf Personen transportieren können: den Professor, Lao Zhao, Xiao Yuan, den Fahrer Chen und mich selbst. Wenn wir es schaffen, das *shor* mit dem Jeep zu durchqueren, werden wir danach den Wanderwegen der Wildkamele so lange folgen, wie unsere Vorräte es uns gestatten. Der neue Fahrer Chen ist wirklich ein Ärgernis. Er ist schwerfällig, etwas simpel und bringt kein Wort hervor, ohne zu schreien. Und seine Angewohnheiten! Wir versuchen eine neue Route drei Kilometer weiter östlich als gestern. Weiter im Osten gibt es viel mehr Sand und weniger *shor*. Hoffentlich wird uns das die Durchquerung der Sanddünen erleichtern. Wir sitzen zweimal im Sand fest, können uns aber nach einer guten Stunde harter, schweißtreibender Arbeit wieder befreien. Dann erreichen wir das *shor*, und nach drei Stunden quälendster und nervenaufreibendster Fahrt erreichen wir schließlich beim siebten Versuch den Kum Tagh. Hurra! All der Schweiß, die Tränen und die Enttäuschung waren die Sache wert. Wir entdecken das Skelett eines vierzehnjährigen, ausgewachsenen Kamels, das endlich einmal, eine ermutigende Abwechslung, an natürlicher Ursache eingegangen zu sein scheint.

Im Jahre 1981 hatte Pen Jiamu vom Institut für Umweltschutz der Provinz Xinjiang ein Team von Wissenschaftlern in das Gebiet nördlich des Kum Tagh geführt. Als sie die Sanddünen erreichten, ging ihnen das Trinkwasser aus, und der Professor machte sich zu Fuß auf den Weg, um eine Abkürzung über das Steinsalz zu suchen. Er kehrte nie mehr zurück. Trotz umfangreicher Suche aus der Luft und zu Lande wurde seine Leiche nie gefunden, und eine Steintafel wurde in der Nähe des Kum Tagh zu seiner Erinnerung aufgestellt. Lao Zhao hatte auch mit Prof. Pen Jiamu zusammengearbeitet, ebenso wie Prof. Yuan, und die Erinnerung an ihn war bei beiden noch sehr lebendig. Lao Zhao hatte eine kleine Dose rote Farbe mitgebracht, um die inzwischen verblaßten chinesischen Schriftzeichen auf den Obelisken nachzuzeichnen.

Nachdem er die verblichene Inschrift sorgfältig nachgezeichnet hatte, verbrannte Lao Zhao Zeitungspapier, um Prof. Pen Jiamu wissen zu lassen, daß wir da waren, verschüttete dann eine Flasche Bier rund um das Holzgeländer, das den Gedenkstein umgab, um den Verstorbenen aufzumuntern, und ließ ihm noch einige Speisen zurück, an denen er sich laben konnte, wenn wir schon wieder weitergezogen waren. Dann setzte er sich nieder und meditierte eine geschlagene Stunde lang, starrte wie gebannt auf die Zeichen der Gedenktafel. Es war ein merkwürdiger und irgendwie erschreckender Anblick, diesen alten Schurken in Erinnerung an seinen verstorbenen Kollegen so tief bewegt zu sehen.

Am gleichen Abend auf dem Weg entlang der tief zerfurchten Wanderroute der Wildkamele muß uns der beschwichtigte Geist des hingeschiedenen Professors zu Hilfe gekommen sein. Wir konnten einen Kamelhengst beobachten, der hoch oben auf einer Sanddüne stand, dann einen weiteren, und schließlich im schwindenden Licht drei Stuten mit zwei Fohlen. Wir lagerten an einem wunderbar entlegenen Ort, weit weg von der Bedrohung durch die Menschen, unter einem berückenden, sternenübersäten Himmel. Die sanft gewellte Silhouette der großen Dünen südlich von uns wurden beleuchtet vom Licht des Vollmonds, und dazu herrschte heute sogar Windstille. Ich bestieg eine der Dünen und blickte von unserem Lager aus nach Norden über das *shor* und den Rand des großen Seebetts des Lop Nur.

Mir ging durch den Sinn, daß die Nahrungsmittel, der Treibstoff und das Wasser, die wir in den Jeep verfrachtet hatten, uns keinen längeren Aufenthalt im Kum Tagh als vierundzwanzig Stunden gestatten würden. Morgen würden wir zu unserem Lastwagen zurückkehren müssen und den Rückweg durch die Gashun Gobi antreten, der uns schließlich nach Urumqi bringen mußte. Die Aufgabe, die Wanderwege der Wildkamele zwischen dem Süden des Lop Nur und dem Arjin Shan aufzunehmen und vor allem den Punkt möglichst genau ausfindig zu machen, wo die Kamele die Sanddünen durchquerten, würde ungelöst bleiben, das Geheimnis unaufgeklärt. Soviel ich wußte, war der Kum Tagh, so lange die historischen Aufzeichnungen zurückreichen, lediglich von Sven Hedin durchquert worden, knapp vor Beginn unseres Jahrhunderts. Ich hätte ihn allzu gerne selbst durchquert, aber diese Reise mußte einen Zweck und ein sinnvolles Endresultat aufweisen können.

Während ich über all dies nachgrübelte, wandte ich meinen Blick dem Kum Tagh zu und vermeinte, im milchigen Licht des Vollmondes eine Reihe von Kamelen über die Dünen ziehen zu sehen. Einen flüchtigen Augenblick lang schienen sie Substanz zu haben. Ich schüttelte mich und schaute noch einmal hin. Die Kamele verschwanden auf ebenso geheimnisvolle Weise wieder, wie sie aufgetaucht waren. Meine Augen hatten mich im Mondlicht getäuscht, aber mir zu einer interessanten Idee verholfen. Ich stand auf und ging schnellen Schritts zurück zu unserem Lager. Ich hatte mir eine andere Möglichkeit überlegt, das Rätsel der Wanderwege der Kamele zu lösen, und wollte sie mit Prof. Yuan diskutieren, solange sie mir noch frisch vor Augen stand.

Ich fand den Professor in einiger Entfernung von unseren Zelten; er summte etwas vor sich hin und sprang dabei von einem Fuß auf den anderen. Gut, dachte ich bei mir. Er ist mit der Welt im reinen. Er hat den Geist seines Freundes, Prof. Pen Jiamu, besänftigt, wir haben es schließlich doch noch geschafft, das Aqike-Tal zu durchqueren, und wir haben sieben Wildkamele gesehen. Es ist ein günstiger Zeitpunkt, um mit ihm über die Zukunft zu reden.

«Wir müssen diese Untersuchung zum Abschluß bringen», sagte ich zur Einleitung.

Der Professor nickte zustimmend und fuhr mit seiner Gymnastik fort. «Da stimme ich Ihnen zu, aber wir haben keine Möglichkeit, ohne unseren Versorgungswagen weiter vorzudringen. Wir müssen morgen umkehren, sonst geht uns das Wasser aus.»

«Ja, ich weiß. Also werden wir wohl im nächsten Jahr wiederkommen müssen.»

«Wir werden immer Probleme haben, mit unseren Fahrzeugen ein *shor* zu überqueren. Denken Sie doch an all die Schwierigkeiten, die wir dabei ausgestanden haben. Manchmal war es sehr gefährlich, und wir befinden uns immer noch in einer potentiell katastrophalen Situation.»

«Genau. Darum wollte ich vorschlagen, daß wir unsere Forschungen im nächsten Jahr mit Hilfe von Hauskamelen fortführen, die unsere Ausrüstung, unsere Nahrung und unsere Wasservorräte transportieren können. Wozu die Kraftfahrzeuge mit all ihren Problemen? Hauskamele haben keine Antriebswelle und keine Vergaser. Wenn ihre wilden Verwandten den Kum Tagh überqueren können, dann können sie es auch.» Ich hielt inne und konnte feststellen, daß er nicht mehr hüpfte, sondern aufmerksam zuhörte. «Ich denke, wir sollten versuchen, die Durchquerung von Süden her anzugehen. Wir können die Vorberge des Arjin Shan absuchen, um einen Einstieg in die Wanderroute der Kamele zu finden. Wenn wir das geschafft haben, folgen wir ihr durch die Wüste Lop und über den Kum Tagh. Die Wildkamele machen diese Wanderung seit Jahrhunderten. Sie müssen einen leichten Weg kennen. Das sollte sehr viel einfacher sein, als dieses furchtbare *shor* von Norden aus zu überqueren.»

Der Professor lächelte. «Ganz gleich, ob wir von Süden nach Norden oder von Norden nach Süden gehen, wir werden Probleme haben. Ganz gleich, ob wir in Jeeps oder mit Kamelen unterwegs sind, wir begeben uns jedenfalls in unbekanntes und prinzipiell unkartiertes Gelände mit allem, was das bedeuten kann.»

Xiao Yuan und Lao Zhao hatten sich zu uns gesellt, und der Sohn des Professors hatte unserem Führer erklärt, worum es bei unserer Unterredung ging.

«Was halten Sie davon, Lao Zhao?» fragte ich.

Lao Zhao war für alles zu haben, vor allem, wenn es irgendwie Devisen versprach. Er nickte, lächelte und sagte: «Gut.»

«Können Sie für uns gesunde, starke Kamele besorgen?»

Lao Zhao nickte ein zweites Mal und murmelte etwas auf chinesisch. Xiao Yuan übersetzte: «Lao Zhao sagt, wir würden zwei Kamele pro Person benötigen. Wenn wir acht Personen sind, brauchen wir sechzehn Kamele.»

«Und Kameltreiber?»

«Wir brauchen wenigstens drei.»

«Kann Lao Zhao all das veranlassen?»

«Natürlich, wenn er rechtzeitig das Geld dafür erhält. Die Kamele müssen etwas gemästet werden, bevor wir losgehen. Sie werden in der Wüste sehr schnell abbauen, so daß wir sie mindestens drei Monate im voraus anschaffen müssen.»

Bis Mitternacht hatten wir einen festen Termin, ein Budget, eine vorläufige Route und einen Expeditionsplan, den wir dem Institut für Umweltschutz in Urumqi einreichen konnten. Wir brauchten lediglich noch dreißigtausend Dollar, und dieses Problem überließen der Professor und Lao Zhao gerne mir.

Nachdem wir unsere Diskussion beendet hatten, veranstaltete der Professor ein Feuerwerk mit Krachern, das alle vielleicht noch in der Nähe befindlichen Wildkamele in die Weiten der Gashun Gobi vertrieben haben dürfte. Er feierte das Ende unserer jetzigen Expedition und die Geburt unseres Planes für die nächste.

Drei Tage später erreichten wir die schäbige, verschmutzte und unglaublich häßliche Eisenerzstadt Yamansu. Das Bergwerk dort pulsierte vor Aktivität. Es war, als hätten wir einen menschlichen Ameisenhaufen erreicht. Wir blieben unbeachtet und unerwünscht. Selbst das Wetter hatte sich inzwischen geändert; es war sehr kalt geworden.

Zuvor hatten wir das Aqike-Tal hinter uns gelassen und waren ohne unerwartete Schwierigkeiten über das *shor* gekommen. Danach waren wir einer neuen Route nach Nordosten gefolgt, die irgendwo auf die Straße von Hami nach Dun Huang treffen sollte. Auf diesem Weg waren wir über ein bemerkenswertes Magnetfeld gekommen, das unsere Kompaßnadeln zum Rotieren brachte, vorbei an einem gewaltigen Salzsee, aus dem Bergleute Blöcke von Rohsalz abbauten, und durch Kilometer um Kilometer kahler, steiniger Gobi.

Unser abrupter Halt in Yamansu direkt südwestlich der Hauptstraße war nicht geplant. Wir hatten ihn weiteren mechanischen Schwierigkeiten zu verdanken; dem Bruch der Lenkstange an unserem Lastwagen mitten auf der Hauptstraße des Ortes.

Während wir auf die zur Reparatur nötigen Ersatzteile warteten, standen wir am Rande eines gewaltigen, von Menschenhand erschaffenen Kraters, als der Boden unter unseren Füßen plötzlich von einer gewaltigen Explosion erschüttert wurde. Rauch stieg auf, und kleinere Felsbrocken flogen umher. Solide, mechanisch getriebene Schaufelbagger, die in der gewaltigen Weite des Tagebaus wie Spielzeuge wirkten, krochen vorwärts, um Berge von schwarzen Steinen aufzulöffeln und in die bereits wartenden Muldenkipper zu befördern. Ganze Stafetten dieser Lastwagen schlichen eine Wand des Tagebaus empor und dröhnten an uns vorbei, erfüllten die Luft mit einem Hagel kleiner Kiesel und Staub. Ein bitterkalter Wind rührte alte Müllhaufen auf und wickelte Prof. Yuan Guoying einen Plastikstreifen um die Beine.

«Vor zwanzig Jahren war das hier noch Wildkamelgebiet», sagte der Professor, während er sich von dem Abfall befreite. «Inzwischen ist es das größte Eisenerzbergwerk Chinas. Im Umkreis von einhundertfünfzig Kilometern von hier sind keine Wildkamele mehr zu finden.»

Meine jüngst noch so optimistische Stimmung hatte sich radikal gewandelt. Das Ausmaß des Eisenerztagebaus war deprimierend. Die brutale Wirklichkeit hatte die romantischen Träume von Kamelen, die ihren Weg über die gewellten Sanddünen nehmen, beiseite gedrückt. Wenn Yamansu mit seinem Eisenbahnanschluß und seiner Bevölkerung von über zweitausendfünfhundert Menschen in nur zwanzig Jahren hier in der zuvor menschenleeren Wüste entstanden war, wie würde es dann bald in den anderen Gebieten aussehen, die wir aufgesucht hatten, wo die Suche nach Gold und Eisenerz, meistens illegal, gerade erst begonnen hatte? Während ich vor Kälte zitternd am Rand der gewaltigen Grube stand, begriff ich, daß es vielleicht nicht allzu wahrscheinlich war, das Schutzgebiet noch rechtzeitig einrichten zu können, um die Wildkamele zu retten. Beim Blick hinunter in den schwarzen Höllenschlund fragte ich mich düster, ob wir nicht alle umsonst hier im kalten Wind standen.

Der Mensch ist unklug und neugierig beschaffen

Away, for we are ready to a man!
Lead on, O Master of the Caravan...

James Elroy Flecker

Genau elf Monate später bahnte sich Jasper Evans seinen Weg durch ganze Horden drängelnder, gestikulierender, überschwenglicher, in weiße Gewänder gekleideter Pilger, die auf dem Flughafen Islamabad – zurück von ihrer Hadsch, ihrer Pilgerreise – wieder auf heimischem Boden standen. Jasper sah aus wie der Träger eines gut ausgestatteten Henkers. Seine Tasche mit der Ausrüstung und seine leinene Reisetasche waren von vielen Metern säuberlich aufgerollten Seils bedeckt.

«Ich habe etwas Seil mitgebracht, nur für den Fall, daß die Chinesen nicht genug davon haben», sagte Jasper auf seine langsame, betonte Art. «Die Afrikaner bringen oft altes Seil mit auf die Safari, und das bricht dann, sobald man damit eine Ladung festzurrt. Vielleicht sind die Chinesen ja praktischer veranlagt, aber für alle Fälle», er zuckte die Schultern, «dachte ich, ich bringe mal etwas mit.»

Seine Seile waren aus handgeflochtener Kokosfaser, kein Plastik aus der Fabrik, «das dir durch die Finger rutscht und sich in deine Hände schneidet». Die Voraussicht, sein Seil aus Kenia mitzubringen, war typisch für Jasper. Ich hatte nicht in die Wüste Lop aufbrechen wollen mit siebzehn Hauskamelen, dem Professor, dessen Sohn, Lao Zhao und drei oder vier mir unbekannten und ungeprüften Treibern. Trotz all ihrer Erfahrungen mit den Bedingungen der Gobi hatten die Mitglieder der drei früheren Expeditionen kaum praktische Erfahrung in der Arbeit mit Kamelen. Ich wollte einen zuverlässigen Kamelmann. Jemanden, der an harte Bedingungen gewöhnt war, der mit dem Geruch nach Öllappen leben konnte und sich nicht beschweren würde, wenn er in seinen Sandwiches auf Sand biß. Trotz seiner zweiundsiebzig Jahre und seines «etwas knarrenden Knies», wie er es nannte, war niemand für diese Aufgabe besser geeignet als Jasper Evans, der Viehzüchter aus Kenia, Kamelzüchter und Besitzer von über fünfhundert einhöckrigen Kamelen (Dromedaren) und eins der wahren Originale, die man in seinem Leben trifft.

Zwei Tage später nahmen wir von Islamabad aus die Maschine der Xinjiang-Airways und landeten pünktlich in Urumqi. Sofort wurde deutlich, daß sich nichts zum Besseren gewendet hatte. Unsere Papiere wurden von einem Beamten im Licht eines Feuerzeugs, damit er auch das Kleingedruckte lesen konnte, genauestens geprüft. Ein ausdrucksloses Mädchen studierte über fünf Minuten lang ihren Monitor, während sie unsere Einreisevisen prüfte und immer wieder prüfte. Vielleicht war die uighurische Autonomiebewegung, deren Aktivitäten zu einer Anzahl von Toten geführt hatten, der Grund für die verschärften Sicherheitsmaßnahmen. Aber das erklärt nicht, warum der Operator einer Röntgenmaschine mit unbeteiligter Miene und ohne sich nachher zu entschuldigen, versuchte, eine von Jaspers Taschen in den Eingeweiden seiner Maschine verschwinden zu lassen – in der Hoffnung, dieser möge ihr Fehlen vielleicht nicht bemerken.

Der kaum Gutes verheißende Beginn von Jaspers erstem Besuch in China fand seine würdige Fortsetzung, als wir draußen den auf uns wartenden Professor mit seinem Sohn und dem Fahrer Liu trafen. Ich spürte sofort, daß irgend etwas nicht stimmte. Sie empfingen uns gedämpft. Ihr Lächeln war gezwungen. Mir sank der Mut.

Als wir über die Beijing Road North zu unserer Unterkunft fuhren, fragte ich Xiao Yuan, was los sei.

«Lao Zhao ist verschwunden», erwiderte dieser.

«Verschwunden?»

«Ja, er hätte vor zwei Tagen wieder in Urumqi sein sollen, aber wir haben seit einer Woche nichts mehr von ihm gehört. Er rief von Korla aus an und sagte meinem Vater, daß es ihm nicht möglich gewesen sei, die Kamele zu kaufen. Er wird sie leihen müssen.»

«Leihen? Aber das wird viel teurer sein. Ich dachte, wir wären übereingekommen, sie zu kaufen und am Ende der Expedition wieder zu verkaufen. Und außerdem», fügte ich ziemlich hitzig hinzu, «hat Ihr Vater das Geld erhalten, um sie zu kaufen.»

Xiao Yuan wirkte verlegen. Er war für diese Dinge nicht verantwortlich, und es war unfair von mir, ihn so in die Zange zu nehmen. «Wir müssen abwarten, was wir von Lao Zhao hören», sagte er.

Nachdem sie uns im Gästehaus der Akademie abgesetzt hatten, tauchte ein weiteres Problem auf. «Wir haben nicht genug Geld für die Expedition», sagte der Professor spitz. Er gab mir das Budget, das wir aufgestellt hatten. Eine Anzahl zusätzlicher Posten, wie: «Kosten für das Teammanagement», «Verwaltungskosten des Instituts», «Versicherung», «Post- und Telefongebühren», waren zusätzlich eingefügt worden.

«Aber wir waren über das Budget übereingekommen», protestierte ich. «Und so, wie es war, ist es zu Shell, China, gesandt worden. Dort hat man sich bereit erklärt, unsere Expedition in Höhe dieses Betrages zu sponsern. Man wird uns nicht mehr geben.»

«Das ist schlecht. Es ist nicht genug», sagte der Professor düster.

Ich verübelte dem Institut nicht, daß es versuchte, einiges an Devisen für das Team und sich selbst abzuzweigen. Schließlich stellten sie das Fachwissen des Professors zur Verfügung und konnten dafür berechtigterweise eine Bezahlung fordern. Aber das hätten sie sich früher überlegen müssen. Wenn Lao Zhao jetzt auch noch Kamele lieh statt kaufte, würde das Budget, das wir mit Mühe zusammengestellt hatten, bevor ich im letzten Jahr Urumqi den Rücken kehrte, nur noch Makulatur sein. Ich hatte meine Hausarbeiten gemacht und einen Sponsor aufgetrieben, und diese finanziellen Nachkalkulationen konnten das ganze Projekt in Frage stellen. Ich war aufs äußerste verstimmt.

Wir brauchten fünf enttäuschende Tage, um die diversen Probleme zu lösen. Lao Zhao tauchte schließlich auf; er hatte doch noch Kamele kaufen können. Shell versprach uns, die Hälfte der vom Professor neu eingefügten Posten zu übernehmen. Aber obwohl diese Tage sowohl für Jasper als auch für mich deprimierend waren, gaben sie meinem Bein Gelegenheit, sich nach einem kleinen Unfall wieder zu erholen, und Jasper konnte den Riß in seinem Knie pflegen.

So ging es dann am Ostersonntag, dem 30. März 1997, nachdem wir alles mehr oder weniger unter Kontrolle gebracht hatten, nach Süden los, diesmal, um im Hongliugou-Tal unsere Hauskamele in Empfang zu nehmen. Im letzten Augenblick schloß sich uns ein junger Zoologe des Instituts an, ein weiterer Herr Li, der an der Bestimmung einer neuen Hamsterart hoch oben in den Bergen des Tian Shan beteiligt gewesen war. Überraschenderweise war er uns als Mannschaftskoch zugeteilt. Diese Position war vor Monaten noch einmütig verworfen worden aus Kostengründen, aber dennoch schien es den Funktionären des Instituts unvermeidlich, daß wir einen Koch mitnahmen. Ich vermutete, daß er eher eine politische Funktion hatte, und war etwas mißtrauisch bei unserer ersten Begegnung. Aber ich hätte mir keine Sorgen zu machen brauchen, denn Herr Li erwies sich als eins der brauchbarsten und fähigsten Mitglieder unserer Expedition. Er war stets munter, von nie erlahmender Hilfsbereitschaft und ein bemerkenswert guter Koch.

Über eintausendfünfhundert Kilometer teilweise sandbedeckter Straßen und Fahrer Liu am Steuer eines kurzen italienischen Minibusses bedeuteten keine besonders entspannende Fahrt. Liu war mit seinen gelsteifen Haaren und seinen hochgezogenen Augenbrauen von Anfang an in selbstherrlicher Stimmung. Der Bus war erheblich überladen und für die Fahrt vollkommen ungeeignet, aber es war doch lächerlich, daß in diesem Land der Kettenraucher Fahrer Liu darauf bestand, daß Jasper seine kenianische Zigarette ausdrückte, sobald wir losfuhren. Und als wir schließlich auf der gelben Ziegelstraße südlich von Korla waren, führte er uns mit nie enttäuschter Vorhersagbarkeit vor, wie unfähig er zur Fahrt durch Treibsand war. Bis wir Ruoqiang erreichten, hatten wir uns wenigstens siebenmal wieder ausgraben müssen, waren in Jaspers Ansehen die afrikanischen Fahrer gegenüber den chinesischen um einiges gestiegen und hatte die kollektive Frustration ihren Höhepunkt erreicht. Gott sei Dank unternahmen wir die eigentliche Expedition aber mit Kamelen und konnten den Fahrer Liu mitsamt seinem ungeeigneten Vehikel und den Jeep an unserer Expeditionsbasis zurücklassen.

Auf halbem Weg über die tief zerfurchte Straße zwischen Einheit 36 und dem Hongliugou-Tal, in heulendem Sturm und sandgefüllter Luft, trafen wir zwei unserer Kamele, die in hektischem Tempo von dem uighurischen Treiber Yusuf und dem chinesischen Treiber Dum Dum geritten wurden. Wir waren zuvor in Ruoqiang noch einmal durch Motorprobleme unseres Jeeps aufgehalten worden, und all diese

Verzögerungen, einschließlich deren in Urumqi, hatten die beiden Kameltreiber zu ihrem flotten Zweihundert-Kilometer-Trab bis Einheit 36 gebracht, wo sie Futter suchen wollten. Freude und Erleichterung auf allen Seiten wurden gekrönt durch Jaspers Begeisterung, endlich wieder mit Kamelen zusammenzusein.

Die nächsten beiden Tage brachten wir in den tieferen Gebieten des Hongliugou-Tales zu, wo wir ein Basislager errichteten und alles für die Expedition vorbereiteten. Säcke wurden mit trockenem Gras ausgestopft, damit unsere Lasten auf dem Rücken der Kamele nicht scheuerten. Der alte Ahun, ein Uighure mit feingeschnittenem Gesicht und einem Ziegenbärtchen, der Chef der vier Treiber, saß da und flocht geduldig Seile aus Kamelhaar zusammen. Jasper hatte es richtig vorhergesehen. Die Seile, die die Treiber mitgebracht hatten, waren alt, ausgefranst und völlig ungeeignet. Aber es gab noch etwas, mit dem Jasper nicht einverstanden war. Er hielt es für nötig, eine Technik zu erläutern, die ihm schon bei vielen Gelegenheiten gute Dienste geleistet hatte.

«Ich meine, daß die Säcke auf eine Weise aufgebunden werden sollten, daß das Gewicht der Ladung nicht auf das Rückgrat drückt und daß …»

Xiao Yuan versuchte ihm zu folgen, so gut er konnte. Die Kamelführer Yusuf und Wang starrten ihn voller Unverständnis an. Lao Zhao lächelte schief.

«Wenn Sie das nämlich nicht tun …» Jasper gab dem «Wenn nicht» eine besondere Betonung. Das reichte normalerweise aus, um seine Botschaft auch in das Hirn des stursten Afrikaners eindringen zu lassen. Aber jetzt waren wir in China. Niemand stimmte mit ihm überein. Sie hörten nicht einmal zu. Lao Zhao feixte.

«Sie wollen die Kamele folgendermaßen beladen.» Xiao Yuan war höflich. Er legte den vollgestopften Sack über den Widerrist des liegenden Kamels.

«Ja, so will ich es aufladen, damit das Gewicht nicht auf dem Rückgrat liegt, und gleichmäßig über …»

Yusuf hatte sich den Sack gegriffen und legte ihn quer auf die linke Flanke des Kamels. Er lächelte Jasper an, das Lächeln eines wissenden Vaters, mit dem er sein schwer verständiges und unwissendes Kind bedenkt.

«Yusuf sagt, daß es so gemacht wird. Wenn man einen Stock auf den Sack legt und ihn mit einem Stock auf der anderen Seite des Kamels durch ein Seil verbindet, so etwa, dann …»

«Ja, aber was ich zu erklären versuche, ist...»

«Wir haben die Lasten immer so aufgebunden, so daß die...»

Jasper blickte in die Gesichter der drei Männer, die sich um das wie immer geduldige, wiederkäuende Kamel scharten.

«Gut, es ist schön so», sagte er mit einem resignierten Schulterzucken. Er hatte begriffen, daß die Unterhaltung reine Zeitverschwendung war. In Afrika würde sich Jaspers Methode durchgesetzt haben, selbst wenn die afrikanischen Kameltreiber insgeheim glaubten, daß ihre eigene Methode besser sei. Aber hier waren wir in China.

Lao Zhao ging davon. Der alte Ahun hatte nicht einmal von seinem Flechtwerk aufgeschaut. Es bestand nicht die leiseste Chance, daß die Säcke den Kamelen anders aufgebunden werden könnten, als es immer getan worden war: quer und unter Zuhilfenahme zweier Stöcke.

«Es scheint mir», sagte Jasper, als wir später allein waren, «daß es wenig Sinn hat, den Chinesen einen Rat zu geben. Sie glauben, daß sie schon alle Antworten kennen. Sie sind an keinem Rat interessiert.»

«Es sei denn, sie bitten darum», sagte ich in Erinnerung an das, was mich die beiden vorhergehenden Expeditionen gelehrt hatten. «Wenn sie um Rat fragen, dann werden sie auch zuhören. Aber es ist vollkommen sinnlos, ihnen irgend etwas zu erklären, wenn sie nicht darum gefragt haben.»

Das war für Jasper eine schwere Lektion, und nichts hatte ihn in Afrika darauf vorbereitet.

Nachdem wir unseren kurzgebauten italienischen Bus in Ruoqiang gegen einen chinesischen Lastwagen getauscht hatten, wollten wir den Arjin Shan mit dem Fahrzeug überqueren. Es sollte das gefrorene Flußbett des Hongliugou hinaufgehen bis zum alten nationalen Fort Bashkagun, wo ich 1995 gewissermaßen im Dreck meine Unterkunft gefunden hatte; von da aus galt es einem Weg zu einem bekannten Paß am Eingang des Chashkan-Sayi-Tals zu folgen und dieses Tal dann entlang einem weiteren gefrorenen Flußbett bis zu einer Süßwasserquelle namens Honliu hinunterzufahren. Die Kamele würden eine weniger mühselige Abkürzung durch die Vorberge des Arjin Shan nehmen, welche aber vermutlich für Fahrzeuge nicht passierbar war. Beide Teile der Expedition sollten sich dann an der Quelle Honliu treffen, wo wir ein Basislager errichten würden, von dem aus wir die Durchquerung der Wüste Lop und des Kum Tagh mit dem Kamel in Angriff nehmen konnten.

Aber das Tauwetter des Frühjahrs hatte eher eingesetzt als erwartet.

Auf seiner ersten Testfahrt zur Erprobung der Eisstärke versank unser Versorgungslaster nach einer Rutschpartie von einem halben Kilometer bis zum oberen Rand der Reifen. Nach zwei weiteren Stunden des Schiebens, Schaufelns, Grabens, des Umherwatens in knietiefem, halbgefrorenem Schlamm schafften wir es schließlich, den Lastwagen zurück auf eine Oberfläche zu bringen, die sein Gewicht trug. Das reichte, um uns allen klarzumachen, daß es völlig unmöglich war, dem Flußbett entlangzufahren. Wir beriefen eine Vollversammlung ein, die zu einer Planänderung führte, der ersten von vielen. Der Professor entschied, daß die Kamele den Weg gehen sollten, der eigentlich für die Fahrzeuge vorgesehen war. Das bedeutete, daß wir an unserem gegenwärtigen Standort im Hongliugou-Tal ein Basislager für unsere Fahrzeuge errichten und mit den Kamelen über den viertausend Meter hohen Paß zum Chashkan-Sayi-Tal gehen mußten. Erschreckende Aussichten für die Kamele, aber, wie wir später feststellen sollten, die richtige Entscheidung. Selbst wenn das Flußeis getragen hätte, wären die Fahrzeuge niemals das Chashkan-Sayi-Tal hinabgekommen. Der Weg durch dieses Tal war viel zu eng und trügerisch, und im stillen war ich über die Entscheidung des Professors froh. Je weniger wir alle mit chinesischen Maschinen und Motoren zu schaffen hatten, vor allem nach unseren Erfahrungen bei den beiden vorangegangenen Expeditionen, um so besser.

Am Vorabend unserer Trennung in zwei Gruppen machten wir ein großes Feuer. Eins unserer beiden Schafe, die wir mitgenommen hatten, wurde geschlachtet und gegrillt, sein Kopf gekocht von der furchteinflößenden Flamme der Benzinlötlampe. Bevor wir uns zu unserem Abschiedsfest zusammensetzten, sicherte sich der Professor unsere Aufmerksamkeit und belehrte uns alle über die Route, den Zweck unserer Expedition und die Notwendigkeit strenger Selbstdisziplin, was den Wasserverbrauch anbelangte. Letzteres war besonders wichtig, da die Änderung unserer Wegführung die Anzahl unserer Tage und Nächte unterwegs erhöht hatte. Angemessen beeindruckt, hockten wir uns danach auf unsere Fersen, um dem Festmahl in der Wildnis Gerechtigkeit zu tun. Es gab weder Löffel noch Gabel, und Jasper hatte mit «den verdammten chinesischen Eßstäbchen» zu kämpfen. Später am Abend erhoben sich die Lieder dreier Völker in ziemlich schräger Stimmlage als Folge von zuviel *maotai* über das Tal – als Nachhall der Feuerwerkskracher zu diesem festlichen Anlaß, die der Professor losgelassen hatte. Am nächsten Morgen brachen wir nach zahlreichen Ausbesserungen unserer Ausrüstung und auf alles gefaßt auf.

Die Kamele waren drall und fit. Das ganze Hin und Her mit Lao Zhao über das Leihen der Kamele wurde niemals zur Gänze aufgeklärt. Ich hatte immer noch viele nichtbeantwortete Fragen im Kopf, aber es schien wenig Sinn zu machen, viele Gedanken darauf zu verschwenden, was Lao Zhao wohl im Sinn gehabt haben mochte. Unzweifelhaft waren wir nun im Besitz von fünfzehn guten, ausgewachsenen Kamelen und zwei noch nicht eingerittenen, aber auch nicht mehr ganz jungen Fohlen, die als Teil des Gesamtpaketes mit über den Tisch gegangen waren. Die ausgewachsenen Tiere waren verschiedenfarbig – von Weiß bis Dunkelbraun war alles vertreten. Jasper war ein rötlich biskuitfarbener, gut ausgebildeter, zottiger Bursche zugeteilt worden, und meiner war ein dunkelbrauner Veteran vieler Wüstendurchquerungen. Von hinten sah mein Kamel ein wenig lächerlich aus, da es zur Zeit sein dickes Winterfell abwarf. Am Ende unserer Expedition war es, als habe man ihm ein paar dicke Wollhosen ausgezogen. Die zweihöckrigen Kamele schienen, wie Jasper meinte, intelligenter zu sein als ihre einhöckrigen Verwandten. Nachdem wir sechs Wochen mit unseren beiden Tieren gearbeitet hatten, kamen sie beide mit englischen Kommandos zurecht.

Die beiden nicht ausgewachsenen Tiere nannten wir Bill und Ben. Bill hatte einen aufrechten schwarzen Haarschopf oben auf dem Kopf, der ihn zu einer Art Wüstenpunk machte. Ben, dessen Augen ständig von einer Seite zur anderen wanderten, lebte in einem Zustand ständiger Aufregung. Jeden Tag stand dem armen Ben eine neue und erschreckende Erfahrung bevor. Seine Zähne waren immer angespannt, er konnte furchterregend damit knirschen.

«Lo, lo, lo, lo, lo, lo, lo.» Dum Dum rief die Kamele zu ihrer Abendmahlzeit zusammen. Wir hatten unser Lager an der Quelle Smir Bulak aufgeschlagen, zwanzig Kilometer jenseits von Bashkagun. Unser *Global Positioning System* (GPS), meine einzige Verbeugung vor dem 20. Jahrhundert, das dem Team von einer alteingesessenen anglochinesischen Handelsgesellschaft geschenkt worden war, ließ uns wissen, daß wir uns auf einer Höhe von dreitausenddreihundertvierunddreißig Metern befanden. Das spürten wir auch. Um sechs Uhr abends betrug die Temperatur bereits minus sechs Grad Celsius und fiel rapide weiter.

«Lo, lo, lo, lo, lo, lo, lo, lo.»

Die Kamele ignorierten Dum Dum und trabten auf das Zelt zu, das Jasper und ich gerade aufgerichtet hatten.

«He, weg mit euch. Da herüber.»

«Weiter mit euch, packt euch, los!»

Sie wollten nicht hören. Sie umkreisten Jasper und mich, zogen unsere Heringe heraus und traten auf unsere Spannleinen. Was hatte das zu bedeuten?

Plötzlich begriffen wir. Jasper hatte eine hellgelbe Plastikplane aus Kenia mitgebracht und diese jetzt säuberlich vor unserem Zelt ausgebreitet. Die Kamele assoziierten den Anblick der Farbe mit Nahrung, hatten infolgedessen die getrockneten Maiskerne auf der grauen Leinwanddecke der Treiber ignoriert und umschwärmten unser Zelt wie Wespen den Marmeladentopf. Der Tumult hielt an, bis wir die Plane eingerollt hatten.

Wir bekamen außerdem große Probleme mit unserer Ausrüstung. Mein Leinwandzelt aus Kenia, Begleiter der früheren Expeditionen, war zu schwer als Last für die Kamele. Also hatte ich mir etwas ganz Modernes aus dem Raumfahrtzeitalter mitgebracht.

«Sie können es auf einem Hang des Everest aufstellen. Und wenn dann ein Sturm kommt, brauchen Sie nichts zu tun, als die Spannleinen zu adjustieren», hatte der Verkäufer getönt. «Es wird immer noch stehen, wenn andere Zelte schon bis ans andere Ende der Welt geweht worden sind.»

Diese Verkaufsargumente hatten in Holloway gut gewirkt. Aber Jasper und ich begriffen schnell, daß man zumindest einen höheren Abschluß im Ingenieurwesen benötigte, um herauszufinden, wie man das verfluchte Ding aufschlagen mußte. Und bei sechs Grad unter Null hatten wir nicht die geringste Neigung, uns lange aufzuhalten. Die Heringe krümmten sich beim ersten Hammerschlag und waren eindeutig besser geeignet für einen Garten in England als für die Wüste Gobi. Nachdem wir eine Weile gemeinsam vergebens gekämpft hatten, schob sich Jasper unter das verdrehte Zelt und die verwirrten Spannleinen in dem ehrenwerten Versuch, Ordnung zu schaffen. Minuten später tauchte er wieder auf und hatte es immerhin geschafft, drei Lagen Moskitonetze und Innenauskleidung auseinanderzudividieren.

«Es ist so, als mache man sich unter den Röcken einer viktorianischen Lady zu schaffen.»

«Du mußt es ja wissen», sagte ich.

Bis zum Abschluß der Expedition hatten wir den Trick heraus, und in der Tat stand das Zelt dann, wenn andere schon lagen, aber, wie Jasper zu Recht sagte: «Es ist ein viel zu kompliziertes Ding, um es mit auf eine Safari zu nehmen.»

Am nächsten Tag erreichten wir den Bergpaß, aber nicht ohne Schwierigkeiten. Wir kämpften immer noch mit dem Problem einer ausbalancierten Verteilung der Lasten. Taschen und Säcke waren verrutscht, Kamele hatten gescheut. Zwei Kamele, die mit Wasser beladen waren, gerieten aneinander, grunzten und fauchten, während die Wassercontainer an ihren Seiten gegeneinanderschlugen. Wenn wir ein Kamel reiten wollten, mußten wir versuchen, uns mit dem unzureichenden Stück Fell, welches als Sattel diente, unsere zarteren Teile vom Aufscheuern durch das Seil zu bewahren. Es brauchte seine Zeit, bis wir all das geregelt hatten, und bis dahin trottete der Kamelzug mit fünf Kilometern pro Stunde vor sich hin.

Irgendwann auf der Strecke drehte ich mich zu Lao Zhao herum, um ihm zu helfen, etwas wieder festzumachen, was ins Rutschen geraten war. Im gleichen Augenblick rutschte meine Ausrüstung allerdings ebenfalls an der Flanke meines Kamels herab. Als ich endlich mein Kamel wieder unter Kontrolle hatte, es überreden konnte, sich zu setzen, um seine Lasten neu festzuzurren, war Lao Zhao bereits hinter dem Horizont verschwunden. Glücklicherweise hatte Jasper etwas von dessen Problem mitbekommen und machte kehrt, um ihm zu helfen. In der Zwischenzeit war aus leichtem Regen Graupel und dann Schnee geworden. Gerade als wir den Paß hinter uns hatten, setzte ein Schneesturm ein.

«Ich habe keinen Schnee mehr fallen sehen seit 1944, als ich Wasserstoffbomben auf deutsche U-Boote warf», sagte Jasper. Und offensichtlich handelte es sich um eine Wettererfahrung, auf deren Wiederholung er nicht sehr erpicht war.

Als wir den zugefrorenen Fluß auf der anderen Seite des Passes erreichten, wurde der Schneesturm immer heftiger. Die wollköpfigen Kamele sahen inzwischen aus wie lastentragende Eisbären.

«Und ich dachte, wir wären unterwegs in eine Wüste», stöhnte der arme Jasper. Die bittere Kälte Zentralasiens war nach fünfzig Jahren in tropischer Hitze kein Spaß für ihn. Wir zogen weiter und zurrten die verrutschende Ladung mit klammen Fingern fest. Dann schlug das Unglück richtig zu. Ein Kamel machte einen falschen Schritt in eine Eisspalte und verschwand darin bis zu den Schultern. Es brüllte seinen

Protest laut hinaus, während zwei Treiber es mit Eispickeln aus dem Eis zu befreien versuchten. Wir hatten auf keinem Kamel noch die Möglichkeit, weitere Lasten unterzubringen. Das Letzte, was wir brauchen konnten, war ein Kamel mit einem gebrochenen Bein.

Eine Stunde später war es wieder befreit und wohlauf, wir formierten uns neu und setzten unseren Weg talabwärts fort. Der Wind frischte auf, als die Dämmerung hereinbrach, und die Kombination von Schneetreiben und intensiver Kälte ließ unsere Gesichter faltig werden und unsere Lippen reißen. Wir schlugen unser Lager auf und kämpften einmal mehr in der Eiseskälte mit dem unvertrauten Zelt. Nach Fertignudeln schliefen wir ein und fanden am nächsten Morgen die Innenflächen der «Unterröcke» des Wunderzeltes mit fünf Zentimeter langen Eiszapfen bedeckt, die sich aus dem Kondenswasser unseres Atems gebildet hatten.

Wir erwachten in einem Zauberland, allerdings in einem winterlichen Zauberland. Das durchscheinende Licht der frühen Morgensonne skulpturierte auf prächtige Weise alle Risse und Spalten in den Flanken der majestätischen Berge ringsum. Dum Dum hatte ein Feuer gemacht und kochte Tee. Ich holte mir einen Becher und stellte ihn draußen vor unser Zelt. Dann holte ich für Jasper ebenfalls einen Becher, und als ich damit zurückkam, war mein Tee bereits mit einer dünnen Eisschicht bedeckt. Selbst unsere Kameras froren ein und verweigerten jede Funktion.

Das Beladen der Kamele bei Temperaturen deutlich unter dem Nullpunkt brauchte seine Zeit. Wir waren nicht nur steif vor Kälte, sondern auch noch unerfahren, was das Beladen und die Verteilung der Lasten betraf. Da wir keine Wollhandschuhe hatten, froren unsere Finger, rissen und platzten unsere Hände auf. Die Folge war ein relativ später Abmarsch am Vormittag, aber als wir erst einmal unterwegs waren, kamen wir gut voran, immer im Takt zum rhythmischen «dong dong» der beiden hölzernen Kamelglocken aus Somali, die Jasper von seiner Ranch in Kenia mitgebracht hatte. Da plötzlich verengte sich das Tal, und der Weg führte scharf an einem Wasserfall vorbei. Uns sank der Mut – es war nicht auszumachen, wo die Kamele dort festen Halt finden sollten. Erst relativ frischer Kot und Büschel von abgerissenem Haar machten uns klar, daß die Wildkamele diese schlüpfrige Stelle durchaus bewältigten; dann sollten ihre Haustierverwandten es ebenfalls können, trotz ihrer Lasten von jeweils einhundertachtzig Kilogramm.

Die nächsten drei Stunden brachten wir damit zu, eine Treppe aus

Felsbrocken und Steinen zu bauen, so daß die Kamele wenigstens an einer Seite des abschüssigen Pfades Fuß fassen konnten. Als wir damit fertig waren und die Kamele unser Bauwerk benutzten, kamen sie bemerkenswert gut damit zurecht. Die Treiber hatten sie Nase an Schwanz zusammengebunden. Jasper hatte sich vergeblich dafür eingesetzt, sie einzeln und frei laufen zu lassen, so daß sie den Weg in ihrem eigenen Tempo nehmen konnten, ohne sich auch noch auf einen unberechenbaren Gefährten, mit dem sie zusammengebunden waren, einstellen zu müssen. Und nicht zum letzten Mal erwies sich, daß er recht hatte. Ein Kamel verlor den Halt und stürzte. Da das Kamel vor ihm weiter abstieg, wurde sein Nasenpflock mit einem Ruck herausgerissen – durch die empfindliche Scheidewand seiner Nase. Der Kopf des armen Tieres war sofort blutüberströmt, und es muß schlimme Schmerzen gelitten haben. Diese Unfähigkeit unsererseits, bestimmte Handlungsweisen durchzusetzen, vor allen Dingen, was das Wohlergehen der Kamele anbetraf, gehörte zu den frustrierendsten und empörendsten Erfahrungen der Expedition. Die Nase dieses Kamels würde sich niemals erholen. Seine Nüstern würden für immer zerrissen bleiben. Natürlicherweise zeigte es sich von da an kopfscheu und widersetzlich. Jasper, dessen Kamele in Afrika allesamt mittels Zaumzeug gelenkt wurden, war besonders aufgebracht. Nur Bill und Ben waren noch frei von der Tyrannei der Nasenpflöcke. Sie schienen zu jung, um ihnen welche zu setzen, aber ihre Zeit würde ebenfalls kommen.

Viele Menschen auf der ganzen Welt sind der Ansicht, daß Kamele übellaunige, böswillige Tiere sind, die treten, beißen, spucken und ihren teilweise verdauten Mageninhalt über jedes menschliche Wesen erbrechen, das sich in Reichweite befindet. All das tun sie natürlich auch. Aber gewöhnlich nur, wenn sie schlecht behandelt wurden. Ein Pferd wird kopfscheu, wenn man es auf den Kopf schlägt. Es wird ebenfalls treten und beißen, wenn es das Gefühl hat, bedroht zu werden. Und ebenso verhält es sich mit dem Kamel. Wenn ein Reitkamel erschöpft ist und der Reiter es mit einem Stock schlägt, wiederholt am Nasenpflock ruckt oder ihm aus der Nähe Steine in den Nacken wirft, wird das Kamel sofort seine Reaktion zeigen. Wenn es seinen Peiniger später sieht, ist es kaum überraschend, daß es brüllt, spuckt und ausschlägt.

Während der fünf Wochen unserer Expedition wurden die beiden Kamele, die Jasper anvertraut waren, spürbar freundlicher und gefügiger. Diese intelligenten Wesen wußten ganz genau, auf welcher Seite ihre Maiskerne gebuttert waren. Natürlich gibt es Ausnahmen. Manche Kamele sind – ebenso wie es bei Menschen und Pferden anzutreffen ist – von Geburt an schwierig und bleiben ihr Leben lang so. Aber die große Mehrheit der Tiere ist für Freundlichkeit und vernünftige Behandlung zugänglich, vor allem solange sie jung und noch beeinflußbar sind. Man brauchte bloß Jasper Evans zuzusehen, wie er mit einem Kamel redete und es streichelte, um zu begreifen, wie wahr das war. Prof. Yuan rief Jasper ständig zu, er solle sich vom Hinterende der Kamele fernhalten.

«Sie kriegen noch einen Tritt ab, Jasper», rief er. «Der Tritt eines Kamels kann sehr schlimm sein. Er kann Ihnen das Bein brechen.»

Aber kein Kamel schlug nach Jasper aus. Sie wußten beide, was sie aneinander hatten.

Ein anderer Aspekt der Kamelhaltung, der verworfen wurde, sogar verlacht von den Treibern, war Jaspers Vorschlag, die Kamele des Nachts mit Vorderfußfesseln stillzusetzen. Prof. Yuan hatte etwas hochmütig erwidert: «Wir machen unsere Kamele in China niemals fest. Sie sind zu gut ausgebildet.»

Jasper hatte ein Kapitel eines Buches, das er zusammen mit Debbie Atkins über praktische Kamelführung geschrieben hatte, mit den Worten eröffnet: Wenn Sie lebend aus der Wüste zurückkommen wollen, dann sollten Sie immer dafür sorgen, daß Ihre Kamele nachts gut festgemacht sind. Das war nicht mehr als eine Erkenntnis des gesunden Menschenverstandes, und auf einem Zug durch das nördliche Kenia mit all seinen Löwen, Leoparden, Hyänen und anderen potentiellen Raubfeinden des Kamels wäre man selbst im Traum auf nichts anderes verfallen. In diesem Teil der Gobi gab es kaum solche Raubfeinde – Wölfe kamen hauptsächlich in der Mongolei vor –, aber man hatte mit einem feindseligen, harten und unberechenbaren Klima zu tun. Es sollte noch fünf Tage dauern, bis sich herausstellte, was es bedeutete, diesen nur vernünftigen Vorschlag einfach zu ignorieren.

● ● ●

Tagebucheintrag Dienstag, 8. April 1997:

Wir beenden einen langen, ermüdenden Marsch über sechsundzwanzig Kilometer. Nachdem wir den Wasserfall hinter unter gelassen hatten, wurde der Weg talabwärts etwas leichter, bis wir die

Einmündung des Chashkan-Sayi-Tals (des Tals der vielen Mäuse) erreichten. Es trägt seinen Namen offensichtlich zu Recht, denn es war mit Rattenlöchern überzogen, und Pfeifhasen flitzten bei unserem Anblick in alle Richtungen auseinander. Zu unserer großen Enttäuschung war das Wasser der Quelle dort untrinkbar, weil zu salzig. Wir waren deswegen zu einer zweiten Planänderung gezwungen. Nach einer längeren Diskussion mit Lao Zhao beschloß der Professor, weiter auf westlichem Kurs zu ziehen, bis wir ein anderes Tal namens Chukur Chap (sehr tiefe Senke) erreichten. Lao Zhao war überzeugt, daß wir dort gutes, trinkbares Wasser finden würden. Ich hoffte, daß es wirklich der Fall war, denn wir brauchten unbedingt Nachschub und gut gefüllte Wasserbehälter, bevor wir uns in die Wüste wagten. Es gibt weder in der Wüste Lop noch im Kum Tagh oder in der Umgebung des Lop Nur Süßwasser.

Es war ein harter Marsch über steile Staffeln von Sandsteinvorbergen, die zu bewältigen die Kamele große Mühe kostete. Dum Dum entkam nur um Haaresbreite einem schlimmen Unglück, als er darauf bestand, einen schmalen Grat hinaufzureiten, statt abzusteigen und zu gehen. Ein Teil des Grats brach ab unter dem gemeinsamen Gewicht von einhundertachtzig Kilogramm Ausrüstung, Gott weiß wie vielen Kilos des beleibten Dum Dum und des langmütigen Kamels. Er sprang gerade noch rechtzeitig ab, bevor das arme Kamel die Flanke des steilen Hügels hinabrutschte und dabei vor Angst brüllte. Gott sei Dank ließ er wenigstens das Führseil des Kamels los, sonst hätten wir ein zweites Kamel mit einer blutigen Nase gehabt. Weder Dum Dum noch das Kamel trugen Verletzungen davon. Glücklicherweise brachte der Zwischenfall den Professor dazu anzuordnen, daß jeder Reiter abzusteigen hatte, wenn das Gelände zu unwegsam wurde. Ich muß sagen, daß ich selbst das Gehen so lange wie möglich vorzog, um einem wunden Hintern und einem schmerzenden Kreuz vorzubeugen.

Dann überraschten wir sieben Wildesel. Es gibt viele Anzeichen sowohl für die Esel als auch für die Wildkamele in diesen entlegenen Vorbergen des Arjin Shan, und das ist ermutigend. Jasper gibt sein Bestes, wirkt aber manchmal sehr müde. Die extreme Kälte der letzten Tage muß für ihn ein körperlicher Schock gewesen sein. Glücklicherweise haben wir es endlich geschafft, den Sitzkomfort unserer sogenannten Sättel zu steigern, so daß er wenigstens reiten kann, ohne sich selbst in Stücke zu schneiden. Kein Zweifel, daß wir am Ende unseres Treks sowohl die Kunst des Verzurrens von Ladung als auch die, aus einem flohverseuchten, mottenzerfressenen Stück ungewaschenen Fells einen annehmbaren Sattel zu formen, perfektioniert haben werden.

Um acht Uhr abends erreichten wir schließlich Chukur Chap. Wir sind alle ziemlich erschöpft, aber der Zoologe Li verdient sich noch die volle Anerkennung der Mannschaft, indem er eine köstliche uighurische Speise aus Schaffleisch, Gemüse und Reis in Null Komma nichts hervorzaubert. Zufrieden machen wir Rast. Das Wasser des Chukur Chap ist süß und klar, und wir erleben die erste erträglich warme Nacht, seit wir Urumqi verlassen haben.

Am 9. April füllten wir an der malerischen Quelle unsere Wasserbehälter und machten uns kurz vor Mittag auf den Weg. Xiao Yuan übernahm die Führung auf dem Weg aus dem weiten Chukur-Chap-Tal. Wir waren aber noch nicht weit gekommen, da wendete er sein Kamel und kam wieder zu uns zurückgetrottet.

«Ich habe etwas gefunden, was ein Wanderweg der Wildkamele sein muß», rief er aufgeregt. «Es ist tief zerfurcht und läuft unterhalb der linken Talflanke entlang. Wenn wir diese Spur nicht verlieren, könnte sie uns über den Kum Tagh führen.»

Das war eine glückliche Entwicklung, vor allem, da wir die Route schon so früh entdeckt hatten. Wenn sie zu einem gut begangenen Weg führte, dann würde das Rätsel, wo und wie die Wildkamele den Kum Tagh überqueren, bald gelöst sein.

Die Hänge auf beiden Seiten des sich weitenden Tals waren immer niedriger geworden, und jetzt sahen wir, daß sie sich zwei Kilometer vor uns ganz in der Wüste verloren. Plötzlich erspähte Lao Zhao drei Kropfgazellen, und bevor ich begriff, was er tat, hatte er schon sein Gewehr hervorgeholt, war vom Kamel gestiegen und rannte in gebückter Haltung auf die Deckung einer Sandbank zu, damit er von dort aus schießen konnte. Als ich den Knall seiner Büchse hörte, war es schon zu spät. Aber glücklicherweise schien er sein Ziel verfehlt zu haben.

Als wir am Abend unser Lager aufschlugen, hatten wir erfolgreich neunzehn Kilometer der Wüste Lop durchquert. Wir waren der tief gefurchten Wanderroute der Wildkamele den ganzen Tag lang gefolgt und fanden uns in der richtigen Position und wohlvorbereitet für die Überquerung dieser gewaltigen Sandberge im Licht des kommenden Tages.

Tagebucheintrag Donnerstag, 10. April:

Ich war mir sicher gewesen, daß die Spur der Wildkamele uns zu einer Stelle führte, von der aus eine relativ einfache Überschreitung der Sanddünen möglich war, und so verhielt es sich denn auch. Ihre Spur wand sich durch eine enge Kluft in den hoch emporragenden Dünen, und wir schafften es, den Kum Tagh in weniger als drei Stunden ohne große Schwierigkeiten zu überqueren. Wenn man die mächtigen Sandberge von den Vorbergen des Arjin Shan aus sah, schienen sie eine unüberwindliche Barriere darzustellen. Zwei junge Kamelstutenfohlen hatten es allerdings nicht geschafft. Ihre ausgebleichten weißen Skelette lagen am Weg. Das GPS erwies sich als nützlich in der Bestimmung des exakten Standorts, wo sie zugrunde gegangen waren. Unser Weg verlief über relativ niedrige Dünen mit wenig steilen Hängen und von fester Oberflächenbeschaffenheit. Hatte Hedin weiter im Osten ein Jahrhundert früher einen ähnlichen Übergang gefunden?

Als wir erst einmal die Dünen hinter uns hatten, stand uns eine scheinbar unendliche Weite steiniger, flacher, gleichförmiger Gobi bevor. Der Wanderweg der Wildkamele verlief weiterhin klar sichtbar vor uns. Mit dem Fernglas konnten Jasper und ich weit, weit im Norden im Hitzedunst einen weißen Schimmer ausmachen. Dabei handelte es sich, wie Lao Zhao meinte, um eine gewaltige Salzniederung. Dahinter lag unser Ziel, der Rand des ausgetrockneten Lop Nur, der von der Wüste durch hoch emporragende Kliffs getrennt war. Die Vegetation am Rand des ehemaligen Sees ist ein Teil der Winterweide der Wildkamele. Folgt man ihr nach Osten, dann gelangt man ins Aqike-Tal, aus dem wir uns 1996 hatten zurückziehen müssen.
Als wir die Steinwüste zur Hälfte hinter uns hatten, ermüdeten die Kamele, einige von ihnen begannen zu brüllen und sich niederzusetzen. Sie brauchten viel Zuspruch, um sich wieder zu erheben und weiterzuziehen. Vor allem das Kamel des Treibers Ahun war ein ständiges Problem. Jasper ist ebenfalls erschöpft, obwohl er bestimmt nicht brüllt und sich niedersetzt. Er reitet die meiste Zeit, bleibt schweigsam und kaut auf einem alten Stück getrockneten Zebrafleisches, das er sich aus Nairobi mitgebracht hat. Ich rufe mir ins Gedächtnis, daß er zweiundsiebzig Jahre alt ist, und bete im stillen, daß ich auch noch in der Lage sein möge, in zehn Jahren eine solche Expedition mitzumachen.

Ich stelle fest, daß ich ein Kamel führe, das mit sechs gefüllten Wasserbehältern mit einem Gesamtgewicht von über zweihundert Kilo beladen ist. Kein Wunder, daß das arme Tier sich ausruhen will. Weiter geht es und immer weiter, Stunde um Stunde über völlig ödes Gelände, dem jegliche Form von Leben fehlt. Als die Sonne sich dem Horizont nähert, werfen unsere Kamele lange Schatten über den Boden. Es ist ein zeitloses Bild, das wir bieten, ähnlich wie die verblichenen Drucke, die Stein und Hedin in der Taklamakan zeigen, oder frühere Bleistift- oder Tuschzeichnungen von Kamelen, die die Seidenstraße entlangtrotten. Auf dreiviertel der Wegstrecke durch die Wüste bei schwindendem Licht und mit einem noch ordentlichen Stück Weges vor uns beschließt der Professor, Li und Dum Dum zu Fuß vorauszuschicken, um das Gelände zu erkunden und von dem toten Holz am ehemaligen Seeufer ein Feuer zu machen, das uns zum Lop Nur führen soll. Die Sonne versinkt, und sowohl die Wanderroute der Wildkamele als auch die Fußspuren Dum Dums und Lis werden für uns fast unlesbar, so daß wir ihnen kaum noch folgen können. Der Mond ist eine schmale Sichel, so daß er ebenfalls nicht viel Licht gibt. Jasper und ich halten die Entscheidung des Professors für außerordentlich unklug. In der rasch heraufziehenden Dunkelheit scheint es uns töricht, einzelne Expeditionsteilnehmer vom Rest der Mannschaft zu trennen. Aber diese Entscheidungen werden nicht von uns getroffen, und ein Protest wäre nur eine Verschwendung unserer Worte.
Schließlich erreichen wir in totaler Finsternis den Rand der Salzniederung. Fast sofort sinken unsere Kamele in den feuchten Salzschlamm ein, werden sehr nervös, und wir verlieren die Spur unserer beiden Führer. Jeden Augenblick rechne ich damit, daß sich unsere Kamele in die Nacht davonmachen, daß unsere Ausrüstung nur noch nutzlos an ihren Flanken baumelt. In diesem Moment beginnt der Professor mit Lao Zhao zu streiten. Wir haben uns nicht gerade verlaufen, aber nach einem anstrengenden Marsch von zwölf Stunden und über zweiundvierzig Kilometern entspricht das Geländeprofil nicht dem, was von der Karte her zu erwarten wäre. Lao Zhao macht noch einmal halt, um im Licht einer rapide verblassenden Taschenlampe in sein Bündel von Satellitenaufnahmen zu schauen. Nach zehn Minuten erhebt er sich, murmelt etwas zu unserem professoralen Anführer, streckt seinen rechten Arm aus und deutet in nordöstliche Richtung.
Zehn Minuten später glauben Xiao Yuan und ich, den Schein des

von unseren Treibern angezündeten Lagerfeuers zu sehen. Aber kurz danach erblicken wir ein ähnliches Licht und dann noch eins. Die Lichter tanzen von rechts nach links und von links nach rechts. Wenn wir ihnen näher kommen, verschwinden sie völlig. Unglückliche Gobigeister halten uns wieder einmal zum Narren. Schließlich entdecken wir mit viel Mühe und zusammengekniffenen Augen das echte Flackern einer Flamme, das sich als ortstreu erweist. Wir halten darauf zu und können endlich den Salzsumpf verlassen und auf festerer Oberfläche weitergehen. Inzwischen sind sowohl die Männer als auch die Kamele erschöpft, der Wind ist bitterkalt und heult gnadenlos über den kahlen Salzsumpf, den wir gerade hinter uns gelassen haben. Dann stehen wir plötzlich ohne jede Warnung am Rand eines massiven Spalts in der steinernen Erdoberfläche und entdecken, daß eine tiefe, steile Kluft uns von dem Feuer Lis und Dum Dums trennt. Irgendwie haben sie es geschafft, sich auf die andere Seite der gewaltigen Schlucht durchzuschlagen. Weder Jasper noch ich können verstehen, wie sie wohl dort hingekommen sein könnten.

In totaler Dunkelheit schlagen wir um dreiundzwanzig Uhr dreißig unser Lager auf. Jasper und ich stellen unser Zelt in einiger Entfernung von denen der anderen auf. Wir haben in dem frostkalten Wind zu kämpfen und verfluchen zum x-ten Mal den Büromenschen, der unser Zelt entworfen hat. Wir wünschen ihn hierher in die Wüste, um mit uns zu leiden, während wir uns mit seiner unmöglichen Denksportaufgabe auseinandersetzen. Wir haben heute dreiundvierzig Kilometer unter schweren Bedingungen geritten oder zu Fuß zurückgelegt. Jasper ist außerordentlich erschöpft und wund von den Tauen, auf denen er reitet. Schließlich können wir zu unserer großen Erleichterung unter die mißgestaltenen viktorianischen Unterröcke kriechen, die uns als Zelt dienen, und dort unseren letzten Tropfen Whisky goutieren. Dann schlafen wir todmüde und frierend ein.

● ● ●

«He, Jasper, schau dir das an.»

Jasper kroch langsam rückwärts aus unserem Hyänenloch heraus.

«Gar nicht so übel, daß ich letzte Nacht nicht mußte», sagte er bei einem Blick über die Kante des schroff abfallenden Kliffs. «Das ist ja das größte Plumpsklo, das ich je gesehen habe.»

Unbeabsichtigt hatten wir unser Zelt am Rand des Kliffs aufgeschlagen. Rechts von uns lag der Steilabhang der Schlucht, die uns von unseren beiden Treibern trennte; vor uns erstreckte sich viele hundert Meter tiefer das ausgetrocknete Seebett des Lop Nur bis zum fernen Horizont. Ein Salzfluß schlängelte sich aus der tiefen Schlucht zu unserer Rechten in den See.

«Da unten wächst etwas», sagte ich und deutete auf einige Büschel von Tamarisken und Saxaul. «Wenn wir im letzten Jahr in der Lage gewesen wären, das *shor* zu überqueren, wären wir irgendwo hier in der Nähe herausgekommen.»

Ich empfand einige Befriedigung darüber, daß wir so doch noch erreichten, was wir damals versucht hatten. Wir waren jetzt im Winterweidegebiet der Wildkamele.

Der nächste Tag, der 11. April, war der Ruhe vorbehalten. Lop Nur erstreckte sich unter einem wolkenlosen Himmel nach Norden. Unsere Kamele streiften von einem Tamarisken- und Saxaulstrauch zum nächsten; es waren die Pflanzen, die die Wildkamele während der Wintermonate durchbrachten. Dann stapften sie im Gänsemarsch den Salzwasserfluß entlang, der sich in den See schlängelte, bevor dieser völlig in der Wüstenödnis künstlicher Austrocknung verschwand. Ich schlenderte langsam durch das trockene, kniehohe Gras und sah, wo andere Tiere die Pioniere gewesen waren. Kropfgazellen, Füchse und die Abdrücke eines Wolfs. Lao Zhao fand die Überreste zweier Kamelfohlen, die an natürlichen Ursachen eingegangen zu sein schienen. Mein Tagebuch wirkt unbeschwert, meine Eintragung darin sorglos.

> Die Kamele sind so klug. Sie wandern meilenweit nach Osten von uns fort, und dennoch kehren sie wieder zu uns zurück, anstatt zu verschwinden, und lassen sich friedlich nieder, während wir ein paar Sträucher demolieren, kochen und zusammenbrauen, um unseren Erfolg zu feiern, die Winterweide der Wildkamele gefunden zu haben. Die Treiber Yusuf, Dum Dum und Wang sind einfach unbeschreiblich. Freundlich, hilfsbereit und munter. Es hat keinen echten Streit zwischen irgend jemandem von uns gegeben. Auch der Professor ist in bester Verfassung.

Am nächsten Tag folgten wir dem Wanderweg der Wildkamele weiter nach Osten. Er schlängelte sich dort durch Tamarisken, Grasflächen und *shor*. Dann bog er jäh nach Nordosten ab und führte in den großen See hinein. Die klare Linie vieler Kamelmärsche konnte gar nicht übersehen werden. Hintereinander in einer Reihe gehend, hatten sie im Verlauf von Jahrhunderten einen deutlichen Weg hinterlassen, den weder die Wüstenstürme noch die Nukleartests hatten auslöschen können. Dieser Weg führte uns durch ein rasiermesserscharfes *shor* zurück zum Seeufer, wo *yardangs* in regelmäßiger Reihe zum Seebett hin ausgerichtet waren. Als wir das *shor* hinter uns hatten, konnten wir auch erkennen, wo im Sand Gruppen von bis zu zehn Kamelen Rast gemacht hatten. Die Anzahl von tot aufgefundenen Kamelfohlen hatte bis dahin sieben erreicht.

Die Nacht auf den 12. April war vollkommen. Es war völlig windstill, und Myriaden Sterne funkelten am Himmel. Im Nordwesten zeigte der Komet Hale-Bopp seinen kraftvollen Schweif in erstaunlicher Helligkeit. Glücklich gingen wir schlafen, gut gesättigt und zufrieden.

Aber die Gobi darf man niemals unterschätzen. Die Trennlinie zwischen Erfolg und Katastrophe ist außerordentlich fein. Die rastlosen Geister der Wüste lauern ständig, immer bereit, einem den Boden unter den Füßen verschwimmen zu lassen. In der Nacht hatte ich einen höchst ungewöhnlichen Traum. In ein hellblaues Gewand gekleidet, war ich Ehrengast einer Zeremonie. Ich blickte auf einen See zu mir emporgereckter, erwartungsvoller Gesichter, der sich wie das Seebett des Lop Nur weit, weit bis zum Horizont erstreckte. Zuerst ignorierte ich das Ziehen an meinem Ärmel; ich war zu sehr damit beschäftigt, diese gigantische Versammlung anzuschauen. Aber das Zupfen hielt an, und ich blickte leicht verärgert hin. Ein Höfling kniete neben mir mit einem breiten Grinsen auf dem Gesicht. Er streckte mir eine geöffnete Dose mit trockenem Fisch hin. Was sollte ich damit tun? Ich wandte mich wieder der gewaltigen Menschenmenge zu. Deren Haltung schien sich verändert zu haben. Ihre Gesichter waren nicht länger gutmütig. Sie waren böse und feindselig. Ich hatte nicht getan, was sie von mir erwartet hatten. Der Fisch! Was hätte ich mit dem Fisch tun sollen?

Am 13. April verzeichnet mein Tagebuch, daß

> […] in der Nacht des 12. ein frischer Wind aufkam. Gegen zwei Uhr entwickelte er sich zu einem heftigen Sandsturm. Am nächsten Morgen krochen wir in heulendem Sturm unter den Trümmern flachgelegter Zelte und krummgebogener Heringe hervor, nur um zu entdecken, daß unsere Kamele sich bis auf zwei davongemacht hatten. Der überempfindliche junge Ben und ein kränkelndes Alttier waren geblieben; alle anderen waren spurlos verschwunden. Wir sind über zweihundertachtzig Kilometer von unserem Basislager entfernt.

Ein Zeichen von Noah

Und die Taube kam zu ihm um die Abendzeit.

Genesis 8:11

Erst am zweiten Tag begann sich der Professor zu sorgen. Am Tag nach dem Verschwinden von fünfzehn unserer Kamele machten wir uns alle mit frischem Rückenwind auf den Weg nach Kush Lanze, ungefähr zehn Kilometer östlich von uns. Ahun war losgeschickt worden, um die verschwundenen Kamele aufzuspüren, und der Professor schien sich ganz sicher, daß der alte Mann sie auch finden würde. Und in der Zwischenzeit, die er gut nutzen wollte, organisierte er eine Suche nach Wildkamelen im Osten.

Kush Lanze ist ein felsiger Vorsprung, der sich in das Seebett erstreckt. Prof. Yuan bestand in entspannter Stimmung darauf, Inschriften in die weiche Oberfläche des Felses zu ritzen, die nicht nur unsere Ankunft, sondern auch die Tatsache bekannt machte, daß wir von Shell gesponsert wurden. Xiao Yuan wirkte gedankenverloren. Herr Li war ungewöhnlich schweigsam. Lao Zhao wollte umkehren, aber nichts konnte den Professor erschüttern.

«Unsere Kamele werden im Lager auf uns warten», sagte er und gab mir munter sein Messer. «Schreiben Sie UNEP auf den Felsen, John.

Irgend jemand wird eines Tages hierherkommen und denken, daß er der erste Entdecker ist, nur um dann festzustellen, daß wir schon vor ihm da waren.» Er lachte und spuckte mit ungewöhnlicher Kraft aus.

«Ich denke, es wird ein Ölsuchtrupp sein», sagte Jasper und wandte sich düster von der bespuckten Fläche ab, die jetzt von Lao Zhao bearbeitet wurde. «Sie werden eher hier sein, als Sie denken. Ich habe schon die Spuren eines ihrer Erkundungsfahrzeuge gesehen.»

Das hatten wir alle. Ich betete inbrünstig darum, daß man hier in dieser Gegend kein Öl entdeckte. Falls man gute Vorräte fand, dann konnten wir uns alle von den Wildkamelen verabschieden, von Naturschutz- und Winterweidegebieten, und alles vergessen, was wir über hochgradig gefährdete Arten wußten. Unsere Anstrengungen wären so umsonst wie nur etwas. Nichts Ökologisches, Umweltmäßiges oder Ethisches würde gegen die gnadenlose finanzielle Logik der Ölgewinnung zählen. Es war reine Ironie. Wir waren hier nur von Shells Gnaden. Wir gehörten jetzt alle zur Öltruppe!

Der Wind wurde stärker und peitschte den Sand auf.

«Sollten wir nicht umkehren?» fragte der Sohn des Professors.

«Nein, nein. Wir müssen erst unsere Inschrift fertigstellen», meinte sein Vater.

Ich bemühte mich, die Buchstaben UNEP schwach einzugravieren.

«Ha, lassen Sie mich es machen.» Der Professor nahm sein Messer wieder an sich und vertiefte mit sicherer Hand das Ergebnis meiner halbherzigen und ungelenken Anstrengung.

«So», sagte er mit Stolz und deutete auf die Großbuchstaben, die nun tief in den Sandstein graviert waren, «Shell und UNEP, Wildkamelexpedition 1997».

Wir applaudierten ihm, aber er war immer noch nicht soweit, den Rückmarsch ins Lager anzutreten. Die Gedanken aller anderen kreisten um die verschwundenen Kamele. Der Professor allein schien völlig unbesorgt zu sein, überzeugt, daß sie bald gefunden werden würden.

«Fotos, Fotos», rief er.

So posierten wir für Fotos, einzeln, in Paaren und in Gruppen, und Herr Li machte die Aufnahmen. Die zunehmende Windstärke und der aufgewirbelte Sand machten dem Fotografieren ein jähes Ende, und selbst der Professor stimmte nun widerstrebend zu, daß es Zeit war umzukehren.

«Die Kamele werden schon auf uns warten», rief er optimistisch, als wir aufbrachen. «Keine Sorge. Sie werden es sehen.»

Aber der Professor täuschte sich. Der Marsch zurück gegen den starken Wind dauerte zweimal so lange wie der Hinweg. Wir fanden ein totes, ausgewachsenes Kamel an der Straße, aber der Heimweg war so anstrengend, daß wir keine Energie mehr aufbrachten, um es gründlich zu untersuchen. Wir brauchten fünf Stunden, bis wir wieder im Lager waren, und wir sahen sofort, daß der Wind ein Zelt in Fetzen gerissen und die meisten anderen flachgelegt hatte. Nur unser Hyänenloch war irgendwie stehen geblieben, und seine Unterröcke schlugen nutzlos im heulenden Sturm.

Ahun blickte grimmig. Er erklärte dem Professor, daß er trotz all seiner Anstrengungen nichts gefunden habe. Nicht einmal die Spuren der Kamele. Prompt wurde er für eine weitere einsame Suche ausgestattet, diesmal mit Rationen für vier Tage, und bekam das eine reitbare, erwachsene Kamel zugewiesen, das sich nicht mit den anderen davongemacht hatte. Wieder hatten Jasper und ich große Zweifel. Ahun wurde allein fortgeschickt, in den Sturm, der die Verfolgung der Kamelspuren extrem schwierig machte. Wäre es nicht besser gewesen, ihn mit einem Kollegen loszuschicken, mit dem viel jüngeren Yusuf, Dum Dum oder Wang? Es war sinnlos, daß einer von uns dies vorschlug. Der Professor war unnachgiebig. Seine Entscheidung war gefallen.

Am Montag, dem 14. April, machten wir eine Bestandsaufnahme. Wir hatten noch Wasser für neuneinhalb Tage und reichlich Nahrung. Die nächste Süßwasserversorgung gab es an der Quelle von Chukur Chap, die ohne Kamele drei Tagesmärsche von uns entfernt lag. Wenn die Kamele in sechs Tagen nicht wieder aufgetaucht waren, würden wir das Lager abbrechen müssen und uns am Morgen des Sonntags, des 20. Aprils, auf den Weg zu dieser Quelle machen müssen. Wir würden alles außer dem absolut Lebensnotwendigen zurücklassen müssen. Die Nahrungsvorräte würden für den dreitägigen Marsch nach Chukur Chap reichen müssen.

Jasper litt unter immer wiederkehrendem Nasenbluten, möglicherweise verursacht von dem Sand, der einfach überall war. Der Rückmarsch nach Chukur Chap würde für uns alle hart sein, für Jasper mit seinem angeschlagenen Knie jedoch die Hölle. Ihm wurde dies immer deutlicher bewußt, und er begann sich Sorgen zu machen, daß sein langsameres Gehtempo uns zusätzlich aufhalten würde.

«Wenn ich auf dem Rückmarsch stöhne, dann möchte ich nicht, daß du dich groß um mich kümmerst», sagte er zu mir in allem Ernst. «Grab einfach ein Loch und bedeck mich mit Sand, das wäre mir dann am liebsten.»

Ich diskutierte dieses Thema nicht mit ihm. Ich glaubte fest daran, daß wir es auf die eine oder andere Weise zurück zu unseren Fahrzeugen schaffen würden.

Am Abend, nachdem er von seinem Sitz unter den Tamarisken aus wieder hinauf aufs Kliff geklettert war, gab Jasper dem Professor eine halb mit Wasser gefüllte Messingbüchse.

«Ich denke, das sollten Sie einmal probieren, Professor.»

«Es ist salzig. Das kann man nicht trinken», sagte der Professor und verzog die Nase vor Ekel. «Falls wir es trinken, werden wir uns alle üble Magenschmerzen zuziehen.»

«Das weiß ich, aber es ist gut genug, um uns damit zu waschen», sagte Jasper. «Sowohl uns selbst, als auch unser Geschirr.»

Der Professor überlegte einen Augenblick und nickte dann zustimmend. «Gute Idee. Sie haben recht, Jasper.» Wir gaben die notwendigen Anweisungen. Jasper seufzte vor Erleichterung. Endlich einmal war ein unerbetener Rat angenommen worden.

Am Abend setzte Lao Zhao die Grasfläche im Seebett in Brand. Wir hatten den ganzen Nachmittag und Abend damit zugebracht, bündelweise ausgedorrtes, trockenes Holz zu sammeln, teilweise auf den Knien, um damit ein Feuer zu machen, das Ahun würde sehen können. Aber warum dieses sinnlos große Feuer? Manchmal brachte Lao Zhao mich zur Verzweiflung.

Unmittelbar vor Mitternacht kehrte Ahun, der alte uighurische Kamelzüchter, zurück. Sein Marsch war eine Katastrophe gewesen. Er hatte die Kamelspuren nicht gefunden. Er hatte die Rationen für vier Tage in vierundzwanzig Stunden verbraucht, aber was weit, weit schlimmer war, er hatte unser einziges noch brauchbares Kamel völlig zu Schanden geritten. Große rohe Striemen zeichneten sich an dessen Hinterbeinen ab, die unübersehbar machten, wo und wie er es vorwärtsgetrieben hatte. Nachdem Ahun abgestiegen war, verweigerte das Kamel jede Bewegung. Es saß einfach da und stöhnte leise vor sich hin. Ahun hatte nichts gefunden, nichts erreicht und unser einziges verläßliches Transportmittel völlig unbrauchbar gemacht.

●●●

Tagebucheintrag Donnerstag, 15. April:

Der Professor und der Rest der Mannschaft straften Ahun mit Verachtung. Man sprach kaum mit ihm, ignorierte ihn bei den Mahlzeiten und benahm sich ganz allgemein so, als ob er nicht länger existiere. Sie sagen, daß er alt, dumm und ein ignoranter Uighure sei. Kein Wunder, daß es eine blühende uighurische Unabhängigkeitsbewegung gibt. Trotz all seiner Verfehlungen verdient er diese Behandlung nicht, und Jasper hatte sich zur Aufgabe gemacht, sich um ihn zu kümmern. Endlich trifft der Professor die lange fällige Entscheidung und schickt Yusuf und Dum Dum aus, um nach den verschwundenen Kamelen zu suchen. Auf einer allein durchgeführten Suche erkennt Yusuf die Spuren unserer Kamele an den Seilen, die an ihren Nasenpflöcken festgebunden sind. Sie schleifen hinter den Kamelen her wie Schlangen und scheinen darauf hinzudeuten, daß die Kamele den Rückweg zum Arjin Shan eingeschlagen haben. Wer kann es ihnen verdenken? Im Arjin Shan gibt es frische Vegetation und trinkbares Wasser. Hier gibt es nur Salzwasser, trockenes Gras und einen heulenden Sturm, vor dem es keinen Schutz gibt. Jasper kocht Kamelmais auf, damit er weicher wird und wir das kranke Kamel damit füttern können. Das arme Tier ist völlig verbraucht und weigert sich, von selbst zu fressen. Wir versuchen, ihm die Maiskörner mit Hilfe einer Plastikwasserflasche einzutrichtern. Trotz seines Rumorens, seiner wütenden Proteste und Versuche, alles zu erbrechen, erreicht schließlich ein Teil des warmen Breis den Magen des Kamels.

Um die Gunst der anderen wiederzugewinnen, backt Ahun in der Aschenglut des Leuchtfeuers der vergangenen Nacht ein großes *nan*-Brot. Am Nachmittag rappelt sich das Kamel auf, und wir schaffen es, es das steile Kliff am Seeufer hinabzuführen, auf die Flächen von ausgetrocknetem Gras. Dort knabbert es nicht allzu enthusiastisch an einigen trockenen, staubigen Ähren, aber immerhin ist es ein Versuch, etwas zu fressen. Bei Jasper stellt sich das Gefühl ein, daß seine Zeit gut darauf verwandt war, sich um das arme Tier zu kümmern.

● ● ●

«He, John, Jasper, kommen Sie mal her. Wang hat Ihnen etwas Interessantes zu erzählen.» Xiao Yuan stand am Küchenzelt und rief aufgeregt nach uns.

«Was denn?»

«Kommen Sie herüber, er wird es Ihnen selbst sagen.» Jasper und ich nahmen es mit dem Wind auf und kämpften uns hinüber zum

Küchenzelt. Die Leinwand klatschte laut hin und her, als wir uns hineindrängten. Der Viehtreiber Wang hockte in einer Ecke und zog an einer Zigarette. Er wirkte entspannt und glücklich.

«Wangs Mutter war eine Schamanin, die in die Zukunft blicken konnte», erklärte Xiao Yuan. «Er hat ihre Gabe geerbt und ist ebenfalls fähig dazu. In Ruoqiang ist er sehr berühmt dafür. Die Viehzüchter kommen von überall her, um seinen Rat zu suchen.»

Wang wirkte völlig abgehoben. Er konnte nicht älter als fünfunddreißig Jahre sein, und dennoch war sein Gesicht tief zerfurcht mit großen schwarzen Säcken unter den Augen. Jasper war lange genug in Afrika gewesen, um das ganze ohne Skepsis hinzunehmen. Er hatte seine eigenen Erfahrungen mit den Mächten einer alten afrikanischen Schamanin.

«Erzählen Sie ihnen, was Sie mir gerade erzählt haben», wies Xiao Yuan ihn an.

Herr Wang zog die Knie an, schloß seine Augen halb und wiegte sich langsam vor und zurück. «In der letzten Nacht hatte ich einen Traum», sagte er. «Ich sah die Kamele zu unserem Lager zurückkehren.» Er öffnete die Augen und sah Jasper und mich an. «Sie werden am Sonntag morgen zwischen null Uhr und drei Uhr kommen. Eins wird fehlen, aber die anderen haben Yusuf und Dum Dum dann gefunden. Sie werden alle müde sein und ausgemergelt, aber nicht krank. Machen Sie sich keine Sorgen, sie werden zurückkommen, und wir werden unsere Fahrzeuge wieder erreichen. Es wird alles gut gehen.»

Ich wandte mich Xiao Yuan zu. «Glauben Sie ihm?» fragte ich ziemlich dümmlich.

Xiao Yuan lächelte und zuckte die Schultern. «Ich weiß nicht. Aber es hilft», sagte er. «Mein Vater sagt, daß er ihm nicht glaube, aber selbst ihm hilft es.»

Im weiteren Verlauf des Abends nach einem guten Essen mit sättigendem Reis organisierte der Professor Entspannungsübungen für das ganze Team. Wir standen auf einer windgepeitschten Anhöhe im Halbkreis um den Professor herum und taten es ihm nach, wie er einzelne Teile seines Körpers zog, rieb und bog, vor allem das Gesicht und den Kopf. Er gliederte die Übungen mit dreifachem, tiefem Einatmen, damit, wie der Professor uns sagte, «frische Luft durch Ihre Köpfe zieht und die üblen Ausdünstungen durch Ihre Füße austreibt». Wir drückten, zogen und stupsten, bis unser ganzer Leib von Kopf bis Fuß völlig durchgearbeitet war. Am Ende der vierzigminütigen Übung fühlten wir uns tatsächlich entspannt und kehrten – Wangs ermutigende Weissagung im Kopf und nach Austreibung des letzten Restes schlechter Dünste durch die Füße – zu unseren Zelten zurück. Alles wurde besser. Die letzten Worte des Professors an uns lauteten: «Machen Sie sich nicht die Mühe, allzufrüh aufzustehen, das spart Nahrungsvorräte!»

Tagebucheintrag Mittwoch, 16. April:

Wir sind jetzt bei zwei Mahlzeiten am Tag angelangt und müssen den Verbrauch sowohl von Nahrung als auch von Wasser sparsam halten. Wenn sich nur der Wind legen würde. Es ist ermüdend, mit gesenktem Kopf dagegen anzukämpfen, und es macht die Erfüllung der täglichen Pflicht, bündelweise Feuerholz für das nächtliche Signalfeuer zu sammeln, doppelt schwer. Jasper hat in einem Tamariskenstrauch Stellung bezogen, der sich direkt am ausgetrockneten See befindet. Er bewegt sich von Zeit zu Zeit im Uhrzeigersinn, um im Schatten des Busches zu bleiben, und führt ein Tagebuch mit dem Titel «Beobachtungen, angestellt während der Tage, die in einem Tamariskenstrauch in der Wüste Gobi zugebracht wurden«.

Ich bringe Xiao Yuan, Wang und Herrn Li bei, wie man Backgammon spielt. Xiao Yuan hat so schnell gelernt, daß er mich mit monotoner Regelmäßigkeit schlägt, so daß es schon peinlich und langweilig ist. Jasper füttert unser Kamel zweimal täglich mit aufgeweichtem Mais. Es steht wieder auf und läuft herum, hat aber immer noch nicht genügend Energie, allzuweit zu gehen. Es wird bestimmt nicht weglaufen!

Ich wasche meine Unterwäsche in dem salzigen Tümpel, den der Fluß in den Lop Nur bildet. Ich liebe das nicht besonders und weiß, daß ich es nicht besonders gut mache. Es ist kein guter Lohn der Mühe, wenn nachher alles aussieht, als sei es mit Salz gestärkt worden. Alle anderen verstehen sich sehr viel besser als ich darauf, ihre Kleider zu waschen, vor allem Jasper. Ich konzentriere mich auf meine Socken und versuche, es wenigstens bei ihnen gut zu machen. Ich bin mir nur allzusehr der Tatsache bewußt, daß ich sie vielleicht für einen ausgedehnten und wenig erwünschten Fußmarsch brauche.

Am Abend habe ich außerhalb des Lagers nach Steinen gesucht, da Jasper und ich fanden, wir sollten versuchen, etwas von dem Kamelfutter zu mahlen und daraus Porridge zu machen, um unsere dahinschwindenden Nahrungsvorräte zu strecken. Daß Jasper aus seinem Tamariskenstrauch hervorgekrochen ist, um sich ebenfalls auf die Suche zu machen, ist mir nicht bekannt. Wir gehen jeder seine eigenen Wege; er bringt einen guten, flachen, glatten Stein als Grundlage mit, und ich scheine einen annehmbaren Mahlstein dafür gefunden zu haben.

Während meiner Suche stoße ich auch auf die Spur, die unsere Kamele hinterlassen haben. Die Schleifspur von dem Führseil, das sie hinter sich her schleifen, ist auffällig wie die Spur eines Fahrradreifens. Wie Ahun diese Fährte hat übersehen können, ist mir völlig unbegreiflich. Ist er absichtlich unverrichteter Dinge zurückgekehrt, weil er den Kamelen nicht allein zurück zu den Bergen folgen wollte? Falls dem so war, warum hat er dann dabei die Essensration für vier Tage verzehrt? Und warum hat der Professor überhaupt in Betracht gezogen, nur einen unserer Kameltreiber auszuschicken, obwohl wir doch vier haben? Es ist extrem schwierig für Jasper und mich, uns in den Entscheidungsprozeß einbinden zu lassen. Der Professor sieht unser Wohlergehen als seine persönliche Verantwortung an und verbringt seine Zeit in Diskussionen mit Lao Zhao. Zum Beispiel hatten wir warten wollen bis Sonntag morgen, bevor wir das Lager abbrachen. Jetzt wurde entschieden, daß wir schon am Samstag, den 19., aufzubrechen haben. Zweifellos hat die Knappheit an Nahrung und Wasser diese Entscheidung diktiert. Schön, aber Jasper und ich erfahren davon durch Xiao Yuan. Das kann sehr frustrierend sein.

Am Abend boykottieren Jasper und ich die Übungsstunde des Professors. Nicht aus kleinlicher Gesinnung, sondern weil unsere Mägen voller Reis- und Maisporridge sind. Ich habe die Nachrichten gehört und erfahren, daß zweihundert Mekkapilger getötet wurden, als ihre Zelte in Saudi-Arabien Feuer fingen. Es ist ernüchternd zu begreifen, daß andere Menschen, die in Wüsten leben, mit größeren Problemen zu tun haben als wir.

Tagebucheintrag Donnerstag, 17. April:

Wir frühstücken Ahuns *nan* und Trockenmilch. Der Kamelmaisporridge steht ebenfalls zur Verfügung für die, die einen starken Magen haben. Nach dem Frühstück ist es Zeit, Holz für das Signalfeuer zu sammeln. Wenn man an den trockenen Tamariskenbüschen zieht, um Holz daraus zu lösen, erheben sich Wolken weißer Moskitos. Sie waren noch nicht da, als wir hier ankamen, aber inzwischen scheint sich rund um den See die Nachricht verbreitet zu haben, daß hier gutes frisches Blut zur Verfügung steht, einiges davon auch noch eingepackt in weiße Haut. Ich hoffe, die Mücken genießen es, die malariagepeinigten roten Blutkörperchen eines alten West- und eines Ostafrikaners einzusaugen. Jasper und ich haben beide von Zeit zu Zeit mit der Malaria unsere Last. Erleichterung, wenn ich meine Feuerholzquote erreicht habe. Jasper schafft es, ein sauber zusammengeschnürtes Bündel anzuschleppen, während ich mit überhängenden Schnüren, ungeeigneten Knoten und einzelnen Zweigen im Schlepptau am oberen Rand des Kliffs auftauche. Es ist eine steile Kletterei bis zu dem Punkt, wo das Signalfeuer brennen soll, aber glücklicherweise hat der Wind nachgelassen. Vielleicht sind deswegen die Moskitos so furchtbar.

Herr Li findet den kompletten Kadaver eines Kamelfohlens unten am See. Ich balanciere den Schädel, auf einem Bündel Feuerholz festgebunden, ins Lager zurück. Bisher haben wir acht verendete Kamele gefunden, von denen sieben Fohlen waren. Die Fohlen müssen eine sehr hohe Sterblichkeitsrate haben, und Jasper stellt Spekulationen darüber an, ob das mit der Strahlung zusammenhängen kann. Wenn ich den Schädel zurück nach England schaffen kann, werden wir es herausfinden!

Später finde ich Lao Zhao zusammengesunken in einer Ecke des Küchenzelts wie einen Opiumabhängigen; er saugt an einer kleinen Glasflasche mit Ginseng. Er hat sich einen Vorrat davon mitgebracht, der in roten Pappschachteln untergebracht ist. Mir fällt wieder ein, daß er sich zweimal während der letzten beiden Jahre sein Blut hat austauschen lassen müssen. Er wirkt ziemlich ernst, und ich frage mich ein weiteres Mal, wieviel Strahlung er wohl abbekommen hat. Wir sind wirklich ein Superteam. Jasper ist zweiundsiebzig Jahre alt, Ahun muß sechsundsechzig Jahre sein, und Lao Zhao ist vierundsechzig, ich bin zweiundsechzig und der Professor ist neunundfünfzig. Das Leben beginnt so um die Sechzig!

Jasper zieht sich wieder zu seinem Tamariskenstrauch zurück, nachdem er die Antenne meines Radios mit einem dünnen Metallstreifen repariert hat, den er von einer Sardinendose abgezogen hatte. Er benutzt den Öffner der Dose als Hilfsmittel, um ein Gummiband durch seine chinesischen Armeeunterhosen zu ziehen. Ich erkenne einen ernsthaften Fehler der chinesischen Militärausrüstung. In den Armeeunterhosen fehlen die Gummibänder, um sie am Platz zu halten. Jasper hat sich auf einem Markt in Urumqi sechs Paar Militärunterhosen gekauft, und in keiner davon befindet sich ein Gummiband. Die Hosen paßten ihm zu Beginn der Expedition, aber inzwischen hat er Gewicht verloren. Und genau wie er müssen die chinesischen Infanteristen vor einem schwierigen Problem stehen, wenn sie Gewicht zulegen oder verlieren. Wie können sie wohl stramm stehen, wenn ihre Unterhosen herunterrutschen? Das sollten alle Militärplaner weltweit beachten! Vielleicht werden Kriege gewonnen oder verloren, ganz danach, welche Armee mit ausreichender Unterkleidung ausgestattet ist.

Wang ist fleißig und stellt im Küchenzelt Nudeln her. Ganze Berge von Nudeln, wobei er unser restliches Mehl verbraucht. Jasper mahlt in einer Ecke den Kamelmais, während Lao Zhao in einer anderen Ecke des Küchenzelts zusammengesunken an seinem Ginseng saugt. Der Rest der Lagerinsassen zieht sich unter irgendeinen improvisierten Schutz zurück. Ich schreibe dies Tagebuch in der vierten Ecke des Küchenzelts, umgeben von ausgewählten Resten der Mahlzeiten der vergangenen Tage. Während des Abendessens sind die Moskitos die reine Hölle. Jede einzelne Mücke der Gashun Gobi scheint zu diesem Festmahl eingeladen worden zu sein. Sie sind weiß und leicht zu entdecken, und sie können stechen, o je. Sie kommen, wenn es windstill ist, aber alles in allem wollen wir nicht, daß sich der Wind wieder einstellt – also müssen wir die Millionen unserer geflügelten Quälgeister erdulden.

● ● ●

Die Nacht des 18. Aprils, eines Freitags, war bemerkenswert windstill. «Ich hoffe, es ist nicht die Ruhe vor dem Sturm», lautete Jaspers trockener Kommentar. Wir bewegten uns jetzt alle langsamer, jeder in seine eigenen Gedanken versunken und schon in geistiger Vorbereitung auf den Marsch, der uns bevorstand. Wir standen spät auf. Jasper zog Socken und Turnschuhe an und sagte, er wolle einen Spaziergang machen, «um sie auszuprobieren».

Holzsammeln, Backgammon, Nudeln, abendliche Entspannungsübung. Die Tage bekamen ihre Routine, aber wir alle bereiteten uns geistig auf den Samstag vor. Der Professor und sein Sohn teilten die Vorräte ein – Wasser, damit wir bis Chukur Chap kommen, Nahrung, damit wir auch die drei zusätzlichen Tage bis zu unserem Basislager bewältigen. Es gibt kaum Spielraum für Irrtümer. Ein zwei Tage anhaltender Sandsturm auf halbem Weg zum Chukur Chap könnte zum Beispiel ein großes Problem werden. Wir werden fast alles zurücklassen müssen. Meine Kameras einschließlich der BBC-Videokamera müssen mit, aber für diese sind nur noch drei Batterien übrig, deren jede nur für zehn Minuten Film reicht. Wir hatten überlegt, Solarzellen mitzunehmen, die wir an einem Kamel hätten befestigen können und die die Batterien aufladen würden, aber wir entschieden uns dann dagegen, und ich bin froh, daß wir es getan haben. Die verrutschenden Ladungen auf unseren Märschen durch enge Schluchten hätten zu endlosen Problemen geführt, und ich bin mir sicher, daß die Solarzellen nicht heil geblieben wären.

Als es auf den Sonnenuntergang zuging, machten Jasper und ich uns daran, das kränkelnde Kamel zu füttern. Es ging ihm definitiv besser; es begann selbst Mais zu fressen. Die furchtbaren Striemen heilten inzwischen, und es hatte etwas Gewicht zugelegt; dennoch wußten wir beide, daß es in trauriger Verfassung war und man es als fraglich betrachten mußte, daß es Wasservorräte über einige Entfernung schleppen konnte.

Der Rest der Mannschaft stand hinter uns, dort, wo des Nachts das Signalfeuer entzündet wurde, und spähte in die gesichtslose Weite der flachen, steinigen Wüste, die sich bis zum Horizont erstreckte. Sie bemühten sich krampfhaft, irgendeine Bewegung auszumachen.

«He, Jasper, schau dir das an.»

Eine einsame Schwalbe war wie aus dem Nichts erschienen und streifte praktisch meine Kleider. Sie machte eine scharfe Wendung, kehrte dann zurück und umflog Jasper.

«So etwas habe ich noch nie gesehen», sagte er verwundert.

Der Vogel beschrieb eine perfekte Acht um uns beide herum und streifte dabei unsere Pullover. Wir beide sahen ihr wie gebannt zu.

«Schwalben treten sonst immer in Scharen auf. Ich habe noch nie eine einzelne gesehen so wie die hier. Ich kann es gar nicht glauben.»

Wir sahen ihr weiter zu, wie sie immer wieder herabschoß und uns umkreiste. Plötzlich brach hinter uns Jubel los, zögerlich zuerst, dann anschwellend, schließlich laut und überzeugt. Applaus folgte, dann aufgeregte Rufe. Xiao Yuan kam auf uns zugelaufen.

«Jasper, John! Schauen Sie dort! Sehen Sie!»

Wir starrten zum fernen Horizont. Ich sah nichts. Mein Fernglas war schnell zur Hand. Ungeschickt und fluchend befreite ich es aus seinem Futteral. Schließlich hob ich es an die Augen.

«Ja, Jasper. Sieh doch, sieh doch. Unsere Kamele!»

Wir vergaßen unsere Schwalbe ganz. Am Horizont waren winzige schwarze Punkte aufgetaucht. Es waren einige unserer Kamele. Dann tauchte weiter östlich eine weitere Reihe von Kamelen auf.

«Das dahinten ist Yusuf. Und schau mal dort. Das ist Dum Dum.»

Der Rest der Mannschaft war zu uns geeilt. Wir umarmten einander und jubelten.

Bald wurden die Punkte in der Entfernung deutlicher. Die beiden Kameltreiber kamen näher, und eine halbe Stunde später war Dum Dum bei uns, erschöpft, aber triumphierend. Dann erschien Yusuf. Jeder von ihnen führte sieben Kamele.

Dum Dum öffnete gewaltsam eine Bierflasche. «Wir haben sie in einem Tal des Arjin Shan gefunden», sagte er zwischen langen Zügen aus der Flasche. «Wir haben sie alle mitgebracht außer einem. Das wollte nicht kommen. Es setzte sich einfach hin und verweigerte jede Bewegung, ganz gleich, was wir auch versuchten.»

«Aber wir haben sie wieder», sagte Yusuf.

Das hatten wir in der Tat. Die Kamele waren verzweifelt abgemagert und hatten einen großen Teil ihrer Winterwolle eingebüßt. Ihr Blick war unruhig, wild und verängstigt, aber sie waren wieder zurück.

«Ich hoffe, daß sie sie heute nacht gut festbinden», sagte Jasper. «Es wäre nicht besonders witzig, wenn sie sich wieder davonmachten.»

Dum Dum nickte heftig. «Wir werden ihnen die Füße zusammenbinden», sagte er zwischen langen Zügen von Beijing-Bier. «Keine Sorge.»

Wang sagte ruhig: «Ich habe mich in der Zeit etwas geirrt, aber ich habe Ihnen ja gesagt, daß sie sie finden würden. Ich wußte, daß sie es schaffen und daß sich alles zum Guten wendet.»

Ich schüttelte Wang, Dum Dum, Yusuf und dem Professor – einfach allen – die Hände. Wir waren unglaublich erleichtert, daß wir am nächsten Tag nicht zu Fuß losmarschieren mußten.

«Was bedeutet dir die Schwalbe?» fragte ich Jasper, als wir uns zur Nacht fertig machten. «Ich denke, ein Wissenschaftler würde uns erklären, daß es ein Zugvogel war, der vom Kurs abgekommen ist, plötzlich Leben in der Wüste sah und uns deswegen zum Ziel nahm. Ich habe in den vorangegangenen Jahren ein, zwei tote Schwalben entdeckt. Vögel, die von ihrer Zugroute abgeirrt und in der Wüste zugrunde gegangen sind.»

«Es war ein Zeichen von Noah», sagte Jasper ruhig, während der

Professor vor den Zelten zur Feier des Tages eine Anzahl Kracher losgehen ließ.

● ● ●

Am nächsten Morgen machten wir uns mit unseren Kamelen auf den Rückweg zum Arjin Shan, zu den gleichen Bergen, zu denen sie sich hingeflüchtet hatten. Nach sechs Tagen erzwungener Untätigkeit konnte unsere Mannschaft es gar nicht erwarten aufzubrechen, und die daraus resultierende Hektik war zweifellos Ursache dafür, daß ich meine Wasserflasche mit Salzwasser statt mit Süßwasser füllte. Diese Tatsache ließ meinen Vormittagstrunk sehr kurz ausfallen und sorgte für eine muntere mimische Begleitung. Die armen Kamele brachten natürlich für den langen vor ihnen liegenden Marsch wenig Begeisterung auf. Sie versuchten, sich auf die eine oder andere Weise immer wieder zu entziehen. Manche standen auf und setzten sich dann wieder und machten es uns auf diese Weise so schwierig wie möglich, ihnen die Lasten aufzubinden. Ben in seiner nervösen, zähneknirschenden Art, der dazu ausersehen war, den Kamelmais zu tragen, kam darum ganz herum. Er lief davon und schaffte es, allen Versuchen, ihn wieder einzufangen, zu entgehen. Er folgte uns schließlich in sehr gemessenem Abstand den ganzen Weg bis zu den Bergen. Mein Kamel stand auf, gerade als ich mein Bein über seinen Rücken schwang in dem vergeblichen Versuch aufzusteigen. So landete ich kopfüber in einer Sanddüne, und zwar mehr als einmal. Dadurch füllte sich nicht nur die Kamera langsam mit Sand, sondern es nahm auch meine Bereitschaft, zu Fuß zu gehen, deutlich zu. Genau wie es zweifelsohne das für mich vorgesehene Kamel beabsichtigte.

Wir gingen in leichtem Tempo die lange Strecke über die große Steinwüste, die sich vom See aus südwärts erstreckte. Die Stunden schienen doppelt so schnell zu verrinnen wie bei unserem Hinmarsch. Wir summten und sangen uns selbst oder einander etwas vor. Selbst Ahun war wieder wohlgelitten und schwatzte zufrieden mit seinem uighurischen Kollegen Yusuf. Unsere Stimmung war gut, wir fühlten uns wohl. Aber diese Euphorie wurde jäh überschattet, als das Kamel, das von Ahun zu Schanden geritten worden war, plötzlich zu Boden sank und jede weitere Bewegung verweigerte. Es trug nur leere Wassercontainer, die wirklich keine Last waren, aber es hatte sich ganz eindeutig gesagt: «Genug ist genug.»

Etwa eine Stunde lang schmeichelten wir, fluchten, drückten und zogen wir. Wir schlangen ein Seil um seine Hinterbeine und zogen an seinen Vorderbeinen. Das Kamel bewegte sich nicht und weigerte sich hartnäckig, sich zu erheben. Es gab nichts, absolut nichts, das wir dagegen tun konnten – außer natürlich es schlachten. Wir hatten ein Gewehr, würden damit aber mehr als eine Patrone brauchen, und ein scharfes Messer – damit würde es keine angenehme Aufgabe sein, obwohl es entschieden humaner schien. Nach einer kurzen, hitzigen Debatte beschlossen wir, das arme Tier dort sitzen zu lassen, wo es war, in der Hoffnung, daß es sich schließlich doch aufrappeln und sich auf den Weg zum Arjin Shan machen würde. Dort würde es frisches Grün und Wasser finden und hoffentlich einen gewissen Überlebenswillen entwickeln.

Es war eine schwierige Entscheidung, und es gab gewichtige Argumente dafür und dagegen. Eins der wichtigsten Argumente war, daß wir uns in einem Gebiet befanden, wo sich die Wildkamele noch nicht mit Hauskamelen gepaart hatten. War es da nicht völlig unverantwortlich, ein lebendes Hauskamel inmitten all der Wildkamele freizulassen? Mir schien das nicht so. Persönlich glaubte ich, daß das Kamel dort, wo wir es verließen, zugrunde gehen würde. Es war so schwach, daß die Chance, es könne bis zur nächsten Brunstzeit in acht Monaten überleben, mir sehr gering vorkam. Und ich konnte mich nicht dazu durchringen, es niedergemetzelt zu sehen nach allem, was es ausgehalten hatte. Andere werden einwenden, daß dies das vernünftigste und humanste gewesen wäre. Ich kann nur sagen, daß wir dort waren und die Entscheidung an Ort und Stelle trafen. Ob es nun falsch war oder richtig, wir ließen die arme Kreatur da, wo sie war. Während wir uns weiter und weiter entfernten, bot sie einen bemitleidenswerten Anblick. Nach etwas dreißig Minuten konnte ich es nicht mehr ertragen, mich zu dem armseligen schwarzen Häuflein Elend umzublicken, das still unserer sich entfernenden Karawane hinterherblickte und um sich nichts als die gewaltige, leere Weite gnadenloser Wüste hatte.

Die Nacht war windstill und wärmer, und Jasper und ich verschmähten unser High-Tech-Zelt und schliefen statt dessen unter dem Schein des Kometen. Wir hatten achtundvierzig Kilometer zurückgelegt, waren wund und steif. Unser Schlaf war unbeständig. Die Vorstellung von dem Kamel, das wir zum Sterben in der Wüste zurückgelassen hatten, verfolgte mich in meinen Träumen.

Am nächsten Morgen überquerten wir den Kum Tagh. Wieder war der Weg darüber nicht schwierig, und eine Ortsbestimmung mit dem

GPS sorgte dafür, daß wir auf der Karte des vorgeschlagenen Schutzgebietes die korrekten Eintragungen vornahmen. Es wurde ein weiterer langer, harter Marschtag, alles in allem zwölf Stunden lang. Wir erreichten die Quelle Chukur Chap erst um zweiundzwanzig Uhr dreißig und schlugen im Dunkeln unser Lager auf. Aber es war nicht nur dunkel. Als wir im schwindenden Licht den Bergen näher kamen, senkte sich ein merkwürdiger Nebel nieder. Es war ausgesprochen unheimlich. Obwohl kein Windhauch zu spüren war, wurde der Nebel nicht von Feuchtigkeit, sondern von Staub gebildet. Er schien von oben herabzufließen und führte zu einem rapiden Temperatursturz. Die Sicht reduzierte sich auf etwa zwanzig Meter.

Erst am nächsten Morgen erfuhr ich von Xiao Yuan, wieviel Glück wir gehabt hatten. Der Staubnebel war von einem gewaltigen Sandsturm in der Wüste verursacht worden, die wir gerade erst durchquert hatten. Hätte der Sturm uns auf unserem Marsch überrascht, wären sowohl wir als auch die Kamele in größte Schwierigkeiten geraten. Und wenn wir versucht hätten, die Wüste ohne unsere Kamele zu durchqueren, dann denke ich, ist es einigermaßen sicher, daß wir es nicht alle bis zum Chukur Chap geschafft hätten. Unsere Geschichte hätte also sehr leicht anders ausgehen können.

● ● ●

Wir planschten in der Quelle Chukur Chap. Das kalte, klare, helle Wasser, das hier über die Felsen sprudelte, war eine unbeschreibliche Versuchung. Der ganze Schmutz und der stechende Geruch ungewaschener Füße vom Lop Nur wurden abgewaschen. Auch die Kamele bekamen frei und wanderten umher, um die zarten grünen Sprossen frischer Vegetation zu suchen. Aber wir konnten es uns nicht erlauben, einen ganzen Tag an der Quelle zuzubringen, und brachen kurz nach unserer Mittagsmahlzeit auf. Der Professor traf die kluge Entscheidung, keine Abkürzung über den Arjin Shan auszuprobieren. Einen großen Teil ihrer Reserven hatten unsere Kamele während ihres zweimaligen Zuges vom Lop Nur zum Arjin Shan und wieder zurück eingebüßt; der Versuch, über die Berge zurückzukehren, würde nur Schwierigkeiten heraufbeschwören, und wir hatten für diese Expedition schon Schwierigkeiten genug gesehen.

Wir zogen durch eine atemberaubende Landschaft. Der ominöse Staubnebel hatte sich gesetzt, das Licht war kristallklar. Die Klüfte und

Schluchten, die die Flanken der Berge des Arjin Shan zeichnen, stachen in unglaublicher Klarheit hervor. Die schräg stehende Sonne des späten Nachmittags zeichnete jeden Felsvorsprung, jeden Sims und jeden feinen Spalt in diesem gewaltigen Bollwerk nach. Als die Sonne tiefer sank, wurde der Anblick noch hinreißender, bis sich dann im Abenddunst langsam die Details verloren, alles in einem allumfassenden Indigo verschwamm. Unser Weg schlängelte sich hinauf über die Sandsteinvorberge, die sich vor uns noch endlos zu erstrecken schienen. Wir fanden Kot von Wildesel und Wildkamel entlang jedem gewundenen Weg, dem wir folgten. Die pittoreske Szene wurde untermalt von dem unaufhörlichen Brüllen von Lao Zhaos Kamel, der armen Kreatur, dem der Nasenpflock die Nüstern zerrissen hatte, als es auf der künstlichen Steintreppe auf unserem Hinmarsch gestürzt war. Lao Zhao zeigte wenig Mitleid mit dem Tier in seinem allzu offensichtlichen Schmerz und trieb es von Zeit zu Zeit mit Schlägen unbarmherzig vorwärts. Sowohl Jasper und mir enthüllte sich die harte und unduldsame Seite Lao Zhaos. Er war bestimmt kein Freund der Tiere.

Unser Lager wurde am Abend in einem völlig entlegenen Tal von großer Schönheit aufgeschlagen. Es schien, als habe nie ein menschliches Wesen seinen Fuß in das geschützte Paradies gesetzt, das wir betraten. Altehrwürdige Pappeln begannen gerade zu blühen. Das machte auf Jasper und mich großen Eindruck, da wir seit Wochen keinen Baum mehr gesehen hatten. Wir fanden eine Süßwasserquelle hinter hohem Gras mit den Spuren von Gazellen, Eseln und zahllosen Wildkamelen, die sich auf der weichen, sandigen Oberfläche kreuzten. Später am Abend machten sich Dum Dum und Wang ein perverses Vergnügen daraus, jedes Stückchen trockenes Holz, das sie finden konnten, zu verbrennen. Manches davon hatte bestimmt jahrhundertelang unberührt dagelegen. Jasper sah entsetzt zu, wie sie auf den gewaltigen Stumpf einer umgestürzten Pappel einhackten.

«In der Wüste sollte man immer versuchen, mit so wenig Brennholz auszukommen wie möglich», sagte er sehr vorsichtig. «Wenn Holz rar ist, muß man es wie Gold behandeln.» Jasper war sich scharf der Tatsache bewußt, daß das Fällen von Bäumen eine unmittelbare Ursache des Vordringens der Wüsten war. Es schien, als wollten Wang und Dum Dum den Garten Eden in Brand stecken.

Zwei Tage später, genau um ein Uhr nachts, gelangten wir auf gewundenem Weg über eine letzte Sandsteinbarriere in das Hongliugou-Tal.

Xiao Yuan und Herr Li stürmten flußaufwärts voraus, um unsere Fahrzeuge zu finden und dort alles für unsere Rückkehr zu alarmieren. Wir hatten von der Quelle Chukur Chap aus sechzig Kilometer zurückgelegt, zehn Wildkamele im Hitzedunst in der Nähe des Kum Tagh aufschimmern sehen und Vorberge von herausragender Schönheit überwunden. Wir waren seit sechs Tagen überfällig, und auf diesem letzten Wegabschnitt nur mit der Karte als Führer waren wir in zahlreiche Sackgassen geraten, die uns immer wieder zur Umkehr gezwungen hatten. Wir waren müde und fußlahm, aber dennoch ausgelassen. Trotz all unserer Abenteuer und mit Mühe vermiedener Katastrophen hatten wir unser Ziel erreicht. Die Aufnahme des Wanderweges der Wildkamele war uns gelungen. Wir wußten genau, wo sie den Kum Tagh überquerten, und ebenso genau, wo einige der Kamele aus der Gashun Gobi in der Nähe des Sees überwinterten und wo sie in den Bergtälern den Sommer verbrachten. Allerdings war noch unklar, wie viele der Wildkamele diese Wanderung unternahmen. Aber trotz unserer Enttäuschung, daß wir nicht mehr von ihnen gesehen hatten, ging aus ihren Spuren deutlich genug hervor, daß eine beträchtliche Anzahl, möglicherweise deutlich über sechzig, dem Wanderweg folgten. Nur die sieben verendeten Kamelfohlen, die wir am Ufer des Sees gefunden hatten, gaben uns Anlaß zur Sorge. Ein Vollmond hing über dem Lagerfeuer und zeichnete die großen Tamariskenbüsche des Hongliugou nach.

«Wir sind von den Toten zurück», sagte der Professor später am Abend. «Vier Wochen lang sind wir in unbekanntem Gelände unterwegs gewesen. Wenn wir ohne unsere Kamele hätten zurückmarschieren müssen, dann hätten Jasper, Lao Zhao und Ahun das nicht überstanden.»

Ich blickte verwundert zu ihm auf. «Und was ist mit mir, Professor? Meinen Sie nicht, daß ich auch hätte dran glauben müssen?»

«Nein», sagte Prof. Yuan Guoying völlig gelassen. «Sie sind gut zu Fuß. Sie hätten es geschafft. Aber Jasper und Ahun sind zu alt, und Lao Zhao ist zu krank. Wir hätten sie alle im Sand begraben müssen.»

Nachdem er seinem Herzen so Luft gemacht hatte, wandte er sich ab, um mit einigen Krachern unsere sichere Rückkehr zu feiern. Später beglückte er die Berge mit patriotischen Liedern.

«Jasper, ich muß ein Geständnis machen», sagte ich, während ich in meiner Ausrüstungstasche wühlte.

«Das sieht dir gar nicht ähnlich», sagte Jasper.

Ich hielt ein ziemlich mitgenommenes Gebetbuch empor.

«Ich dachte mir, falls du in der Wüste schlapp gemacht hättest, wäre dir irgendso ein merkwürdiger moderner Trauergottesdienst nicht recht gewesen; also hab ich das hier mitgenommen, damit du die alte Fassung in ganzer Länge bekommen hättest. Ich hätte schon dafür gesorgt, daß alles seine Richtigkeit gehabt hätte, Staub zu Staub, alles.»

Jasper war sprachlos. «Du frecher Sowieso», sagte er schließlich. «Und was, wenn du zuerst schlapp gemacht hättest?»

● ● ●

Es gab eine milde Sensation, als unsere beiden Fahrer um zehn Uhr vormittags vorfuhren. Sie waren natürlich erfreut, uns zu sehen. Nachdem wir drei Tage überfällig gewesen waren, war einer von ihnen zurück zu Einheit 36 gefahren und hatte in Urumqi angerufen. Jeden Moment hätte Alarm gegeben werden können, Flugzeuge und Fahrzeuge ausgesandt, um uns zu suchen. Vielleicht waren sie schon unterwegs. Wir mußten Urumqi wissen lassen, daß wir wohlauf waren. Nachdem wir unser noch verbleibendes Schaf geschlachtet und verspeist hatten, war es zwingend, daß wir zusammenpackten und so schnell wie möglich zu Einheit 36 aufbrachen.

Das aufgeregte Geschwätz hielt für einen Moment inne, dann sagte einer der Fahrer: «Ich habe einen wilden Mann gesehen.»

«Sie haben was gesehen?»

«Den wilden Mann. Ich fuhr vor drei Tagen das Flußbett des Hongliugou hinauf. Es wurde dunkel, und ich hatte gerade meine Scheinwerfer eingestellt. Plötzlich rannte ein nackter, behaarter Mensch quer über das Flußbett und verschwand im Schilf. Ich hielt den Lastwagen an, aber ich konnte ihn nicht mehr entdecken. Aber ich habe seine Fußabdrücke gesehen.» Er bückte sich und zeichnete die Umrisse einer Fußspur in den Sand. «Die Zehen waren so groß.» Er zeichnete einen übergroßen Zeh. «Es gibt gar keinen Zweifel. Es war ein wilder Mann. Ich habe zuvor schon einmal einen gesehen.»

«Was?»

«Ja, 1992, als ich im Kunlun unterwegs war, hatte ich eine ähnliche Begegnung. Ein wilder Mann lief direkt vor meinem Lastwagen quer über die Straße. Ich habe damals einen Fußabdruck gleicher Größe gefunden.»

Lao Zhao und der Professor hatten sich zu uns gesellt.

«Was halten Sie davon, Lao Zhao?»

«Ich glaube, daß es den wilden Mann gibt», sagte er langsam. «Einmal, als wir jenseits der Grenze zu Tibet lagerten, ist jemand nachts in unser Lager gekommen und hat einige Konservendosen gestohlen. Zuerst dachte ich, es müsse sich um Diebe handeln, aber dann sah ich den Fußabdruck. Er hatte genau die gleiche Größe wie die, die der Fahrer hier in den Sand gezeichnet hat.»

«Diese Berge sind gewaltig», sagte der Professor. «Es gibt viele Täler, die niemals ein Mensch betreten hat. Vielleicht haben wir selbst ein oder zwei davon gesehen auf unserer Expedition. Man könnte sein ganzes Leben im Kunlun oder im Arjin Shan zubringen und würde diese Gebirge doch nicht richtig kennen. Ich habe niemals selbst einen wilden Mann gesehen, aber ich glaube, daß er existiert. Es könnte ganz gut ein großer Primat sein, der sich dem Leben in entlegenen Gebirgsgegenden angepaßt hat. Er ist in Tibet gesichtet worden, in Nordamerika und Sibirien. Warum nicht hier? Es werden immer noch neue Arten entdeckt. Und eines Tages wird jemand auch den wilden Mann finden.»

Ich wäre am liebsten mit dem Fahrer losgegangen, um nach dem Fußabdruck zu suchen, aber dazu war keine Zeit mehr. Wir mußten die Suche aus der Luft mit all den Peinlichkeiten, die sie nach sich ziehen würde, aufhalten. Der wilde Mann würde warten müssen. Wir mußten zunächst einmal so schnell wie möglich Einheit 36 erreichen.

Am Nachmittag verabschiedeten wir uns von unseren Kamelen. Bill und Ben waren inzwischen etwas gefügiger, und unser treues Paar war wie alle anderen abgemagert und sehr erschöpft. Aber trotz allem, was wir ihnen angetan hatten, konnten wir stolz auf sie sein. Sie hatten uns mit unserer gesamten Ausrüstung auf und über die Berge und durch eine der unwirtlichsten Wüstenlandschaften der Welt gebracht. Alles in allem hatten sie beinahe dreihundert Kilometer zurückgelegt. Wir tätschelten sie und sahen voller echter Zuneigung zu, wie sie steifbeinig davongingen, um auf großen Flächen jungen Grases zu äsen.

Noch am gleichen Abend brachen wir zu der Einhundertachtzig-Kilometer-Fahrt zu Einheit 36 auf. Direkt vor Miran stießen wir auf zwei Lastwagen, die von Ruoqiang aus aufgebrochen waren, um nach uns zu suchen. Es war ganz günstig, daß sie es getan hatten. Unser Jeep war im Sand versunken, und wir hatten extreme Schwierigkeiten, uns selbst zu befreien. Außerdem gab es ein zweites Problem. Xiao Yuans Magen war in Aufruhr, nachdem er die Herausforderung, eine zu gewaltige Portion Hammelfleisch und Bier bei sich zu behalten, nicht bestanden hatte. Das bedeutete, daß Jasper, der Professor und ich uns unter dem sternenlosen Himmel allein mit dem Jeep beschäftigen mußten, bis die Lastwagen erschienen und uns schließlich herauszogen. Als wir endlich das Haus von Mama Feng in Einheit 36 erreichten, eilte der Professor gleich ans Telefon. Er sprach in dringendem Ton und hektisch einige Minuten lang und erschien dann wieder mit sehr erleichtertem Gesicht.

«Ist alles in Ordnung, Professor?»

«Ja, aber nur mit knapper Not. Bei Tagesanbruch sind zwei Flugzeuge aufgestiegen, um nach uns zu suchen. Und die beiden Lastwagen aus Ruoqiang haben bereits eine gute Strecke zurückgelegt. Wir haben sie gerade noch rechtzeitig aufgehalten.»

Mir ging durch den Kopf, wie die Nachricht im Radio und in den Zeitungen wohl ausgesehen haben mochte. «Ausländischer Wissenschaftler in der weglosen Gobi verschollen. Massive Suchmaßnahmen aus der Luft und zu Lande eingeleitet.» Die Botschaft wäre informiert worden. Man hätte Kontakt mit meiner Frau aufgenommen. Die Folgen wären unabsehbar gewesen.

Aber obwohl wir schon auf Tuchfühlung mit der Katastrophe gewesen waren, tat es mir nicht leid, daß ich nicht versucht hatte, in Funkkontakt mit Urumqi zu bleiben. In dieser Hinsicht stimme ich voll mit dem Freund des Entdeckungsreisenden und Bergsteigers Eric Shipman, Bill Tillmann, überein, der einmal schrieb:

> In meinen Augen sollte jeder Hering an seinem eigenen Schwanz aufgehängt werden [...] Jeder, der sich in nicht begangene und möglicherweise gefährliche Wasser begibt, tut dies wohlwissend, sollte willens sein, sich auf sich selbst zu verlassen, und sollte weder Hilfe erwarten noch um Hilfe bitten. Das Vertrauen, das man zu Recht darin setzt, schon gerettet zu werden, fördert nur die Sorglosigkeit und sogar die Dummheit und ist eine gute Ausrede für jede Ignoranz.

Und wenn man vom Zustand unserer Fahrzeuge ausgeht, hätte das Funkgerät ohnehin nicht funktioniert.

● ● ●

«He, kommen Sie und probieren Sie unsere Nudeln. Viel Pfeffer und Essig. Jede Menge Hammel. Alles gerade für Sie gemacht.»

Die erfreuliche Mama Feng nahm meinen Arm und führte Jasper und mich in den Speiseraum ihrer primitiven, aber außerordentlich warmen und freundlichen Karawanserei. Der Fernseher war eingeschaltet. Der Professor suchte bereits alle Kanäle ab.

«Keine Polizei wird heute nacht herkommen. Es ist schon zu spät. Sie sind schon schlafen gegangen.»

Es war beinahe Mitternacht. Wieder einmal bewunderte ich die Fähigkeit der chinesischen Landbevölkerung, ohne jedes Murren zu jeder Tag- oder Nachtzeit eine köstliche Mahlzeit hervorzuzaubern. Es war zur Genüge klar, daß Mama Feng sich freute, uns alle wiederzusehen, und wir dankten es ihr, indem wir ihr in Aussicht stellten, zwei Nächte zu bleiben, damit wir uns selbst und unsere Ausrüstung wieder etwas in Schuß bringen konnten.

Mama Fengs ständig kichernde Tochter schleppte eine zerbeulte elektrische Waschmaschine ältester Bauart in das Gebäude und machte sich daran, die Berge unserer übelriechenden, salzstarrenden und sandgefüllten Kleider wieder in einen ordentlichen Zustand zu versetzen. Nach dem Frühstück entdeckten wir, daß die Karawanserei nicht einmal über ein Plumpsklo verfügte. Als wir fragten, wo wir uns denn hinhocken könnten, deutete sie mit dem Arm auf die Felder in einiger Entfernung, hockte sich dann, um sicherzugehen, daß wir sie auch verstanden, auf die Fersen und deutete auf ihr Hinterteil.

«Ich schätze, es kommt der Zwiebelernte des Dorfes zugute», meinte Jasper, als er sich auf den Weg zum Ackerland machte.

Am gleichen Vormittag spürten Jasper und ich den Barbier der Einheit in seiner Einzimmerlehmhütte auf. Er rasierte uns, schnitt uns die Haare und vollendete seine segensreiche halbstündige Sitzung mit einer außerordentlich entspannenden Kopf- und Gesichtsmassage. Heiliger Himmel!

Am 26. April, dreizehn Tage, nachdem unsere Kamele uns verlassen hatten, brachen wir zu der langen und ermüdenden Fahrt nach Urumqi auf. Unsere Kamele, um die sich Ahun, Dum Dum, Wang und Yusuf kümmerten, würden langsam zurück nach Ruoqiang marschieren, wo sie gemästet und verkauft werden sollten. Der Fahrer Liu saß wieder am Steuer seines italienischen Busses, um den letzten Abschnitt der Fahrt zu bestreiten. Und wieder fuhr er uns ohne jedes Gefühl für die Straße aus gelbem Ziegel in Sandverwehungen fest. Jasper war versucht, das Fahrzeug selbst zu lenken, wußte aber, daß das unmöglich war. Ich nahm mit wachsendem Unmut zur Kenntnis, daß die Ölsucher östlich der Straße sehr aktiv waren. Ich schickte ein stilles Stoßgebet zum Himmel, daß sie nicht finden mochten, wonach sie suchten.

Wir erreichten Einheit 34 um Mitternacht, und wieder wurde uns in dem Gasthaus an der Straße ein siedendheißes Mahl zubereitet, ohne einen Gedanken an die ungewöhnliche Zeit zu verschwenden. Wir schliefen auf Holzbrettern in einem verfallenen Anbau wie die Säuglinge. Als wir Korla erreichten, erwies sich das sehr laute, einfache Gasthaus gnädigerweise als überfüllt, so daß wir angemessen genug in dem luxuriöseren Lou-Lan-Hotel abstiegen. In den Außenbezirken von Urumqi unterwarf Herr Liu uns dem Ritus des «Wagenwaschens vor dem Einzug in die Stadt». Nicht daß er es selbst getan hätte. Er engagierte dafür einige Damen, die sich über das Fahrzeug hermachten wie ein Bienenschwarm, während wir dazu verurteilt wurden, draußen im frostigen Wind auszuharren. Herrn Lius Einfluß auf den Professor war immer noch schwer zu begreifen.

Und dann endlich ging es in die Hauptstadt Xinjiangs und zurück zum Gasthaus der Akademie. Urumqi war warm und mild. Die Bäume trugen frische junge Blätter, und alle Reste des winterlichen Schnees, des Matsches und des Schmutzes waren verschwunden.

«Der Professor hatte recht», sagte ich zu Jasper. «Wir sind aus unkartiertem Gelände zurück.»

«Und von den Toten», erwiderte er.

Nachwort

Wenn ein ehemaliges Atomtestgelände, dessen Betreten unter Androhung harter Strafen über vierzig Jahre lang streng verboten war, in ein Naturreservat umgewandelt wird, ist das wahrhaft eine Nachricht wert. Es ist eine Nachricht von weltweitem Interesse. Am 18. August 1997 kamen die nationale Umweltschutzagentur Chinas (NEPA) und das Institut für Umweltschutz der Provinz Xinjiang überein, auf dem ehemaligen Atomtestgelände Chinas das Naturschutzgebiet Lop Nur einzurichten – vorausgesetzt, daß die notwendige Kapitalbasis von neunhunderttausend Dollar aufgebracht werden kann. Die NEPA erklärte sich weiterhin bereit, die jährlichen laufenden Kosten für den Unterhalt und Betrieb des Naturschutzgebietes zu tragen. Davor war ebenfalls im Jahre 1997 die Stiftung zum Schutz der Wildkamele als gemeinnützige Stiftung gegründet worden, die sich um die Aufbringung der Mittel für das Naturschutzgebiet kümmern sollte. Gleichzeitig erklärte sich die bekannte Naturschützerin Jane Goodall bereit, das Naturschutzvorhaben zum Pilotprojekt ihres Programms «Roots and Shoots» zu machen, eines erfolgreichen Unternehmens, das in über zwanzig Ländern aktiv ist und sich zum Ziel gesetzt hat, das Umweltbewußtsein zu fördern. Dieses pädagogische Element ist entscheidend für den letztendlichen Erfolg des Schutzgebietes. Wenn den potentiellen Jägern und Schürfern nicht kohärente Erklärungen gegeben werden, warum man ihre Aktivitäten Beschränkungen unterwirft, werden sie stets versuchen, ihre illegalen Aktivitäten fortzusetzen.

Unsere Wildkamelforschungen haben sehr positive Ergebnisse gebracht, aber während ich dies niederschreibe, bleibt doch noch sehr viel in sehr kurzer Zeit zu tun. Es müssen Kontrollpunkte eingerichtet werden, eine verläßliche Mannschaft muß angeheuert, Fahrzeuge und ein Kommunikationsnetz zur Verfügung gestellt werden. Jedes Jahr werden, solange als Reaktion auf das Ethos der neuen Marktwirtschaft immer mehr Restriktionen wegfallen, chinesische Abenteurer in immer größerer Zahl ihr Glück in dem Gebiet suchen, das Gerüchten zufolge möglichen Reichtum verheißt.

Das wilde Zweihöckrige Kamel kämpft ums Überleben. Sein Lebensraum ist in den letzten zweihundert Jahren drastisch eingeschränkt worden. Obwohl sein Vorkommen auf die Wüsten Zentralasiens beschränkt zu sein scheint, erstreckte sich sein Verbreitungsgebiet im 18. Jahrhundert möglicherweise bis in den Osten Kasachstans hinein. Wir schätzen, daß wahrscheinlich nicht mehr als sechshundertsechzig, vielleicht sogar nur fünfhundert Wildkamele in China überlebt haben. Für die Mongolei schätzt man die Anzahl auf zwischen dreihundert und vierhundert. Es ist unübersehbar, daß sie alle immer mehr durch Jagd, durch illegales Schürfen und in der Trans-Altai-Gobi der Mongolei durch die Verfolgung durch Wölfe bedroht werden. Nur die Wildkamele in der Gashun Gobi, die gewöhnlich Herden von nicht mehr als zwölf Tieren bilden, haben keinerlei Kontakt zu Hauskamelen. Dieser Mangel an Möglichkeit der Hybridisierung macht ihr Überleben so wichtig.

Selbst die Ankündigung, daß China nach dem unterirdischen Atomtest vom März 1996 alle weiteren Nukleartests bis auf weiteres einstelle, könnte sich als zwiespältige Segnung erweisen. In geringerem Ausmaß der Atomstrahlung ausgesetzt zu sein wird für die Kamele unausweichlich bedeuten, daß sie um so mehr den Einflüssen ungebetener Besucher ausgesetzt sein werden. Die Japaner haben den Provinzbehörden bereits einen Plan zur Durchführung einer großen Autorallye durch die Gobi eingereicht. Wenn das Schutzgebiet nicht innerhalb von drei Jahren effektiv arbeitet, ist es vielleicht zu spät, um die Kamele in der Gashun Gobi noch zu retten. Und diese noch verbliebenen Herden Zweihöckriger Kamele, möglicherweise die Nachfahren urtümlicherer Kamele, die irgendwann im Pliozän (etwa vor drei Millionen Jahren) die damalige Landbrücke über die Beringstraße überquerten, sind es bestimmt wert, gerettet zu werden.

Aus den Nachfahren dieser frühen Kamelpioniere sind die beiden heutigen Kamelarten entstanden. Andere, die sich in Amerika südwärts orientierten, entwickelten sich zu den vier Arten des neuweltlichen Zweigs der Familie der Kamele, die man gewöhnlich als Lamas (im einzelnen: das Guanako, das Alpaka, das Vikunja und das Lama selbst) bezeichnet.

Der offensichtlichste Unterschied zwischen den beiden altweltlichen Kamelspezies ist die Anzahl der Höcker – örtliche Fettvorräte, die wie das Fett bei vielen anderen Spezies eine Energiereserve darstellen. Im heißeren Klima Südwestasiens (und Afrikas) wurde ein «Mutant» mit nur einem Höcker, das Dromedar, zur vorherrschenden Art. Am Fötus eines Dromedarfohlens kann man immer noch die ursprüngliche Entwicklung zweier Höcker beobachten, von denen einer nach einer Woche verschwindet. Die Wüsten Zentralasiens können ebenso heiß sein wie die des Nahen Ostens; für August wurden in der Gashun Gobi Temperaturen von fünfundsechzig Grad Celsius gemeldet, aber dennoch herrscht in anderen Gebieten dieser Wüste ein Januarminimum von einundvierzig Grad unter Null. Die Härte dieser winterlichen Kälte wirkt sich auch auf andere Aspekte des Körperbaus aus. Das Zweihöckrige Kamel ist generell massiger als das Dromedar, steht auf kürzeren Beinen und ist in längere, dunklere Wolle gekleidet. All das sind nützliche Eigenschaften, um während extremer Kälte die Körperwärme zu konservieren.

Beide Spezies haben eine lange Tragzeit (Dromedare zwölf bis dreizehn Monate, das Zweihöckrige Kamel dreizehn bis vierzehn Monate), und meist wird jedes zweite Jahr ein Fohlen zur Welt gebracht. Da die Geschlechtsreife erst mit vier oder fünf Jahren einsetzt und die Geburtenrate gering ist, ist es unglaublich zeitaufwendig, eine im Rückgang befindliche Kamelpopulation zu stabilisieren und zu vergrößern, ganz gleich, ob es sich um Hauskamele oder Wildkamele handelt. Verglichen mit dem Hauskamel ist das wilde Zweihöckrige Kamel mehr von grauer Farbe, schlanker und hat kleinere Höcker. Unübertroffen ist seine unglaubliche Fähigkeit, in Gebieten, wo kein anderes Säugetier, sei es nun groß oder klein, existieren kann, von Salzwasser oder Salzschlamm zu leben.

Prschewalski hat 1877 als erster drei Felle und einen Schädel des Zweihöckrigen Kamels mit nach St. Petersburg gebracht und das Tier einer zunächst skeptischen Welt vorgestellt. Er war davon überzeugt, daß es sich bei den Kamelen um echte Wildtiere handelte und nicht um verwilderte Flüchtlinge. Aber die Zoologen in Petersburg konnten nicht feststellen, ob es sich bei Prschewalskis Exemplaren wirklich um echten Wildbestand handelte oder um Tiere, die aus Karawanen entkommen oder durch den Tod ihrer Treiber in der Wüste frei geworden waren. Immerhin machten sich 1997 ja auch unsere Kamele selbständig, und eines mußten wir in der Wüste zurücklassen. Heute gibt es verläßlichere Methoden, diese Fragen zu beantworten. Dr. George Amato, Direktor für genetische Forschung der Naturschutzgesellschaft New York, hat mit der DNS Zweihöckriger Kamele Tests angestellt und den vorsichtigen Kommentar abgegeben, daß die «Analyse» sehr interessant sei und daß es Hinweise darauf gebe, daß sie sich von ihren zahmen Verwandten unterschieden.

Wir glauben, daß die achthundert bis tausendzweihundert wilden Zweihöckrigen Kamele, die in China und der Mongolei noch leben, nicht die Nachfahren verwilderter Haustiere sind, sondern die Nachfahren der ursprünglichen wilden Herden, die Zentralasien vor der Domestikation der Kamele bereits vor über viertausend Jahren durchstreiften.

Sie müssen erhalten werden.

Danksagung

Ich hätte die Wüsten Xinjiangs nicht bereisen können ohne die Hilfe und Ermutigung durch meinen Freund Prof. Yuan Guoying, einen begeisternden Führer und fähigen Verwalter. Und niemand sollte versuchen, ohne einen Führer von der Erfahrung und der Umsicht Lao Zhaos und ohne jemanden mit der Charakterstärke und dem unfehlbaren Humor des Sohns von Prof. Yuan Guoying, Xiao Yuan, in die Gashun Gobi zu ziehen. Mein Dank gilt auch allen anderen Gefährten der verschiedenen Expeditionen in China, vor allem dem Übersetzer Xiao Zhao, dem Zoologen Li Weidong, den Herren An Huimin und Xie Zhiqiang vom Institut für Umweltschutz der Provinz Xinjiang für ihre nie erlahmende Unterstützung. Dr. Tony Marsh von Shell und Adam Williams von Jardine Fleming, beide ebenfalls in China, haben mir ihre Ermutigung und praktische Hilfe zukommen lassen, während ich Nancy Nash aus Hongkong eine Auffrischung meiner Begeisterung verdanke. Besonderer Dank gebührt ferner Prof. Peter Gunin von der Russischen Akademie der Wissenschaften, ohne den ich mich überhaupt nicht auf die Suche nach den Wildkamelen gemacht hätte; der Leiterin der russisch-mongolischen Expedition, Dr. Anna Luschtschekina, dem Übersetzer Mikail Somsonow und der mongolischen Wissenschaftlerin Dr. Sarantuya, die mir alle in der mongolischen Gobi eine Hilfe von unschätzbarem Wert waren, dort, wo Debbie Atkins aus Kenia verdienstvolle Arbeit leistete und während der Winter 1994 und 1995 große Strapazen auf sich nahm. In Islamabad war der Chargé d'Affaires der finnischen Botschaft, Mikko Pyhälä, mit seiner reizenden Frau Pia ein nie ermüdender Gastgeber zu Beginn und zum Ende jeder Expedition nach Xinjiang, während in Nairobi sowohl Cyrie Sendashonga als auch Nooriya Koshen vom Umweltprogramm der Vereinten Nationen (UNEP) mir ihre nie versagende Unterstützung zuteil werden ließen. David Day-Wilson war ein großartiger Gefährte auf Kamelexpeditionen im nördlichen Kenia, seine Frau Görel eine weitere großzügige und gastfreundliche Hilfe.

Zurück in England, haben Katie Lee und Fiona McConnon vom Great Britain-China Centre, James MacEwen von der Internationalen Stiftung für Naturschutz, die Royal Geographic Society, Doreen Montgomery von Rupert Crew, Roddy Dunnett, Mike Davies und Peter und Kathleen Hopkirk zu verschiedenen Zeiten für die von mir dringend benötigte Ermutigung und Hilfe gesorgt.

In den Vereinigten Staaten war mir die stets gutmütige Jenny Lawrence vom Natural History Museum in New York eine unschätzbare Stütze. Aber mein letzter und besonderer Dank gilt Jane Goodall für ihre ständige Ermutigung und Unterstützung; Jasper Evans aus Kenia, einem guten Freund und großen Liebhaber der Kamele; Kathryn Rae, die freiwillig sehr viel Zeit aufgewendet und sich große persönliche Mühe gegeben hat, um sowohl das Naturschutzgebiet Lop Nur als auch dieses Buch Wirklichkeit werden zu lassen; und Pippa, die mir, ohne sich zu beklagen, gestattete, mich in die Gashun Gobi davonzumachen, und sich auch sonst mit vielem abgefunden hat.

Bibliographie

Zweihöckriges Kamel (Wildform)

Bannikow, A., «Wild Camels of the Gobi», *Wildlife* 18 (New York 1976)

Gu, J., und Gao, X., «The Distribution of the Wild Camel», Chinese Academy of Sciences/Mammal Society of Japan (Osaka 1985)

Hare, J., «The Wild Bactrian Camel, *Camelus bactrianus ferus*, in China: The Need for Urgent Action», *Oryx* 31, 1 (Cambridge 1997)

Kozlov, P., «Proceedings of the Expedition of the Imperial Russian Geographical Society to Central Asia in 1893–1896 Under the Leadership of Roborovsky» (St. Petersburg 1899)

Littledale, S., «Field-Notes on the Wild Camel of the Lob-Nur», *Proceedings of the Zoological Society* (London 1894)

Tulgat, R., und Schaller, G., «Status and Distribution of the Wild Bactrian Camels, *Camelus bactrianus ferus*», *Biological Conservation* 62 (New York 1992)

Zhirinov, L., und Ilyinska, V., *The Great Gobi National Park – A Refuge for Rare Animals of the Central Asian Deserts* (Moscow: Centre for International Projects, 1986)

Mongolei

Blunt, W., *The Golden Road to Samarkand* (London: Hamish Hamilton, 1973)

Bulstrode, B., *A Tour of Mongolia* (London: Methuen, 1920)

Carpine, J., *Histoire des Mongols,* übersetzt von P. Schmitt (Paris 1961)

Lamb, H., *Genghis Khan: The Emperor of All Men* (London: Thornton Butterworth, 1928)

Lattimore, O., *Mongol Journeys* (London: Travel Book Club, 1942)

Maclean, Sir F. M., *To the Back of Beyond: An Illustrated Companion to Central Asia and Mongolia* (London: Jonathan Cape, 1974)
Pozner, V., *Bloody Baron: The Story of Ungern-Sternberg* (New York 1938)
Rossabi, M., *Kublai Khan: His Life and Times* (Berkeley, CA: University of California Press, 1988)
Rubruck, W. of, *The Journey of William of Rubruck to the Eastern Parts of the World,* übersetzt von R. Rockhill (London: Hakluyt Society, 1900)
Severin, T., *Expedition China* (Hamburg: Edition Maritim, 1996)

Xinjiang

Cable, M., und French, F., *The Gobi Desert* (London: Hodder & Stoughton, 1942)
Hedin. S., *Durch Asiens Wüsten,* Klassiker der Entdeckung (Wiesbaden: Albert, 1995)
Holgate, W., *Arka Tagh: The Mysterious Mountains* (London: Ernest Press, 1994)
Hopkirk, P., *Foreign Devils on the Silk Road* (London, John Murray, 1980)
Polo, M., *Il Millione, Die Wunder der Welt,* Nachwort und aus altfranzösischen und lateinischen Quellen von Guignard, Elise (Zürich: Manesse, 1997)
Przhevalsky, N., *From Kulja Across the Tian Shan to Lob Nur* (London: Sampson, Low, Marston, Searle and Rivington, 1879)
Stein, Sir A., *Ruins of Desert Cathay,* Bde. 1 and 2 (London: Macmillan, 1912)

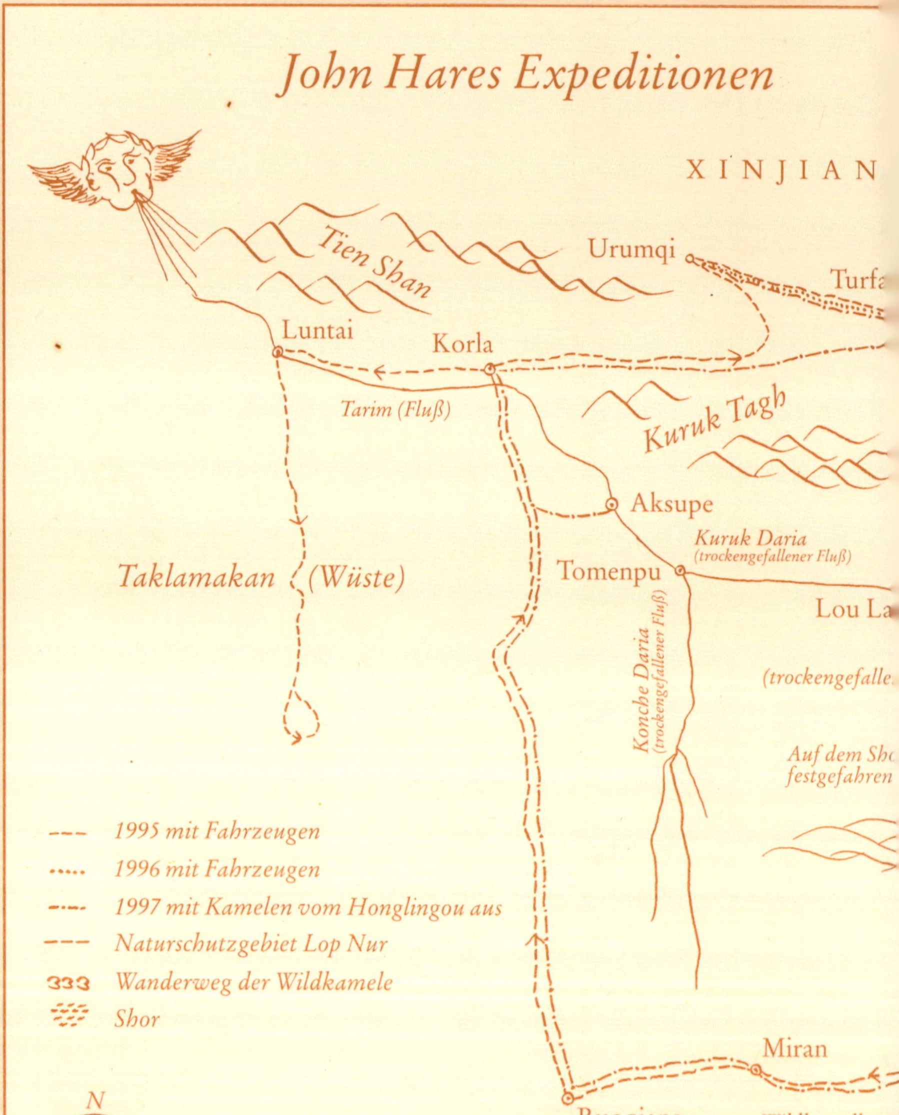
John Hares Expeditionen
XINJIAN
Tien Shan
Urumqi
Turfa
Luntai
Korla
Tarim (Fluß)
Kuruk Tagh
Aksupe
Kuruk Daria
(trockengefallener Fluß)
Tomenpu
Lou La
Taklamakan (Wüste)
Konche Daria
(trockengefallener Fluß)
(trockengefalle
Auf dem Sh
festgefahren
1995 mit Fahrzeugen
1996 mit Fahrzeugen
1997 mit Kamelen vom Honglingou aus
Naturschutzgebiet Lop Nur
Wanderweg der Wildkamele
Shor
Miran
Ruoqiang
Wildkamelhengs
N
W
O
S
Kunlun
Nicht maßstabsgetreu